KB125637

THE TALENT CODE

탤런트 코드

『탤런트 코드』특별합본판은 대니얼 코일의 2009년작『THE TALENT CODE』와 2012년 출간한『THE LITTLE BOOK OF TALENT』를 합본한 판본입니다.

탤런트 코드

재능을 지배하는 세 가지 법칙

THE
TALENT
CODE

대니얼 코일 지음 | 윤미나 이지민 옮김

웅진 지식하우스

그대가 할 수 있거나 할 수 있으리라 생각하는 것,
그것을 시작하라.
대담함에는 비범한 재능, 힘, 마력이 담겨 있다.
지금 바로 그것을 시작하라.

요한 볼프강 폰 괴테

일러두기

• 본책 『탤런트 코드』는 윤미나 역자가, 새롭게 덧붙인 『재능을 폭발시키는 52가지 학습의 기술』은 이지민 역자가 우리말로 옮겼습니다.
• 단행본은 『 』, 신문과 잡지는 《 》, 단편 및 논문은 「 」, 영화·TV프로그램·예술작품 제목은 〈 〉로 표기했습니다.

◆

모든 특별함에는
동일한 법칙이 있다

누구나 자신에게 마법 같은 순간이 일어나기를 기대한다. 그런 기대는 한편으로 포기하는 마음의 다른 표현이기도 하다. 자신이 특별한 사람이 아니며, 원래 재능이 없다고 생각하는 것이다. 그러면서도 우리는 주변에서 실제로 수없이 많은 '마법의 순간'을 눈으로 확인하고 갈망한다. 이 책은 바로 그것에 대한 이야기다.

첫출발은 러시아의 한 테니스 클럽에서 이루어졌다. 실내 코트가 하나뿐인 스파르타크는 미국 전체를 합친 것보다 더 많은 여자 선수를 세계 랭킹 20위권에 올려놓았다. 사실 이런 이야기는 너무 뻔해서 이제는 마치 당연한 소리처럼 들리곤 한다. 그러나 스파르타크가 이룬 성공의 규모는 내게 큰 충격을 주었다. 살을 에는 날씨에 연습할 공간이라곤 초라한 실내 코트 하나밖에 없는 테니스 클럽에서 인구 3억인 부자 나라보다 더 훌륭한 성과를 내고 있었다.

그때 나는 우연히 『전문적인 지식과 행위에 대한 케임브리지 안내서 Cambridge Handbook of Expertise and Expert Performance』에서 중요한 각주를 발견했다. 피아노 연주자들의 뇌를 연구한 결과를 소개하면서, 연습량과 스킬 향상의 관계를 뇌 속의 미엘린이라는 물질과 연결시킨 것이었다. 객관적 어려움 속에서도 수많은 인재를 배출하는 작은 섬들의 이야기와 뇌과학은 어디에서 만날 수 있을까. 나는 그것을 입증하려고 브라질에서 애디론댁 산맥까지 날아다녔다.

이상한 점은 그 모든 곳이 놀라울 만큼 비슷하다는 것이다. 선생들은 같은 종류의 리듬으로 말했고, 같은 종류의 지시를 내렸고, 같은 종류의 시선으로 상대를 바라보았다. 노력도 비슷한 방법으로 이루어졌다.

결국 폭발적인 재능이란 글쓰기든 스포츠든 미술이든 음악이든 무엇이든 간에 굉장히 잘할 수 있게 되는 '스킬'에 기인하는 것이다. 바로 여기에 '탤런트 코드'가 있다. 그런데 어떻게 동일한 코드가 이처럼 다양한 분야에 적용될 수 있을까. 그것은 바로 우리의 뇌가 설계된 방식과 스킬을 습득할 때 사용하는 메커니즘과 관련이 있다. 중요한 점은 이러한 메커니즘이 발견된 지 그리 오래 되지 않았다는 것이다.

탤런트 코드를 이해한다고 해서 특별한 마법이 반드시 일어나지는 않는다. 하지만 이런 아이디어를 가지면, 인생에서 좀 더 핵심적인 것들에 집중할 수 있다. 무엇보다 자신에 대해 조바심 내지 않게 된다. 그

대신 스스로와 상대를 세심하게 관찰하게 된다. 어떤 신호를 통해 사람들이 움직이는지, 완벽한 연습이 진행 중인지 아닌지에 대해 집중하고 관찰하게 된다. 무엇보다 변명이 불가능한 상황들을 마주하게 된다.

언젠가 식기세척기가 고장 났는데 여덟 살짜리 딸아이가 나더러 언제 그것을 고칠 거냐고 물었다. 내가 어떻게 고치는지 모르겠다고 구구절절 변명을 늘어놓자, 딸아이는 단호하게 말했다.

"좀 더 연습하셔야겠어요, 아빠."

목차

DEEP PRACTICE
끝까지 연습하기

IGNITION
점화 장치를 찾아라

BOOK in BOOK

재능을 폭발시키는
52가지 학습의 기술

한 달치 연습을
6분 만에 해치운 소녀

사람은 실수를 통해 지혜로워진다.

독일 속담

모든 이야기는 질문으로 시작된다. 그리고 여기 세 가지 질문이 있다.

실내 코트가 달랑 하나뿐인 궁핍한 러시아 테니스 클럽이 있었다. 어떻게 이곳에서 미국 전체를 합친 것보다 더 많은 여자 선수를 세계 랭킹 20위권에 올릴 수 있었을까?

텍사스 댈러스의 허름한 상가 건물에 자리 잡은 음악학교가 있었다. 어떻게 이곳에서 제시카 심슨같은 굵직한 팝 스타를 줄줄이 배출하고 음반 계약 성공률 90퍼센트라는 기적을 이룰 수 있었을까?

영국 외딴 시골에 가난하고 교육 여건이 열악한 집안이 있었다. 어떻게 이곳에서 세계적인 작가를 셋이나 길러낼 수 있었을까?

재능의 용광로에서는 신비로운 일이 벌어진다. 무엇보다 가장 놀라운 점은 아무런 낌새도 보이지 않다가 느닷없이 불타오른다는 사실이다. 1950년대 도미니카공화국에 있는 작은 섬 출신 야구 선수들이 처음으로 메이저리그에 상륙했다. 현재 메이저리그 선수 아홉 명 중 하나는 도미니카공화국 출신이다. 1991년에 밴 클라이번 피아노 경연 대회에 참가한 중국인은 한 명에 불과했으나, 최근에 열린 대회에는 여덟명이 참가했다. 세계 최고 수준인 교향악단에서 중국인이 차지하는 비율도 이와 비슷하게 비약적으로 증가했다.

사람들은 각 사례를 특이한 현상으로 다루는 경향이 있다. 그러나 실제로 이 모든 사례는 오래전부터 반복되어온 거대한 패턴의 일부다. 19세기 비엔나의 작곡가들, 셰익스피어 시대 영국의 작가들, 그리고 르네상스가 한창이던 당시 인구 7만의 조용한 도시 피렌체에서 갑자기 쏟아져 나온 천재들을 생각해보라. 모든 경우에 똑같은 질문이 머릿속을 맴돈다. 이런 특별한 재능은 어디에서 오는 것일까? 그것은 어떻게 발전하는가?

질문의 답을 찾기 위해 클라리사(가명)라는 열세 살짜리 소녀가 등장하는 동영상 한 편을 살펴보자. 클라리사는 오스트레일리아의 음악심리 연구자인 게리 맥퍼슨Gary McPherson과 제임스 렌위크James Renwick의 실험에 참여한 소녀다. 두 심리학자는 클라리사의 클라리넷 실력이 변화하는 추이를 오랫동안 관찰했다. 이 동영상의 파일명은 shorterclarissa3.mov다. 그러나 아마도 '한 달치 연습을 6분 만에 해치운 소녀'라는 제목이 훨씬 더 적절할 것이다.

천재들은 떼로 몰려다닌다

르네상스 시기 피렌체는 보티첼리, 단테, 벨리니, 라파엘로, 미켈란젤로, 레오나르도 다 빈치 등 무수히 많은 예술가와 작가들이 활약했던 곳이다. 무엇이 그토록 많은 천재들을 탄생시켰을까. 그 이유를 제도, 문화, 역사 등에서 찾지만, 불충분한 설명이다.

화면에서 클라리사는 특별히 재능 있어 보이지 않는다. 파란색 모자 달린 셔츠에 반바지를 입고 있는 이 아이는 졸리고 무심한 표정이다. 사실 문제의 6분이 포착되기 전까지, 클라리사는 과학적인 측정 결과 음악적 능력이 평범한 아이로 분류되었다. 맥퍼슨 박사의 적성 검사 결과도 그렇고, 교사와 부모의 증언을 들어봐도 그렇고, 심지어 본인의 생각도 마찬가지였다. 클라리사에게는 음악적인 재능이 없었다. 좋은 귀를 타고나지 못한 데다가 리듬감은 평균 수준이었고, 그나마 의욕은 평균 이하였다(실험 보고서에 따르면, 이 아이는 연습을 하는 가장 큰 이유가 무엇이냐는 질문에 "해야 하니까"라고 답했다). 그럼에도 클라리사는 음악과학 분야에서 유명해졌다. 평소와 다를 바 없는 어느 날 아침, 이 평범한 아이가 눈에 띄게 비범한 행동을 하는 것이 비디오카메라에 포착되었기 때문이다. 맥퍼슨 박사의 계산에 따르면, 정확히 5분 54초 동안 클라리사의 실력이 향상되는 속도가 10배나 빨라졌다고 한다. 그러나 본인은 이 사실을 전혀 알아차리지 못했다.

맥퍼슨 박사가 문제의 동영상을 보여주었다. 매주 정해진 요일에 하는 레슨을 받은 다음 날 아침이다. 클라리사는 평소와 같은 시간에 연습을 하고 있다. 재즈 클라리넷 연주가인 우디 허먼이 1941년에 작곡한 〈골든 웨딩 Golden Wedding〉을 새로 시작할 참이다. 클라리사는 곡을 몇 번 듣더니 마음에 든 눈치다. 이제 곧 직접 연주에 들어갈 것이다.

클라리사는 심호흡을 한 번 하고 음표 두 개를 연주한다. 그리고 멈춘다. 입술에서 클라리넷을 떼고 악보를 뚫어지게 바라본다. 눈이 가늘어진다. 클라리사는 맨 처음 작은악절을 이루고 있는 음표 일곱 개를 연주한다. 마지막 음에서 실수하자 곧바로 멈춘다. 이번에는 꽤 과격하게 입술에서 클라리넷을 뗀다. 다시 실눈을 뜨고 악보를 보면서 부드럽게 도입부를 허밍으로 노래한다. "다, 다, 덤, 다."

처음부터 새로 연주가 시작된다. 이번에는 몇 음을 더 연주한다. 마지막 음에서 실수하자 다시 처음으로 돌아가 반복하고 실수를 만회한다. 도입부가 그럴듯해지기 시작한다. 연주에 활기와 느낌이 살아난다. 클라리사는 첫 작은악절을 마친 다음, 6초 정도 멈춘다. 머릿속으로 그 부분을 재생하고 있는 듯 보인다. 생각하는 동안 클라리넷 위에 있는 손가락들이 움직인다. 몸을 앞으로 굽혔다가 심호흡을 하고 다시 시작한다.

별 시답잖은 소리를 다 들어보겠다는 사람이 있을지도 모르겠다. 이것은 음악이 아니다. 정지와 실수가 반복되는 일련의 흐름으로, 단속적으로 쪼개진 음들이 느릿느릿 이어지고 있을 뿐이다. 통상적으로 본다면, 클라리사는 제대로 연주하지 못하는 것 같다. 그러나 이 경우에는 그런 상식적인 생각이 완전히 잘못되었다.

맥퍼슨 박사가 말한다. "저는 이 화면을 볼 때마다 매번 새로운 것이 보여요. 믿을 수 없을 만큼 미묘하면서도 강력한 무엇이 보입니다. 토요일에 공연하기로 한 프로 음악가들이 수요일에 연습할 때 바로 이런 식으로 하죠."

화면에서 클라리사는 전에 한 번도 연주해본 적이 없는 G# 음을 자세히 보려고 악보 앞으로 몸을 굽힌다. 그리고 자기 손을 본 다음 악보를 보고, 다시 자기 손을 본다. 클라리사는 악절을 허밍으로 노래한다.

자세는 여전히 앞으로 기울어져 있다. 마치 쌀쌀한 바람 속을 걷고 있는 듯이 보인다. 주근깨 난 귀여운 얼굴이 찡그려지면서 실눈을 뜨고 악보를 본다. 클라리사는 작은악절을 여러 번 거듭해서 연주한다. 반복할 때마다 활기와 리듬과 가락이 한 겹씩 덧붙여진다.

맥퍼슨 박사가 말한다. "저것 좀 봐요. 저 아이의 머릿속에는 청사진이 있어요. 그것과 자기 자신을 끊임없이 비교하는군요. 작은악절 단위, 즉 완전한 생각의 단위로 연습하고 있어요. 실수를 무시하지 않고 귀로 들은 다음 고치고 있잖아요. 작은 부분들을 하나의 전체에 끼워 맞추는 거예요. 렌즈를 가까이 들이댔다가 또 멀리 물러나면서, 점점 더 높은 수준으로 자신을 끌어올리고 있어요."

이것은 평범한 연습이 아니다. 미묘하지만 분명히 다르다. 정확히 목적에 맞는 노력을 기울이면서 실수를 집중적으로 다루는 과정이다. 뭔가 발전하면서 쌓이고 있다. 곡의 윤곽이 드러나기 시작한다. 그러면서 클라리사 안에 숨어 있던 새로운 자질도 드러난다.

화면은 계속된다. 클라리사는 〈골든 웨딩〉을 연습한 후, 계속해서 다음 곡 〈아름답고 푸른 도나우The Blue Danube〉로 넘어간다. 그러나 이번에는 멈추지 않고 한 번에 쭉 연주한다. 가끔 매끄럽지 못한 부분이 있지만, 거슬리는 멈춤 없이 멜로디를 인식할 수 있는 형태로 아름다운 선율이 이어진다.

맥퍼슨 박사는 답답해하며 말한다. "마치 무빙워크 위에 서 있는 것처럼 연주하는군요. 정말 끔찍해요. 생각도 안 하고 배우지도 않고 쌓이는 것도 없어요. 그냥 시간만 낭비하고 있어요. 평균 이하로 연주하다가 갑자기 아주 잘하는가 싶더니 다시 뒤로 밀려나요. 본인이 뭘 하는지도 모르는군요."

얼마 후 맥퍼슨 박사는 더 이상 참지 못하고, 클라리사가 〈골든 웨딩〉을 연습하는 모습을 다시 보려고 동영상을 뒤로 돌린다. 나도 그와 똑같은 이유로 다시 한 번 자세히 보고 싶었다. 그것은 유전자가 선물한 재능이 아니었다. 훨씬 더 흥미로운 무엇이었다. 평범한 사람이 마술에 걸린 것처럼 생산성이 극대화된 구간에 빨려 들어가 있는 6분간을 포착한 장면이었다. 그 구간에서는 매 순간마다 실력이 부쩍부쩍 향상된다.

맥퍼슨 박사는 탐난다는 듯이 말한다. "세상에, 저걸 병에 담을 수 있는 사람이 있다면 수백만 달러를 벌고도 남을 겁니다."

이 책은 단순한 아이디어에서 출발한다. 클라리사의 연습실과 재능의 용광로에서는 똑같은 일이 벌어지고 있다. 그들은 정확히 목적에 맞는 특정 패턴의 연습을 반복할수록 실력이 향상되는, 신경계의 독특한 메커니즘을 활용한다. 그들은 자기도 모르는 사이에 성장 속도가 급격히 빨라지는 구간으로 빨려 들어갔다. 그것을 병에 담을 도리는 없지만, 요령을 터득하면 그 구간에 접근할 수는 있다. 말하자면, 탤런트 코드를 해독할 수 있다.

탤런트 코드는 미엘린_{myelin}이라는 신경 절연 물질을 비롯하여 과학계의 여러 혁명적인 발견을 바탕으로 수립된 개념이다. 요즘 스킬_{skill}을 연구하는 신경과학자 중에는 미엘린을 성배처럼 떠받드는 사람이 많다. 야구 선수든 바흐 연주자든 간에, 모든 사람의 스킬은 미세한 전기 신호가 사슬처럼 연결된 신경섬유 회로를 통해 이동함으로써 습득되기 때문이다. 이 과정에서 미엘린은 신경섬유를 감싸는 역할을 한다. 마치 전기신호가 새지 않도록 구리선을 고무 피복으로 감싸서 신호를 더 강하고 빠르게 만드는 원리와 같다. 야구 스윙을 연습하거나 바흐의 곡을 연습할 때 회로에 정확한 신호가 발사되면, 미엘린이 신경 회로 주위를 겹겹이 감싸면서 절연층을 만든다. 한 겹 한 겹 늘어날 때마다 조금씩 실력이 향상되고 속도도 빨라진다. 미엘린층이 두꺼워질수록 절연 효과가 커지며, 우리의 생각과 동작도 더 빠르고 정확해진다.

미엘린은 여러 가지 이유에서 중요하다. 일단 그것은 보편적이다. 즉, 모든 사람이 미엘린층을 두껍게 만들 수 있다. 대개 성장기에 가장 빨리 두꺼워지지만 이 과정이 평생 지속될 수 있다. 그리고 미엘린은 무차별적이다. 미엘린층이 두꺼워지면 정신적이든 신체적이든 모든 활동과 관련하여 스킬이 향상된다.

그러나 무엇보다도 미엘린이 중요한 이유는 스킬의 원리를 이해하는 데 생생하고 참신한 모델을 제공하기 때문이다. 스킬은 신경 회로를 감싸고 있는 세포질로 된 절연층이며, 특정한 신호에 반응할 때 두꺼워진다. 시간과 노력을 쏟아부어 제대로 된 연습을 많이 할수록, 요컨대 회로에 정확한 신호가 발사되어 '클라리사 구간'에 오래 머물수록 스킬은 더욱더 향상된다. 혹은 약간 다른 식으로 말하자면 미엘린층이 더욱더 두꺼워진다. 모든 스킬의 사례와 재능의 용광로가 아무리 다양해 보일지라도 실은 똑같은 행동 원칙을 바탕으로 작용한다. UCLA의 신경과학자이자 미엘린 연구자인 조지 바조키스George Bartzokis 박사는 이렇게 말한다. "모든 기량·언어·음악·동작은 살아 있는 회로로 이루어져 있으며, 모든 회로는 특정한 규칙에 따라 증식됩니다."

이 책에서는 세계 최고의 축구 선수, 은행 강도, 바이올리니스트, 전투기 조종사, 예술가, 스케이트보더 등의 사례를 통해 그 특정한 행동 규칙을 살펴보려고 한다. 당사자들조차 짐작하지 못하는 이유로 성공을 거두고 있는 놀라운 재능의 용광로를 파헤칠 것이다. 그리고 이에 대해 새로운 정보를 제공해주는 다양한 과학자·코치·교사·연구자를 만나볼 것이다. 무엇보다도 이러한 정보를 활용하여 우리 자신과 주위 사람들의 생활 속에 잠재된 능력을 극대화할 수 있는 구체적인 방법을 찾아보려고 한다.

모든 스킬이 똑같은 세포 메커니즘에 의해 향상된다는 생각은 놀라울 뿐 아니라 좀 이상하게 느껴질지도 모른다. 스킬의 종류는 이루 말할 수 없이 다양하기 때문이다. 그러나 지구상의 모든 다양성은 공통된 적응 메커니즘을 바탕으로 한다. 다른 방식으로 진화가 진행되었을 거라고 보기는 어렵다. 삼나무와 장미는 다르지만 둘 다 광합성을 통해 성장한다. 코끼리와 아메바도 다르지만 둘 다 똑같이 ATP아데노신삼인산의 약자로, 모든 세포가 생명 활동을 위해 에너지원으로 삼는 물질— 옮긴이 메커니즘을 사용하여 에너지를 만들어낸다. 운동선수·가수·학자는 별로 공통점이 없어 보이지만, 그들의 실력은 타이밍·속도·정확성을 점차적으로 개선하고 신경회로를 연마하는 과정에서 탤런트 코드의 규칙에 순응하는 방식으로 향상된다.

내용은 크게 세 부분으로 나뉘어 있다. 각각 심층 연습, 점화, 마스터 코칭을 다루고 있다. 이는 탤런트 코드의 기본적인 세 가지 구성 요소에 해당한다. 탤런트 코드는 핵심적인 역할을 하는 이 세 가지 요소가 합쳐진 것이다. 하나라도 모자라면 발전 과정은 느려진다. 세 가지가 모두 결합되면, 고작 6분 동안이라 해도 모든 것이 달라지기 시작한다.

PART 1

DEEP PRACTICE
끝까지 연습하기

◆

1장

스위트 스팟을 찾아라

사람은 실수를 통해 지혜로워진다.

독일 속담

전 세계에서 발견되는 '닭장 하버드'

사글셋방 같은 환경에서 에베레스트만큼 위대한 인재를 배출하고 있는 뜨거운 재능의 용광로가 있다. 2006년 12월부터 이들 용광로를 찾아다니는 여행이 시작되었다. 이 여행의 출발지는 궁상스럽기 짝이 없는 모스크바의 어느 테니스 코트였다. 그 후 나는 14개월 동안 브라질 상파울루의 축구장, 텍사스 댈러스의 보컬 스튜디오, 캘리포니아 산호세의 저소득층 아이들을 위한 학교, 뉴욕 애디론댁 산맥의 다 쓰러져가는 음악학교, 야구에 미친 카리브해의 어느 섬 등을 두루 방문했다. 이

곳들은 누군가 '닭장 하버드'라고 표현할 정도로 작고 옹색하지만 어마어마한 성공을 거둔 장소였다.

여행을 하면서 몇 가지 도전에 부딪혔다. 그중 첫 번째는 아내와 네 아이에게 가능한 한 논리적으로, 즉 무모해 보이지 않도록 여행의 목적을 설명하는 것이었다. 그래서 나는 이 여행이 19세기 박물학자의 '대원정'과 비슷한 것이라고 포장하기로 했다. 정색을 하고 분위기를 잡은 후, 재능의 용광로 탐방과 찰스 다윈이 비글호를 타고 떠났던 원정 여행을 비교했다. 적어도 잠시 동안은 이러한 설명이 먹히는 듯했다.

"아빠는 보물 사냥을 나가시는 거야." 열 살짜리 딸 케이티가 어린 동생들에게 설명해주는 소리를 우연히 엿들었다. 보물 사냥이라니. 사실 틀린 말도 아니었다. 그동안 방문한 재능의 용광로는 전부 아홉 군데였는데, 하나같이 존재한다는 사실 자체가 고맙긴 하지만 매우 불가사의하다는 점을 제외하고는 공통점을 찾기 힘들었다. 모든 경우가 통계적으로 불가능했다. 정말로 어찌 된 일일까?

첫 번째 실마리는 예기치 못한 패턴의 형태로 찾아왔다. 재능의 용광로를 찾아다니기 시작한 초기에는, 정신을 못 차릴 정도로 감탄사를 연발하게 될 줄 알았다. 세계적 수준의 기량을 목격할 줄 알았다. 절반 정도는 정말 기대가 채워졌고, 때로는 기대 이상이었다. 그런 경우에는 재능의 용광로에 있는 동안 달리는 사슴 떼 한가운데 서 있는 것 같은 기분이었다. 주변 모든 것이 평범한 일상 속에 있을 때보다 더 빠르고 거침없이 움직였다.

그러나 그것은 절반에 불과했다. 나머지 절반의 경우에서는 완전히 다른 것이 눈에 띄었다. 느릿느릿 이어지다가 툭툭 끊기는, 끈질기게 물고 늘어지는 노력의 순간들. 즉, 클라리사의 비디오에서 봤던 것과 비슷한 장면들이 눈앞에 펼쳐졌다. 마치 사슴 떼가 갑자기 얼음으로 뒤덮인 비탈길을 만난 것 같았다. 그들은 멈칫했고 멈추었고 멍하니 바라보았다. 한 걸음을 내디딜 때마다 신중하게 생각했다. 앞으로 나아간다는 것은 작은 실패와 서툰 시도가 모여 이루어지는 율동적인 패턴이었다. 그뿐만 아니라 뭔가 다른 점이 있었다. 그들은 똑같은 표정을 짓고 있었다. 실눈을 뜨고 팽팽하게 신경을 집중하는 그 모습은, 설명할 순 없지만 노장 배우이자 감독인 클린트 이스트우드와 굉장히 닮아 보였다(이런 표정을 직접 보기 전에는 아마 무슨 소린가 싶을 것이다).

브루니오를 만나보자. 이 열한 살 소년은 브라질 상파울루의 콘크리트 운동장에서 새로운 축구 동작을 연습하고 있다. 그는 천천히 움직이면서 싸구려 운동화 바닥 아래서 구르는 공의 감촉을 느낀다. 브루니오는 엘라스티코elastico를 연습하고 있다. 엘라스티코는 발 바깥쪽으로 공을 슬쩍 건드리고 재빨리 발을 빙 돌려 발등으로 반대쪽을 향해 공을 튕기는 기술이다. 이 동작은 제대로만 하면 고무 밴드에 묶인 공을 차는 듯한 인상을 줄 수 있다. 처음 보았을 때 브루니오는 엘라스티코를 제대로 구사하지 못하고 있었다. 그는 멈추고 생각한다. 그리고 좀 더 천천히 다시 해본다. 실패한다. 공은 저 멀리 굴러간다. 다시 멈추고 생각한다. 훨씬 더 천천히, 동작의 구성 요소들을 하나하나 쪼개어 다시 시도한다. 그의 얼굴이 팽팽하게 긴장되어 있다. 두 눈은 뚫어지게 한 곳을 바라보고 있어서 마치 사팔뜨기처럼 보인다. 바로 그때 뭔가 맞아

떨어진다. 마침내 엘라스티코를 해낸다.

　이번엔 제니의 경우를 보자. 스물네 살 제니는 댈러스에 있는 좁아 터진 보컬 스튜디오에서 〈러닝 아웃 오브 타임Running Out of Time〉이라는 노래의 코러스 부분을 연습하고 있다. 가사 없이 발성으로만, 음들이 폭포수처럼 흘러내리는 듯한 창법을 구사하면서 멋지게 마무리하려고 애쓰는 중이다. 하지만 잘되지 않는다. 제니는 멈추고 생각한다. 그런 다음 훨씬 느린 속도로 다시 노래한다. 실수를 할 때마다 멈추고 처음부터 다시 시작하거나, 실수한 부분으로 돌아간다. 제니는 노래하고 멈추고, 노래하고 멈춘다. 그러다가 갑자기 제대로 맞아떨어진다. 조각들이 근사하게 딱 들어맞는다. 여섯 번째 시도 끝에 제니는 완벽하게 곡을 소화해낸다.

　효과적으로 연습하는 사람을 보면, 대개 의지력이나 집중력 같은 단어를 동원해 원인을 규명하려고 한다. 그러나 그런 단어들은 얼음 위를 오르는 데 해당하는 연습의 특수한 측면을 포착하지 못하기 때문에 별로 적절하지 않다. 재능의 용광로에 있는 사람들은 표면적으로 이상하고 놀라워 보이는 활동을 하고 있었다. 그들은 자진해서 미끄러운 비탈길을 오르려 한다. 클라리사처럼 의도적으로 본인의 능력이 닿을락 말락 한 곳까지 밀어붙인다. 당연히 망친다. 그런데 어찌 된 일인지 망칠수록 더 나아진다. 어떻게 그럴 수 있을까?

　브라질 축구 선수들의 집단적인 재능을 설명하는 것은 마치 중력의 법칙을 설명하는 것과 같다. 측정하려면 할 수는 있다. 브라질은 월드컵에서 다섯 번 우승했고, 매년 유럽 프로 축구단과 계약하는 젊은 인재가 900명가량이나 된다. 또한 펠레, 지코, 소크라테스, 호마리오, 호나우도, 주니뉴, 호비뉴, 호나우지뉴, 카카 등 세계 최고의 영예를 차지할 자격이 충분한 선수들이 포진해 있다. 그러나 어찌 되었든 숫자와 이름만으로 브라질 인재들의 능력을 설명할 수는 없다. 그것은 느끼는 수밖에 없다.

날이면 날마다 전 세계 축구 팬들은 축구의 진수를 맛볼 수 있는 장면을 목격한다. 상대편 선수들이 떼거리로 브라질 선수 하나를 에워싼다. 그에게는 선택의 여지가 전혀 없고 옴짝달싹할 공간도 희망도 없다. 바로 그때 눈 깜짝할 사이 페인트 모션<small>상대방을 속이는 동작 — 옮긴이</small>이 일어난다. 폭발적인 스피드로 마치 춤추듯 동작이 흐르는가 싶더니, 어느새 브라질 선수는 태연자약하게 얽히고설킨 상대 선수들에게서 빠져나와 있다. 도저히 가능할 것 같지 않은 어려운 일을 식은 죽 먹듯 해낸다. 전 세계 내로라하는 팀들이 사력을 다해 싸우는 경기에서, 브라질 선수들은 이상할 만큼 많이 눈에 띈다. 그것도 하나같이 최고 수준의 기량을 갖춘 선수들이다.

이런 식으로 집중된 재능을 설명하는 흔한 방법은 유전자와 환경, 즉 선천적 요소와 후천적 요소의 결합으로 보는 것이다. 이렇게 생각하는 사람들은 브라질 특유의 몇 가지 요소가 독특한 방식으로 결합되었기 때문에 성공할 수 있었다고 본다. 브라질의 기후는 운동하기에 적합하고, 축구에 깊은 열정을 품은 다양한 혈통의 인구 1억 9000만이 있으며, 그중 40퍼센트는 절망적으로 가난할 뿐 아니라 '예술적인 게임'을 통해 현실에서 탈출하기를 간절히 꿈꾼다는 것이다. 옳아, 이 모든 요소가 합쳐져서 위대하고 이상적인 축구 공장이 탄생한 거군.

그러나 이러한 설명에는 약간의 문제가 있다. 브라질이 훌륭한 축구 선수를 늘 배출한 것은 아니었다. 1940년대와 1950년대에도 이미 기후와 열정과 가난의 삼박자를 갖추고 있었지만, '이상적인' 공장에서 나오는 결과는 신통치 못했다. 월드컵에서 한 번도 우승하지 못했고, 당시 세계 최강이던 헝가리와 네 번 붙었으나 이기지 못했으며, 현재 알려져 있는 매혹적인 즉흥 묘기는 거의 눈에 띄지 않았다. 지금 세계가 인정하는 진정한 브라질의 모습이 나타난 것은 1958년에 이르러서였다. 이해 열린 스웨덴 월드컵에서 열일곱 살짜리 펠레가 출전한 브라질 팀은 눈부신 활약을 펼쳤다. 만약에 앞으로 브라질이 (헝가리가 그랬던 것처럼) 어느 날 갑자기 스포츠계 지존 자리에서 밀려나는 충격적인 일이 벌어진다면, 그때는 어쩌겠는가? 그저 어깨를 한번 으쓱하고 '브라질은 독특하다'는 주장을 철회한 다음, 역시 만만찮게 독특한 새로운 챔피언을 축하해주는 것 말고는 다른 반응을 보이기 어려울 것이다.

그렇다면 브라질이 훌륭한 선수를 그토록 많이 배출할 수 있는 비결은 도대체 무엇일까? 놀랍게도 그 이유는 1950년대 이후로 브라질 선수들이 지구상 어느 곳에서보다 더 빨리 공 다루는 기술을 향상시킬 수 있는 특별한 방법으로 훈련해왔기 때문이다. 그들은 클라리사처럼 속도를 단축할 수 있는 방법을 찾아냈고, 역시 클라리사처럼 무슨 일이 벌어지고 있는지를 거의 알아차리지 못했다. 여기에서는 이런 종류의 훈련을 심층 연습 deep practice이라고 부를 것이다. 그리고 앞으로 보겠지만, 심층 연습은 축구에만 적용되는 것이 아니다.

심층 연습 개념을 이해하는 가장 좋은 방법은 직접 해보는 것이다. 다음 리스트의 단어를 각각 1~2초간 들여다보자. A열과 B열에서 똑같은 시간을 소비해야 한다.

보지 않고 얼마나 많은 단어 쌍을 기억할 수 있는지 테스트해보자.

A	B
ocean / breeze	bread / b_tter
leaf / tree	music / l_rics
sweet / sour	sh_e / sock
movie / actress	phone / bo_k
gasoline / engine	chi_s / salsa
high school / college	pen_il / paper
turkey / stuffing	river / b_at
fruit / vegetable	be_r / wine
computer / chip	television / rad_o
chair / couch	l_nch / dinner

A열과 B열에서 어느 쪽 단어가 더 많이 기억나는가?

아마 불완전한 단어가 포함된 B열의 단어가 더 많이 기억날 것이다. 실험 결과, 사람들은 A열의 단어보다 B열의 단어를 세 배 더 많이 기억하는 것으로 나타났다. 몇 초 동안 갑자기 기억력이 좋아진 기분이 들 것이다. 이게 시험이라면, B열의 점수가 300퍼센트 향상된 셈이다.

B열을 들여다보는 동안 IQ가 좋아지지는 않았다. 뭔가 달라진 것 같은 기분도 없었다. 느닷없이 천재성이 드러난 것도 아니다. 그러나

빈칸이 섞인 단어를 볼 때, 우리 안에서 감지할 수 없는 뭔가 일어났다. 우리는 멈추었다. 몇 분의 1초 동안 고민을 했다. 그 몇 분의 1초 때문에 모든 것이 달라졌다. 우리는 B열을 볼 때 더 열심히 노력하지 않았다. 더 심층적으로 파고들었을 뿐이다.

또 다른 예가 있다. 파티에서 만난 어떤 사람의 이름을 기억해내려고 애쓸 때를 생각해보자. 누군가 그 사람의 이름을 가르쳐주면, 나중에 또 잊어버릴 가능성이 높다. 하지만 수동적으로 정보를 받아들이는 대신 스스로 정확한 신호를 발사하면, 다시 말해 혼자 힘으로 이름을 떠올리는 데 성공하면 그 정보는 우리 기억에 깊이 새겨질 것이다. 그 이름이 더 중요하다거나 갑자기 기억력이 향상되어서가 아니라, 더 심층적으로 파고들었기 때문이다.

이번에는 비행기에 타고 있다고 가정하자. 지금껏 1분여 동안 명확하고 간결하게 구명조끼 착용 시범을 보이는 승무원을 수없이 보았을 것이다("머리 위로 미끄러뜨리듯 조끼를 착용하고 앞쪽의 검은색 버클 두 개를 채우십시오. 그런 다음 붉은색 줄을 아래로 잡아당겨 조끼에 바람을 집어넣습니다"). 한 시간쯤 지났을 때 갑자기 비행기가 흔들린다. 승객들에게 당장 구명조끼를 착용하라는 기장의 목소리가 기내 방송으로 흘러나온다. 얼마나 빨리 착용할 수 있을까? 검은색 버클을 어떻게 채우지? 붉은색 줄은 또 어떻게 하라더라?

또 다른 시나리오가 있다. 똑같은 비행기 안이다. 그런데 이번에는 승무원이 1분여 동안 보여주는 시범을 가만히 관찰하는 대신, 직접 구명조끼를 착용해본다. 노란색 조끼를 머리 위로 쓰고, 줄과 버클을 만지작거린다. 한 시간쯤 지났을 때 비행기가 흔들린다. 기장의 목소리가 기내 방송으로 흘러나온다. 얼마나 더 빨리 착용할 수 있을까?

심층 연습은 역설을 바탕으로 한다. 바보 같아 보일 만큼 수없이 실수를 허용할수록, 즉 정확히 목적에 맞는 노력을 기울이면서 끈질기게 물고 늘어질수록 더 많이 향상된다. 혹은 약간 다르게 표현하자면, 속도를 늦추고 실수를 하면서 그 실수를 교정하는 의도적인 과정을 되풀이할수록 결국은 본인도 깨닫지 못하는 사이에 점점 더 민첩하고 우아한 스킬을 습득한다. 마치 얼음으로 뒤덮인 비탈길을 오를 때 미끄러지고 넘어지면서 조금씩 앞으로 나아가는 과정과 같다.

"흔히 힘들이지 않고 수월하게 연습하는 것이 바람직하다고 생각합니다. 그러나 그런 건 정말이지 형편없는 학습 방식입니다." 앞에 열거한 예들을 알려준 UCLA의 심리학 교수 로버트 비욕Robert Bjork이 한 말이다. 비욕 교수는 평생 동안 기억과 학습이라는 문제를 연구해온 사람이다. 그는 기억 쇠퇴 곡선에 대한 논의에 정통한 학자로서, 자유투 성공률이 신통치 않기로 악명 높은 NBA 스타 샤킬 오닐의 문제를 진단하기도 했다. 그는 오닐이 일반적인 4미터 60센티미터가 아니라 4미터 30센티미터나 4미터 90센티미터 등 비상식적인 거리에서 연습해야 한다고 주장했다.

비욕 교수는 이렇게 말한다. "장애물처럼 보이는 것들이 장기적으로 보면 바람직한 결과로 나타납니다. 수백 번 관찰만 하는 것보다 단 몇 초라도 한 번 제대로 하는 것이 훨씬 더 효과적이죠." 비욕 교수는 세인트루이스 워싱턴 대학교의 심리학 교수인 헨리 로디거Henry Roediger의 실험을 인용한다.

로디거 교수는 학생들을 두 그룹으로 나눈 다음, 자연사_{自然史}에 관한 자료를 공부하도록 했다. A그룹은 네 차례에 걸쳐 공부했고, B그룹은 한 번만 공부했지만 그 대신 시험을 세 번 봤다. 일주일 후 두 그룹은 같이 시험을 치렀는데, B그룹의 점수가 A그룹보다 50퍼센트 더 높았다. 그들은 양적으로 A그룹의 4분의 1밖에 공부하지 못했지만 훨씬 더 많은 지식을 습득했다. 로버트 비욕의 제자인 캐서린 프리츠라는 학생은 이러한 실험 결과를 본인의 학업에 적용했다. 캐서린은 평소 하던 양의 절반밖에 공부하지 않았는데도 학점이 100퍼센트 향상되었다고 말했다.

비욕 교수는 모든 것이 우리 뇌가 설계된 방식 때문이라고 설명한다. "흔히 기억이 녹음기 같은 거라고 생각하는 경향이 있어요. 하지만 잘못된 생각입니다. 기억은 살아 있는 구조물입니다. 크기가 무한대에 가까운 어마어마한 골조를 갖고 있어요. 우리가 난관에 부딪힐 때마다 그것을 극복하면서 더 많은 자극을 생성할수록, 골조는 점점 더 커집니다. 골조가 커질수록 학습 속도는 한층 더 빨라지죠."

심층 연습을 할 때는 이 세상의 일반적인 규칙들이 잠시 통하지 않는다. 훨씬 효율적으로 시간이 사용된다. 작은 노력이 모여 오래 지속되는 커다란 결과를 만들어낸다. 우리는 실수를 포착해서 그것을 실력으로 바꿀 수 있는 지렛대 위에 서 있는 셈이다. 현재 능력보다 살짝 위에 있는 목표를 선택하고, 정확히 목적에 맞는 노력을 기울이는 것이 요령이다. 무턱대고 하는 헛수고는 도움이 되지 않는다. 목표에 도달하려고 애쓰는 것이 중요하다.

비욕 교수는 다음과 같이 설명한다. "스위트 스팟을 찾는 것이 관건입니다. 본인의 능력과 도달해야 할 목표 간의 격차가 가장 작은 지점이 있어요. 스위트 스팟을 찾으면 학습 속도가 현저히 빨라지기 시작합니다."

심층 연습은 두 가지 이유에서 이상한 개념이다. 첫 번째는 재능에 대한 직관적인 생각과 대립되는 개념이기 때문이다. 우리는 직관적으로 연습과 재능의 관계는 숫돌과 칼의 관계 같은 거라고 생각한다. 즉, 연습이 매우 중요하긴 하지만, 이른바 선천적 능력이라는 튼튼한 날이 없으면 아무 소용이 없다는 것이다. 심층 연습은 매력적인 가능성을 제기한다. 어쩌면 연습이 선천적 능력보다 훨씬 더 중요할지도 모른다.

심층 연습이 이상한 개념인 두 번째 이유는 우리가 보통 피하려고 하는 사건인 실수를 포착해서 그것을 실력으로 바꾸기 때문이다. 심층 연습이 어떻게 작용하는지를 이해하려면 먼저 학습 과정에서 실수가 얼마나 중요한지부터 알아야 한다. 생뚱맞게 들릴지 모르지만, 실수는 결정적으로 중요하다. 극단적인 예를 들어보자. 어떤 식으로 실수를 하면서 훈련하느냐에 따라 사람 목숨이 왔다 갔다 할 수도 있다.

장난감 비행기 트레이너의 활약

1934년 겨울, 프랭클린 루스벨트 대통령에게는 골치 아픈 문제가 있었다. 미국 육군 항공대US Army Air Corps의 조종사들, 다시 말해 어느 모로 보나 기량이 출중하고 전투 능력이 뛰어난 비행사들이 추락 사고로 죽어가고 있었다. 2월 23일 한 조종사가 뉴저지 해안 근처에서 익사했고, 또 다른 조종사는 텍사스에서 수로에 비행기가 옆으로 처박혀서 죽었다. 3월 9일에는 플로리다, 오하이오, 와이오밍에서 비행기 추락 사고로 조종사 넷이 죽었다. 묘하게도 이들의 죽음은 전쟁과 아무 상관이 없었다. 조종사들은 그저 우편물을 배달하려고 겨울 폭풍 속을 뚫고 비행했을 뿐이다.

추락 사고의 원인을 거슬러 추적해보니, 아니나 다를까 기업 스캔들과 연관이 있었다. 상원을 조사한 결과, 미국 우편물 배달 계약을 따낸 항공사들 간에 수백만 달러 규모의 가격 담합 음모가 있었다는 사실이 드러났다. 루스벨트 대통령은 우편물 배달 계약을 파기하고 신속하게 대응했다. 대통령은 항공대 측에 우편물 배달 업무를 인수하도록 지시했다. 장군들은 항공대 조종사의 강인한 의지와 용기를 입증하려고 아주 열심이었다(또한 그들은 항공대가 육군이나 해군과 동등하게 완전히 독립적인 군사 조직의 위상을 차지할 자격이 있음을 대통령에게 보여주고 싶었다).

장군들은 거의 옳았다. 항공대 조종사는 강인한 의지를 갖췄고 용감 무쌍했다. 그러나 1934년의 혹독한 겨울 폭풍 속에서, 추락 사고는 도통 멈추지 않았다. 3월 10일, 스무 날 만에 아홉 번째 조종사가 또 죽었다는 소식을 접한 루스벨트 대통령은 아침 일찍 항공대 사령관인 벤자민 풀로이스 장군을 백악관으로 불러들였다. 대통령은 불같이 화를 내며 물었다. "장군, 항공우편 연쇄살인 사건이 언제쯤 멈추겠소?"

좋은 질문이었다. 루스벨트 대통령은 조종사 교육 문제를 전체적으로 언급한 것일지도 몰랐다. 초창기 조종사 교육은 좋은 조종사는 만들어지는 게 아니라 태어난다는 믿음을 바탕으로 이루어졌다. 프로그램 대부분은 똑같은 절차를 따랐다. 교관이 장래성 있어 보이는 학생을 비행기에 태운 다음, 연속으로 루프loop : 공중에서 대형 원을 그리는 것 ―옮긴이와 롤roll : 동체를 축으로 주익, 즉 큰 날개를 돌리는 것 ―옮긴이을 실시한다. 멀미를 하지 않는 학생은 조종사가 될 자질이 있는 것으로 간주되었다. 그러면 그는 몇 주간 지상 교육을 받은 후, 점차적으로 조종 장치를 다루도록 허락을 받았다.

학생들은 날개가 뭉툭한 비행기를 타고 일명 '펭귄 뛰기'라고 부르는 지상 활주taxiing를 하면서 조종 연습을 했다. 혹은 그냥 무작정 날았고, 추락하거나 요행을 바랄 뿐이었다. 그런 의미에서 '럭키 린디Lucky Lindy : 최초로 대서양 횡단에 성공한 미국 조종사 찰스 린드버그의 애칭 ―옮긴이'는 정말 잘 지은 별명이었다. 이런 시스템은 당연히 효과적이지 못했다. 초창기 육군 비행학교의 조종사 사망률은 25퍼센트에 육박했다. 1912년에는 미국 육군 조종사 열네 명 중 여덟 명이 추락 사고로 죽었다.

1934년 무렵에는 테크닉과 기술이 어느 정도 정교하게 다듬어졌으나 여전히 원시적이었다. 루스벨트 대통령의 골칫거리인 항공우편 대참사 소식이 빠른 속도로 퍼져나가자, 핵심을 찌르는 질문이 제기되었다. 비행술을 더 잘 배울 수는 없는가?

질문에 대한 답은 생각지도 못한 곳에서 나왔다. 뉴욕 빙엄턴에 사는 에드윈 앨버트 링크 주니어Edwin Albert Link. Jr.는 피아노와 오르간을 만드는 기술자의 아들이었다. 에드윈은 아버지의 공장에서 일을 배우며 자랐다. 매부리코에 깡마른 데다가 말도 못하게 고집이 셌던 그는 이 것저것 때우고 수선하는 일이 적성에 잘 맞았다. 열여섯 살 때 우연찮게 비행에 푹 빠진 그는 50달러를 수업료로 내고 시드니 채플린에게서 비행술을 배웠다(시드니는 찰리 채플린과 아버지가 다른 형제다). 링크는 훗날 이렇게 회고했다.

"대부분의 시간 동안 우리는 루프와 스핀을 했고, 아래 있는 것들을 다 알아볼 정도의 높이에서 닿을 듯 말 듯 아슬아슬하게 날았다. 멀미를 안 하게 해주신 하느님께 감사한다. 하지만 조종 장치에는 손 한 번 대지 못하고 땅에 내려왔다. 비행술을 가르치는 방법이 참 해괴하다고 생각했다."

비행에 대한 링크의 사랑은 점점 더 커져갔다. 그는 인근의 곡예비행사들과 어울리며 비행술을 가르쳐달라고 끈덕지게 졸랐다. 링크의 아버지는 비행에 대한 아들의 관심이 달갑지 않았다. 아들이 다른 데 정신을 팔자 곧바로 오르간 공장에서 해고했다. 그러나 링크는 틈만 나면 계속 비행기를 탔고, 결국 4인승 세스나Cessna 비행기를 구입했다. 그러는 와중에도 수선쟁이 본성을 타고난 그의 머릿속에는 조종사 교육 방식을 뜯어고쳐야 한다는 생각이 떠나지 않았다.

채플린에게서 첫 수업을 받은 때로부터 7년이 지난 1927년, 링크는 드디어 일을 저질렀다. 오르간 공장에서 송풍기와 기압 펌프를 빌린 다음, 비행기의 주요 부품을 욕조보다 약간 더 널찍한 공간에 압축해 넣은 기구를 만들었다. 뭉툭하고 튼튼한 날개와 작은 꼬리, 계기판, 전기 모터가 달려 있는 이 기구는 조종에 따라 전후좌우로 실감 나게 흔들렸다. 조종사가 실수를 하면 앞쪽에 달린 작은 등에 불이 들어왔다.

링크는 이 기구에 '링크 비행 트레이너Link Aviation Trainer'라는 이름을 붙이고 광고를 냈다. 그는 자신이 발명한 기구를 이용해 시계비행조종사가 지형을 보고 직접 조종하는 비행 방식 ─ 옮긴이과 계기비행을 가르칠 생각이었다. 계기비행이란, 안개나 폭풍 속에서 앞이 잘 보이지 않을 때 계기에만 의존하여 비행하는 방법을 말한다. 링크는 일반적인 훈련 프로그램에서 요구하는 비용의 일부만 받고, 시간도 절반으로 줄여서 조종사를 훈련할 계획을 세웠다.

세상이 에드윈 링크의 트레이너를 외면했다는 것은 그다지 정확한 표현은 아닐 것이다. 실제로 세상은 링크 트레이너를 주목했고, 철저하고 단호하게 거부했다. 그의 제안을 접한 사람들은 링크 트레이너에 거부반응을 느끼는 듯했다. 군사학교와 사립 비행학교는 물론이고 곡예비행사들조차 마찬가지였다. 어떻게 장난감으로 비행술을 배울 수 있단 말인가? 다들 그렇게 생각했다. 미국 특허국은 링크 트레이너를 가리켜 '참신하고 유익한 놀이기구'라고 선언했다. 그것의 운명은 결국 그렇게 정해진 것 같았다.

링크는 놀이 공원과 오락실에 트레이너 50대를 팔았지만, 진짜 교육기관에는 겨우 두 대를 보냈을 뿐이다. 하나는 플로리다 펜사콜라에 있는 해군 비행장에 팔았고, 다른 하나는 뉴어크에 있는 뉴저지 방위군부대에 대여해주었다. 1930년대 초 무렵에는 양옆이 트인 평상형 트럭에 트레이너 한 대를 싣고 시골 장터를 돌아다니면서 25센트를 받고 한 번씩 태워주는 신세로 전락했다.

그러나 1934년 겨울 항공우편 대참사가 터졌을 때, 항공대 고위 장교들은 절박한 심정이었다. 많은 후보생을 훈련했던 노련한 조종사 케이시 존스Casey Jones는 링크 트레이너를 기억해내곤, 항공대 장교들에게 다시 한 번 생각해보자고 설득했다. 3월 초 링크는 뉴저지 방위군에 대여해준 트레이너의 성능 시범을 보이기 위해, 그의 집이 있는 뉴욕 코틀랜드에서 뉴어크까지 날아오라는 호출을 받았다. 그에게 지정된 날은 안개가 많아서 앞이 전혀 보이지 않았고 비바람이 휘몰아쳤다. 그러한 위험이 어떤 결과를 낳을 수 있는지 누구보다 잘 아는 항공대 장교들은 아무리 용감하고 실력이 뛰어난 조종사라도 그런 날씨에 비행할수는 없을 거라고 생각했다.

안개가 자욱한 가운데 머리 위에서 벌레가 윙윙거리는 듯한 희미한 소음이 점점 가까이 들려오기 시작했을 때, 그들은 막 비행장을 떠나려던 참이었다. 링크의 비행기가 활주로에서 불과 몇 미터 떨어진 상공에 유령처럼 모습을 드러내더니 완벽하게 사뿐히 착륙했다. 그리고 지상 활주를 선보이며, 놀라 입을 다물지 못하는 장교들 앞으로 다가왔다. 깡마른 남자는 린드버그와 닮은 얼굴은 아니었지만, 그 못지않게 능숙한 계기비행 솜씨를 입증한 셈이었다. 이어서 링크는 자신이 만든 트레이너의 성능 시범을 보였다. 군대 역사상 괴짜가 전통을 이긴 최초의 사례로 기록될 만한 일이었다. 장교들은 링크의 시범을 보면서 트레이너의 잠재력을 깨달았다. 그들은 링크 트레이너를 대량 주문했다.

7년 후 제2차 세계대전이 터졌다. 갑자기 미숙한 젊은이 수천 명을 가능한 한 빨리, 동시에 안전하게 조종사로 만들어야 할 상황이 벌어졌

링크가 발명한 비행 트레이너
지금은 모든 조종사의 훈련에 사용되는 이 '링크 트레이너'가 처음에는 장난감 기구 취급밖에 받지 못했다. 문제는 주어진 장비나 환경이 아니라 어떻게 '연습'하느냐에 달려 있다.

다. 링크 트레이너 1만 대가 문제를 해결해주었다. 전쟁이 끝날 때까지 일명 '블루 박스'라고 불리는 트레이너를 거친 비행사는 50만 명이나 되었고, 그들의 훈련 총량은 수백만 시간에 달하는 것으로 기록되었다. 링크 트레이너의 효능에 대한 군대의 관심은 이에 그치지 않았다. 링크 는 제2차 세계대전이 발발하기 몇 년 전부터 일본, 독일, 소련에 트레이너를 팔아도 좋다는 허가를 받았다. 그 결과 전쟁 기간에 벌어진 수많은 공중전에서, 야무지게 훈련한 양편 조종사들이 막상막하의 실력으로 접전을 펼치는 진풍경이 연출되었다. 1947년 항공대는 미국 공군 US Air Force 으로 승격되었고 에드윈 링크는 제트기, 폭격기, 아폴로 달 착륙선 등의 시뮬레이터를 만드는 일에 투입되었다.

링크 트레이너가 그토록 효과적이었던 이유는 로버트 비욕의 단어 테스트에서 빈칸이 섞인 B열의 점수가 300퍼센트나 더 높았던 이유와 같다. 조종사는 링크 트레이너를 이용해 심층 연습을 할 수 있었다. 즉, 수시로 멈추고, 끈질기게 노력하고, 실수하고, 그 실수를 통해 배울 수 있었다. 조종사는 몇 시간이고 링크 트레이너 안에 있는 동안에는 열댓 번이라도 '이륙'하거나 '착륙'할 수 있었다. 스위트 스팟을 벗어나지 않은 채 자신의 능력이 닿을락 말락 한 곳까지 밀어붙이면서, 실제 비행기를 타고서는 감히 시도할 수 없을 방식으로 급강하하거나 속도를 잃는 스톨Stall을 경험하거나 다시 속도를 회복할 수 있었다. 링크 트레이너로 훈련한 조종사가 추락한 조종사보다 더 용감하거나 똑똑한 것이 아니었다. 그들은 단지 심층 연습을 할 기회가 있었던 것뿐이다.

심층 연습 개념은 전투기 조종이나 우주 비행 같은 위험한 임무 수행을 위한 훈련에 더할 나위 없이 적합하다. 그러나 이 개념을 다른 종류의 스킬에 적용하면 더욱 흥미진진해진다. 브라질 축구가 좋은 예다.

브라질의 축구 선수들은 왜 후보들까지 천재적일까

축구 코치 사이먼 클리퍼드Simon Clifford 역시 전 세계 수많은 스포츠팬들처럼 천하무적인 브라질 축구 선수들의 기량에 매혹되었다. 그러나 대부분의 팬들과 달리, 그는 직접 브라질에 가서 어떻게 하면 그런 실력을 쌓을 수 있는지 알아보기로 결심했다. 잉글랜드 리즈의 가톨릭 초등학교에서 시시한 축구 팀 코치로 일해온 경력을 고려할 때, 이것은 결코 평범하지 않은 야심 찬 계획이었다.

클리퍼드를 평범하지 않다고 볼 만한 이유는 그뿐이 아니다. 그는 키가 크고 눈에 확 띌 정도로 잘생긴 남자다. 그리고 선교사나 황제가 연상될 정도로, 카리스마와 확고한 자신감을 발산하는 사람이다(클리퍼드는 20대 초반에 기구한 축구 사고를 당해 심각한 부상을 입었다. 내장이 파열되고 신장을 절제해야 할 정도로 심각한 사고였다. 그런 일을 겪었기 때문에 하루하루에 지나친 열정을 쏟아붓는지도 모르겠다). 1997년 여름, 스물여섯 살이 된 클리퍼드는 교사 노조에서 8000달러를 대출한 다음 배낭 하나와 비디오카메라, 그리고 언젠가 만난 브라질 축구 선수를 조르고 졸라 얻어낸 전화번호를 가득 적은 공책을 가지고 브라질로 떠났다.

브라질에 도착한 클리퍼드는 사람들이 바글거리는 넓은 상파울루를 탐험하면서 많은 시간을 보냈다. 밤에는 바퀴벌레 천국인 공동 숙소에서 잠을 자고, 낮에는 메모를 휘갈겨 썼다. 그는 어느 정도 예상했던 많은 것, 즉 열정, 전통, 철저하게 조직적인 트레이닝 센터, 장시간의 훈련 등을 눈으로 확인했다(브라질 축구학교의 10대 선수는 매주 20시간을 훈련한다. 한편 영국의 10대 선수는 매주 5시간밖에 훈련하지 않는다). 그리고 브라질 빈민가의 극심한 가난과 선수들의 눈에 어린 절망도 목격했다.

전혀 예상하지 못했던 이상한 게임도 보았다. 축구와 비슷해 보이기는 했다. 만약 전화 부스 안에서 암페타민 중추신경을 자극하는 각성제─옮긴이을 복용한 채 이리 뛰고 저리 뛰는 것을 축구라고 한다면 말이다. 공은 절반 크기였지만 무게는 두 배나 나갔다. 거의 튀어 오르지도 않았다. 선수들은 한없이 넓은 풀밭이 아니라, 콘크리트와 나무 바닥과 맨땅이 군데 군데 섞여 있는 농구 코트 크기만 한 땅에서 훈련을 했다. 한 편당 선수 는 열한 명이 아니라 다섯 명 또는 여섯 명이었다. 눈이 휙휙 돌아가는 속도와 리듬을 보면, 축구보다는 농구나 하키와 더 비슷했다. 빠르고 절도 있는 패스와 처음부터 끝까지 끊임없는 액션이 복잡하게 연결되 어 있었다. 게임 이름은 'futebol de salão', 포르투갈어로 '실내 축구' 라는 뜻이다. 이것이 현대적으로 구체화된 종목이 풋살futsal이다.

클리퍼드는 이렇게 말한다. "브라질 선수의 스킬이 탄생하는 현장 이 바로 여기라는 확신이 들었어요. 마치 잃어버린 고리를 찾은 것 같 았죠." 풋살은 1930년 우루과이의 한 축구 코치가 비 오는 날을 위해 개발한 대안 훈련이었다. 브라질 사람들은 재빨리 이 게임에 주목하고, 1936년에는 최초의 규칙을 만들었다. 그 후 풋살은 바이러스처럼 브라 질 전체에, 특히 인구가 밀집된 도심지에 확산되었다. 그리고 빠른 시 간 안에 브라질 스포츠 문화에서 독특한 위치를 차지했다. 물론 다른 나라에서도 풋살을 했다. 하지만 브라질은 유독 풋살에 집착했는데, 어 디서나 경기를 할 수 있기 때문에 쓸모가 많았다(풀밭이 흔치 않은 나라에 서는 결코 사소한 장점이 아니다).

길거리 농구가 미국 저소득층 아이들의 열정을 사로잡은 것과 마찬 가지로, 풋살은 브라질 아이들의 열정을 사로잡았다. 공식 대회에서도 브라질은 풋살의 절대 강자임을 입증했다. 브라질은 국제 대회에 서른 여덟 번 출전해서 서른다섯 번 우승했다. 그러나 숫자는 브라질이 이 이상한 토착 게임에 쏟아붓는 엄청난 시간과 노력과 에너지를 어렴풋이 암시할 뿐이다. 알렉스 벨로스Alex Bellos가 쓴『브라질식 축구Futebol : Soc-cer, the Brazilian Way』에는 이런 구절이 나온다. "풋살은 브라질의 영혼이 부화하는 운동이다."

그러한 영혼의 부화는 유명한 선수들의 성장 과정에서도 발견할 수 있다. 펠레를 비롯하여 내로라하는 브라질 선수는 모두 어릴 때부터 풋살을 했다. 처음에는 동네에서 심심풀이로 하다가 나중에는 축구학교에 들어가 본격적으로 했다. 일곱 살부터 열두 살짜리 아이들까지 골고루 섞여 있는 브라질 축구학교에서는 대개 일주일에 사흘은 풋살을 한다. 최고가 된 브라질 축구 선수는 모두 평생 수천 시간 동안 풋살을 한 사람들이다. 예를 들어, 주니뉴는 열네 살이 되기 전까지 잔디밭에서 정상적인 크기의 공을 차본 적이 한 번도 없다고 말했다. 호비뉴는 열두 살까지 훈련 시간의 절반은 풋살을 하며 보냈다고 했다.

상파울루 대학교의 축구 교수인 에밀리오 미란다Emilio Miranda 박사 같은 전문가는 감미로운 포도 품종을 감별해내는 포도주 상인처럼, 브라질 축구 특유의 기발한 묘기들 속에서 풋살 염색체를 적발해낸다. 호나우지뉴가 대중화시킨, 공을 요요처럼 감았다 풀었다 하는 그 유명한 엘라스티코 동작도 원래 풋살에서 온 것이다. 호나우도가 2002년 월드컵에서 성공시킨, 발끝으로 찔러 넣는 '토 포크toe-poke' 골은 어떤가? 그것도 풋살에서 왔다. 데스페로despero, 엘 바레el barret, 바셀리나vaselina : 전진하는 골키퍼의 키를 살짝 넘기는 슛—옮긴이 같은 동작도 모두 풋살에서 온 것이다. 내가 미란다 박사에게 브라질 선수의 실력은 모래밭 축구에서 나오는 줄 알았다고 했더니, 그는 크게 웃었다. "기자들은 여기까지 비행기를 타고 와서 해변으로 가죠. 해변에서 사진을 찍고 기사를 써요. 하지만 위대한 선수는 모래밭에서 나오지 않습니다."

수학적인 이유도 있다. 풋살 선수가 공과 접촉하는 횟수는 축구 선수보다 훨씬 더 많다. 리버풀 대학교의 실험에 따르면, 분당 여섯 배나 더 접촉한다고 한다. 공이 작고 무겁기 때문에 더 정교하게 다뤄야 할 뿐 아니라, 결과적으로 더 정교하게 다룰 수 있게 된다. 코치들이 지적하듯이, 공격 방향으로 공을 차기만 해서는 빈틈없는 수비 구역에서 빠져나갈 수가 없다. 날카로운 패스가 절대적으로 중요하다. 다시 말해, 각도와 공간을 찾아내고 선수들 간의 연결이 빠르게 이루어져야 하는 것이 풋살 경기의 핵심이다. 공을 다루는 기술과 시야가 결정적이다. 그래서 풋살 선수가 정식 축구 경기를 하면, 마치 탁 트인 넓은 공간에서 움직이는 것 같은 시원한 기분을 느낀다.

미란다 박사와 함께 앉아 상파울루 프로 축구 팀의 경기를 관람하는 동안, 그는 풋살을 했던 선수를 일일이 가려냈다. 그는 선수들이 공을 갖고 있는 방식만 봐도 정확히 구분할 수 있었다. 풋살을 했던 선수는 상대 선수가 아무리 가까이 있어도 신경 쓰지 않았다. 미란다 박사는 이렇게 결론을 내렸다. "아무리 시간을 많이 들이고 아무리 좋은 공간에서 훈련을 하더라도, 이보다 더 나은 기량을 얻을 수는 없습니다."

브라질 축구는 다른 나라의 축구와 다르다. 브라질은 그들 버전의 '링크 트레이너'를 사용하기 때문이다. 풋살은 축구의 필수적인 기술을 작은 상자 안에 압축한 것과 같다. 선수들은 풋살을 통해 심층 연습 구간에 들어가며, 실수를 하고 그 실수를 교정하면서 구체적인 문제에 대한 해결책을 끊임없이 찾아낸다. 풋살 선수는 공이 잘 튀는 넓은 실외 공간에서 훈련하는 선수보다 6배 더 공과 접촉하므로, 자기도 모르는 사이에 훨씬 더 빨리 배운다(넓은 실외 공간에서 훈련하는 선수는 아마도 클라리사가 신나게 불어대는 〈아름답고 푸른 도나우〉에 맞춰 뛰어다니면 어울릴 것 같다). 브라질 축구의 위대함이 오로지 풋살 때문만은 아니다. 가난, 열정, 인구 등 다른 요소들도 자주 언급되며, 모두 굉장히 중요하다. 그러나 지렛대 역할을 하는 풋살의 기능은 결정적이라 할 수 있다. 사람들은 그러한 사실은 발견하지 못하고 설령 안다고 해도 무시한다.

그러나 사이먼 클리퍼드는 달랐다. 그는 풋살을 보고 흥분했다. 리즈로 돌아와 학교에 사직서를 낸 뒤, 1998년 집에 남는 방 하나를 비워 국제풋살연맹International Confederation of Futebol de Salão을 차리고, 초·중·고등학생을 위한 축구 프로그램을 만들었다. 프로그램의 정식 명칭은 '브라질식 축구학교'였다. 클리퍼드는 풋살 동작을 참고삼아 정교한 훈련 체계를 개발했다. 대부분 가난한 리즈 지역 아이들로 채워진 이 학교 학생들은 지코와 호나우지뉴를 모방하기 시작했다. 클리퍼드는 그럴싸한 분위기를 연출하려고 휴대용 카세트로 삼바 음악을 틀었다.

이제 이쯤에서 클리퍼드의 실천을 객관적으로 평가해보자. 그는 이 작고 우스꽝스러운 게임을 통해 브라질의 인재 공장을 완전히 이질적인 환경에 접목할 수 있는지 실험하고 싶었다. 그는 오싹하게 춥고 그을음투성이인 촌구석 리즈에도 불가사의한 브라질 축구의 빛나는 정수가 뿌리내릴 수 있을 거라고 확신했다.

리즈 주민들은 클리퍼드의 계획을 듣고 참 재미있는 친구라며 대수롭지 않게 여겼다. 브라질식 축구학교를 직접 보고 나서는 배꼽이 빠질 지경에 이르렀다. 창백한 얼굴에 뺨만 발갛게 달아오른 요크셔 아이들 열댓 명이 삼바 음악에 맞춰 작고 무거운 공을 차며 현란한 묘기를 배우고 있었다. 한 가지 사실을 제외한다면 웃음거리가 되기에 충분한 광경이었다. 바로 클리퍼드의 생각이 옳았다는 점이다.

4년 후 열네 살 이하 선수들로 구성된 클리퍼드의 축구 팀은 같은 연령대의 스코틀랜드 대표 팀을 이겼다. 계속해서 아일랜드 대표 팀도 이겼다. 클리퍼드에게 배운 리즈 아이들 중에서 미카 리처즈라는 수비수는 현재 잉글랜드 대표 팀에서 뛰고 있다. 클리퍼드의 브라질식 축구학교는 전 세계 12개국으로 확대되었다. 그는 지금도 계속 많은 스타가 배출되고 있다고 말했다.

◆

2장

브론테 자매는 과연 천재였을까

탁월함은 습관이다.

아리스토텔레스

특별한 재능에 대한 신화를 벗기다

서구 문화의 장구한 역사에서 재능에 대한 이야기는 대부분 놀랄 만큼 비슷하다. 대개 이런 식이다. 아무런 조짐 없이 평범한 일상을 꿰뚫고 어디서 왔는지 모를 대단한 아이가 나타난다. 그림, 수학, 야구, 물리학 등에 천부적 재능을 타고난 이 아이는 그런 재능의 힘을 이용해 자신과 주변 사람의 인생을 달라지게 한다. 신묘한 영감을 받은 예술가 이야기는 서구 문화에 너무나 깊이 스며들어 있어서, 이런 이야기가 존재하지 않았던 시대도 있었다는 사실을 잊어버리기 일쑤다. 이탈리아 르네상스 이전에는 그림을 잘 그리거나 조각을 잘하는 능력을 석공 및 방직 기술처럼 실용적인 재주로 간주했다. 그러던 중에 화가 조르조 바사리가 처음으로 영웅적인 예술가라는 개념을 발명했다. 그는 1550년에 저술한 『예술가들의 생애Lives of the Artists』에서, 조토라는 이름의 떠돌이 양치기 소년을 소개했다. 조토는 어느 날 들판에서 날카롭게 간 돌조각을 가지고 놀랍도록 훌륭한 스케치를 그리고 있었는데, 그 모습이 거장 화가 치마부에의 눈에 띄었다고 한다. 조토 디본도네는 훗날 르네상스 시대 최초의 위대한 예술가가 되었다.

이 이야기를 역사적으로 입증할 수 없다고 무시하거나, 혹은 탤런트 코드의 관점에서 해석한답시고 조토가 수년 동안 치마부에의 도제로서 수련했다는 사실을 제기하자는 것이 아니다. '출신은 미천하지만 신묘한 영감을 받은 천재'라는 매력적인 (동시에 유익한 면도 없지 않은) 개념 덕분에 훨씬 재미있는 이야기가 만들어졌고, 이 개념은 다른 많은 분야에서도 꾸준히 다양하게 응용되었다.

어린 천재에 관한 매혹적인 이야기는 수없이 많지만, 그중에서도 브론테 자매 이야기는 뿌리가 깊고 단단하기로는 단연 으뜸이다. 이야기의 본질적인 토대는 엘리자베스 가스켈Elizabeth Gaskell이 1857년에 쓴 『샬럿 브론테의 생애Life of Charlotte Brontë』를 바탕으로 한다. 배경은 웨스트요크셔 지방 하워스라는 마을의 외딴 광야에 자리 잡은 초라한 목사관이다. 이곳에서 냉혹하고 포학한 아버지에게 시달리며 엄마 없이 자란 세 자매 샬럿, 에밀리, 앤이 위대한 작품을 남기고 젊은 나이에 죽었다는 이야기다. 가스켈이 서술한 브론테 자매 이야기는 비극적인 우화였다.

특히 마술처럼 신비로운 부분은 이 아이들이 영국 문학 사상 가장 위대한 업적으로 손꼽히는 작품들을 탄생시켰다는 점이다. 바로 『제인 에어』, 『폭풍의 언덕』, 『아그네스 그레이』, 『와일드펠 홀의 소작인』 등이다. 가스켈은 브론테 자매의 천부적 재능을 보여주는 증거는 그들이 어린 시절에 쓴 작은 책들이라고 주장했다. 이 작은 책들은 글래스타운, 앵그리아, 곤달이라는 상상 속 왕국에서 일어나는 환상적인 이야기를 시리즈로 엮은 것이다. 가스켈은 이렇게 썼다.

"호기심을 끄는 꾸러미 하나가 나에게 비밀을 털어놓았다. 거기에는 믿을 수 없을 만큼 작은 공간을 빼곡히 메운 방대한 분량의 원고가 들어 있었다. 주로 샬럿이 쓴 이야기, 희곡, 시, 로맨스 들이었고, 돋보기 없이는 거의 알아보기 어려운 필기체였다. (중략) 창작력의 지배를 받을 때에는 상상력과 언어가 마구 날뛰었고, 때로 그녀는 거의 정신착란의 지경에 이르기도 했다."

작은 책들, 정신착란, 초자연적 재능을 타고난 아이들. 이러한 것들은 빅토리아 시대의 전형적인 특징이다. 가스켈의 책은 이후 브론테 전기 대부분이 충실히 따르는 튼튼한 틀로 자리 잡았다. 부분적으로는 원본의 희소성 때문이기도 하다. 가스켈이 쓴 글은 수많은 영화와 연극, 교훈적인 이야기 등에 참조되었다. 하지만 이 이야기에는 딱 한 가지 문제점이 있다. 한마디로, 사실무근이라는 점이다. 게다가 브론테 자매의 실제 이야기가 훨씬 더 낫다.

브론테 자매의 실제 이야기는 옥스퍼드에서 공부한 역사학자인 줄리엣 바커Juliet Barker가 발견했다. 6년 동안 하워스에 있는 브론테 목사

위대한 재능은 타고나는 것일까
셋 모두 탁월한 작가라는 이유로 브론테 자매를 타고난 천재처럼 여긴다. 그러나 유년기 그들의 미숙함은 널리 알려지지 않았다. 그 미숙함 덕에 위대해졌는데도 말이다.

관 박물관의 큐레이터로 일한 바커는 인근 지역은 물론이고 유럽 전역으로 자료를 찾아 돌아다니면서, 거의 검토되지 않은 자료들을 모았다. 1994년 그녀는 놀라운 학자 근성을 발휘하여 1000쪽에 달하는 책 『브론테 자매The Brontës』를 펴냈고, 가스켈의 신화를 체계적으로 박살 냈다.

바커의 저서는 새로운 그림을 보여준다. 하워스 마을은 외딴 변방 지대가 아니라, 적당히 번잡한 장사와 흥정의 중심지였다. 브론테 가는 가스켈이 묘사한 것보다 훨씬 더 건강한 자극을 주는 환경이었다. 책과 시사 잡지, 장난감 등이 가득했고 온화하고 관대한 아버지의 보살핌을 받았다. 그러나 바커가 가장 철저하게 뒤집은 신화는 브론테 자매가 천부적인 소설가였다는 주장이다. 처음에 쓴 작은 책들은 미숙하기만 한 것이 아니라, 뻔하기 짝이 없었다. 작가들이 너무 어렸기 때문이다. 그들에게는 어린 천재의 징후가 전혀 보이지 않았다. 작은 책들은 독창적인 창작물과 거리가 멀었고, 잡지 기사와 당대의 책을 대담하게 모방한 것이었다. 세 자매와 브론테 가의 유일한 아들인 브란웰은 이국적인 모험 테마와 통속 드라마의 플롯을 베꼈고, 유명한 작가의 문체를 흉내 냈으며, 캐릭터를 모조리 표절했다.

결론적으로 바커의 연구는 브론테 자매의 작은 책들에 대해 두 가지 사실을 알려준다. 첫째, 그들은 다양한 형태로 많은 분량의 글을 썼다. 15개월 주기로, 평균 80쪽에 달하는 작은 책을 스물두 권씩 썼다(한 권에 20일 정도가 걸린 셈이다). 둘째, 그들의 글은 복잡하고 환상적이었지만 썩 훌륭하지는 않았다. 예를 들어, 초기에 쓴 글은 대개 이런 식이다. "머리가 구름에 다을 정도로 거대하고 끔지칸 괴물 주변에는 빨갓고 불타는 후광이 둘러싸 이썼다 그의 콧구멍은 불길과 연기를 내뿜멋고 그는 칙칙하고 뭐라 말하기 어려운 긴 옷을 입고 이썼다." 작은 책들을 읽어보면, 브론테 자매에게 글쓰기는 마치 롤플레잉 게임 '던전 앤드 드래곤'을 하는 듯한 일종의 사교 행위였음을 이해하게 된다. 다른 점은 브론테 자매가 게임 전체를 발명하는 특권을 누렸지만 동시에, 발명 자체가 만만찮은 도전이었다는 사실이다. 바커는 이렇게 표현했다.

"전기 작가들은 브론테 자매의 막무가내식 글쓰기, 오싹할 정도로 엉망인 맞춤법, 10대 후반에 쓴 글에서도 찾아볼 수 없는 구두점 등을 그럴듯하게 얼버무린다. 눈에 띄는 미숙한 사고의 흐름과 성격 묘사도 마찬가지다. 초기 작품에 나타나는 이런 요소들 때문에 브론테 자매가 어린 나이에 그처럼 왕성한 문학적 시도를 했다는 사실을 평가절하하는 것은 아니다. 그러나 그들이 타고난 소설가라는 관점의 근거는 심하게 흔들린다."

심층 연습을 제대로 이해하면, 브론테 자매를 정확히 볼 수 있는 길이 나타난다. 초기 작품의 미숙함은 그들이 궁극적으로 성취한 문학적 위상과 모순되지 않는다. 오히려 그것은 선결 조건이다. 그들은 미숙한 모방으로 시작했음에도 위대한 작가가 된 것이 아니라, 미숙한 모방에 엄청난 양의 시간과 노력을 기꺼이 쏟아부었기 때문에 위대한 작가가 될 수 있었다.

말하자면, 작은 책들이라는 좁지만 안전한 공간에서 미엘린을 쌓고 있었던 것이다. 그들이 어린 시절에 쓴 글은 협동적인 심층 연습의 산물이었다. 그 연습을 통해 그들은 스토리텔링이라는 근육을 발달시켰다. 마이클 하우Michael Howe 박사는 『천재에 대한 해명Genius Explained』에서 브론테 자매에 대해 이렇게 썼다. "함께 세계를 창조하고 그것에 대한 글을 공동으로 완성해내는 창의적인 활동은 어린 작가들에게 상당한 즐거움을 주었다. 그것은 훌륭한 놀이였다. 이 놀이에 참여하는 모든 사람은 다른 사람이 쓴 것을 열심히 흡수했고 반응을 보였다."

아무리 작더라도 일단 책을 쓴다는 것은 특별한 종류의 게임이나 마찬가지다. 규칙을 만들어야 하고 지켜야 한다. 캐릭터를 구상하고 창조해야 한다. 풍경도 묘사해야 한다. 내러티브를 생각해내야 하고 이야기를 술술 이어가야 한다. 이 모든 것이 각각 별개의 행위로 간주될 수 있다. 즉, 이런 행위는 서로 연결된 각각의 회로가 활성화된 결과다. 부모의 눈이 미치지 않는 곳에서 공식적인 압력을 전혀 받지 않고 쓴 작은 책들은 링크 트레이너와 마찬가지 역할을 했다. 브론테 자매는 작은 책들 안에서 수백만 개의 회로에 연달아 신호를 발사했고, 글의 매듭 수천 개를 묶고 풀기를 반복했으며, 두 가지 유익을 제외하고는 예술적 실패임이 명백한 작품 수백 편을 창조했다. 요컨대 모든 작품이 그들을 행복하게 만들었다는 점과 그 과정에서 그들의 스킬이 소리 없이 조금씩 향상되었다는 점은 분명한 사실이다. 스킬은 신경 회로를 감싸고 있는 절연층이며, 그것은 특정한 신호에 반응할 때 두꺼워진다.

1847년 에밀리 브론테의 『폭풍의 언덕』이 출간되었을 때, 비평가들은 작가의 독창성에 경탄했다. 상상력이 풍부한 스토리텔링이 복잡하게 어우러진 걸작으로, 특히 두려움을 불러일으키면서도 매혹적인 캐릭터 히스클리프가 돋보였다. 음침한 아웃사이더인 그의 단점을 상쇄해주는 특징은 자유로운 영혼을 지닌 캐서린에 대한 사랑이었다. 캐서린은 에드가 린튼이라는 부유하고 세련된 남자와 비극적인 결혼을 한다. 비평가들의 경탄은 옳았지만 독창성에 대해서는 틀렸다. 우리는 서투른 작은 책들 안에서 합처지기를 기다리고 있는 모든 요소를 발견할 수 있다. 안개 짙은 시적인 풍경(곤달), 어두운 영웅(줄리어스 브렌자이다), 고집 센 여주인공(오거스타 제랄딘 아멜다), 부유한 구혼자(알프레드 경) 등이 그런 요소들이다. 이런 관점에서 볼 때, 에밀리 브론테가 그토록 훌륭한 작품을 쓸 수 있었던 것은 별로 놀랍지 않다. 어쨌든 그녀는 꽤 오랫동안 심층 연습을 해온 셈이니 말이다.

1970년대 중반, 스스로를 Z보이스라 부르는 아이들이 스케이트보드계를 완전히 뒤집어놓았다. Z보이스는 캘리포니아 베니스 근처 서핑 용품점 출신으로, 호리호리하고 햇볕에 그을린 10대들로 이루어졌다. 그들은 여태껏 아무도 보지 못한 방식으로 스케이트보드를 탔다. 공중 기술을 구사했으며, 갓돌이나 난간에 대고 보드를 탔다. 그리고 오늘날 스포츠계 공용어로 간주되는 '펑크 아웃사이더'의 감수성을 지니고 있었다. 무엇보다도 Z보이스의 가장 쓸모 있는 재능은 드라마틱한 타이밍이었는데, 운 좋게도 1975년 여름 캘리포니아 델마르에서 열린 반 캐딜락 스케이트보드 대회가 그들의 데뷔 무대였다.

Z보이스를 본 사람들은 그들이 신비로운 아웃사이더일 뿐 아니라, 이전에는 차분한 스포츠였던 분야에 칭기즈칸처럼 미묘하면서도 강렬한 영향력을 불어넣은 깡마른 천재들이라고 증언했다. 《가디언》은 Z보이스에 대한 다큐멘터리 영화를 리뷰하면서 다음과 같이 요약했다. "제이 애덤스 Jay Adams는 엉거주춤 천천히 주저앉으며 보드의 양 끝을 잡는다. 그리고 폭발적인 에너지를 내뿜으며 깡충 뛰어올랐다가 엄청난 속력으로 플랫폼을 내려온다. 그의 동작에 내포된 의미는 명백하다. 그가 다루는 스케이트보드는 더 이상 테니스 라켓 같은 스포츠 장비가 아니다. 그 대신 그것은 공격적이고 불경하며 즉흥적인 자기표현 수단으로, 전기기타에 더 가깝다."

그러나 그들의 표현력은 사실 즉흥적인 것과는 거리가 멀다. Z보이스 멤버 대부분은 수백 시간 동안 바다에서 보드를 탔던 광적인 서퍼였다. 파도를 타기에 적당하지 않은 날에는 길거리로 나가 서퍼 스타일로 몸을 낮추고 보드를 탔다. Z보이스가 위대해질 수 있었던 또 다른 이유는 다소 우연한 요인 때문이었다. 1970년대 초에 그들은 무서운 속도로 회로를 개선할 수 있는 미엘린 촉진제를 발견했다. 그들이 발견한 독특한 도구는 빈 수영장이었다.

가뭄과 화재, 그리고 과도한 부동산 개발 등의 이유로 벨 에어와 베벌리힐스 같은 부유한 동네에 빈 수영장이 넘쳐났다. 그런 수영장을 찾기는 쉬웠다. 길옆에 차를 바짝 대고 운전을 하면, 차 지붕 위에 올라선 정찰 대원이 담 너머로 적당한 곳이 있는지를 조사했다. 처음에는 곡선으로 가파르게 경사진 수영장 벽에서 보드를 타기가 말도 못하게 어려웠다. 며칠 동안은 걸핏하면 나가떨어지는 장관이 펼쳐졌다(말할 것도 없이, 놀란 집주인과 이웃들은 수차례 경찰을 불렀다). 그러나 1975년 어느 날, Z보이스는 드디어 수직 이륙에 성공했다. 키티 호크에서 라이트 형제가 세계 최초의 동력 비행기를 타고 비행에 성공한 순간 같았다.

"수영장에서 보드를 타기 시작했을 때, 그건 정말로 진지한 활동이었어요. 무척 진지했죠." 서핑 용품점의 공동 주인이자 Z보이스의 멘토나 다름없는 스킵 엥블롬Skip Engblom의 말이다. "매번 우리는 더 크고 빠르게, 더 오래 해야 했어요. 마치 새로운 캔버스 앞에 선 화가 같았죠."

1978년 영국에서 제작된 다큐멘터리 영화 〈스케이트보드 킹Skateboard Kings〉에서, 켄이라고 이름을 밝힌 한 스케이터는 당시 경험을 설명한다. "수영장에서 보드를 타는 건 정말이지 무진장 어려운 일이에요. 몸 전체가 조화롭게 움직여야 하거든요. 그냥 보드를 탈 때와는 완전히 달라요. 하지만 뭐랄까, 그걸 하고 있으면 문득 뭔가 알게 돼요. 이를테면 내가 꼭대기로 올라가고 있구나 싶을 때 꼭대기에 올라가 있죠. 그리고 연결이 잘된 건지 아닌지도 느낄 수 있어요. 잘 연결되면 부드럽게 꼭대기까지 올라가고, 아니면 공중에 붕 떠요. 그냥 죽자고 부딪치는 수밖에 없어요. 하다 보면 꼭 해내고 싶어지죠. 공기를 계속 더 많이 느끼다 보면, 그리고 공기를 컨트롤할 수 있게 되면, 그땐 제대로 성공하는 거예요."

켄이 설명하는 행동의 패턴을 생각해보자. 수영장의 공간과 형태는 동작에 제한을 가하고, 주의력의 초점을 좁혀서 특정한 순간에 집중시킨다. 즉, 연결이 잘되거나 잘되지 않은 순간에 집중하게 된다. 중간 지대는 없다. 어물거릴 틈도 없다. 일단 수영장 안에 들어가서 가파른 표면을 따라 미끄러질 때는 새로운 게임의 규칙에 따라야 했다. 그러지 않으면 완전히 실패했다. 심층 연습의 관점에서 보면, 빈 수영장은 브론테 자매의 작은 책들이나 브라질의 풋살 경기장과 똑같은 세계를 창조했다.

바사리가 조토의 일생을 소개한 후로 몇 세기 동안, 서구 문화는 고유의 정체성이라는 개념을 사용해 재능을 설명하고 또 그렇게 이해해왔다. 말하자면 우주의 주사위가 던져진 결과, 사람들이 다양한 개성과 재능을 갖게 된다고 보았다. 이런 사고방식에 따르면, 브론테 자매와 Z 보이스는 신비로운 재능을 타고난 아웃사이더이자 운명의 키스를 받고 하늘에서 뚝 떨어진 아이들이기 때문에 성공한 것이다. 그런데 심층 연습의 렌즈를 통해서 보면 이야기는 정반대다. 고유의 정체성도 여전히 중요하지만, 그것은 브론테 자매와 Z보이스가 비범한 스킬을 습득하려고 노력한 방식과 관련해서만 의미가 있다.

즉, 중요한 점은 그들이 적절한 신호를 발사하여 회로를 연마했다는 것이다. 유치한 이야기로 가득 찬 작은 책들을 만들었고, 보드를 타고 굴러 떨어지면서 시간을 보낼 수 있는 빈 수영장을 찾아다녔다는 것이다. 실제로 브론테 자매와 마찬가지로 교구에서 억제된 생활을 하는 요크셔의 소녀는 많다. Z보이스처럼 개성 있고 멋진 로스앤젤레스의 청소년도 많다. 그러나 탤런트 코드는 그들이 누구인지 신경 쓰지 않는다. 그들이 하는 일에 관심이 있을 뿐이다.

지금까지 우리는 심층 연습이 소규모 집단에 속한 사람들의 재능을 드러내는 방식을 살펴보았다. 이제 이 개념을 약간 더 큰 집단에 적용해보자. 먼저 다룰 사례는 이탈리아 르네상스 시대의 예술가 집단이다. 그다음에는 범위를 크게 확장해서, 인간이란 종 전체를 들여다보자.

르네상스를 천재의 시대로 만든 '미켈란젤로 시스템'

몇 년 전 카네기 멜론 대학교의 데이비드 뱅크스David Banks라는 한 통계학자는 「천재 과잉의 문제The Problem of Excess Genius」라는 제목의 짧은 논문을 썼다. 그는 천재들이 시공간 전체에 균일하게 흩어져 있지 않다고 지적했다. 반대로 천재는 떼 지어 뭉쳐 있는 경향이 있다. 뱅크스는 이렇게 썼다. "역사가에게 던져야 할 가장 중요한 질문은 '왜 어떤 기간과 장소는 다른 기간과 장소보다 훨씬 더 생산적인가?'라는 것이다. 이런 질문을 허심탄회하게 제기한 적이 별로 없다는 사실은 지적인 수치이다. 그에 대한 답이 교육·정치·과학·예술 분야에 충격적인 의미를 갖는데도 말이다."

뱅크스는 크게 3가지로 위대한 천재 집단을 추려냈다. 바로 기원전 440~380년의 아테네와 1440~1490년의 피렌체, 1570~1640년의 런던이다. 물론 이 셋 중에서 가장 화려했고 기록이 풍부한 경우는 피렌체. 이 도시는 지금의 오클라호마 스틸워터보다 인구가 약간 적었다. 그러나 몇 세대 동안, 지금까지 세계에 알려진 것 중에서 가장 위대한 예술적 성과를 폭발적으로 달성했다. 고독한 천재는 설명하기 쉽다. 그러나 고작 두 세대 동안 천재가 수십 명이나 나오다니? 어떻게 그런 일이 일어날 수 있었을까?

뱅크스는 기존의 통념에 따른 근거들을 나열한다.

1. **경제적 번영** : 예술가를 지원할 수 있는 돈과 시장이 있었다.

2. **평화** : 예술적·철학적 발전을 추구할 수 있는 안정적인 환경이었다.

3. **자유** : 예술가들이 국가나 종교계의 통제를 받지 않았다.

4. **사회적 유동성** : 가난해도 재능이 우수한 사람은 예술계에 입문할 수 있었다.

5. **패러다임 변화** : 독창성과 표현의 자유를 부흥시킨 새로운 관점과 매체들이 등장했다.

뱅크스는 이 모든 것이 이유가 될 수 있을 거라고 썼다. 놀라운 행운으로 이런 요소들이 우연히 합쳐져서 르네상스에 불이 붙었다는 설명은 언뜻 보기에 그럴듯하다. 하지만 그는 역사적 기록을 보면 불행히도 이런 요소 대부분이 실제로 존재하지 않았다고 말한다. 사회적 이동이 가능하긴 했지만, 1400년대의 피렌체는 특별히 번영을 구가하거나 평화롭거나 자유롭지 않았다. 사실 이 도시는 역병의 재앙으로부터 회복하는 중이었고, 세도가들의 격렬한 싸움으로 분열되어 있었으며, 교회의 강철 주먹이 지배하고 있었다.

그러면 이제 사람들은 정반대로 생각한다. 아마도 내분과 전염병과 교회의 강제력 같은 요소들이 합쳐져서 르네상스를 꽃피웠을 거라는 식이다. 그러나 이런 논리는 자기모순을 감당하지 못한다. 왜냐하면 그런 요소들이 존재하는데도 위대한 천재는커녕 아무것도 생산하지 못한 경우가 훨씬 많기 때문이다.

이러한 수수께끼는 재능의 문제에 전통적인 사고방식을 적용할 때, 꼬리에 꼬리를 물고 무한히 반복되는 모순을 예시할 뿐이다. 수많은 요소가 녹아 있는 바닷물을 증류하여 고유의 정체성이라는 황금빛 농축액을 얻으려고 노력할수록, 증거는 점점 더 모순되고 영원히 빠져나갈 수 없어 보이는 결론을 향해 다가간다. 즉, 천재는 태어나는 것이며 따라서 르네상스 같은 현상은 맹목적인 운의 산물일 뿐이라는 결론 말이다. 역사학자 폴 존슨Paul Johnson은 그러한 이론에 대해 다음과 같이 표현했다. "천재는 갑자기 생명을 얻고 진공상태에서 말을 하기 시작하며, 그런 다음에는 또다시 신비로운 방식으로 침묵한다."

창조성도 노력으로 만들어진다

가장 창조적인 영역이라고 생각되는 예술 영역에서도 연습은 중요하다. 르네상스 시대의 도제 시스템을 단순히 기술자를 양성하기 위한 것이라 생각해서는 안 된다. 순수한 천재라는 것은 없고, 노력의 시스템 속에서 위대한 예술이 탄생한다. 남다른 점이라면 '완벽한 노력'이어야 한다는 사실뿐이다.

그렇다면 이제 심층 연습이라는 프리즘을 통해 이 문제를 들여다보자. 여기에서 경제적 번영, 평화, 패러다임 변화 따위는 신경 쓸 필요가 없다. 교회가 어떤 일을 했는지, 누가 전염병으로 죽었는지, 혹은 누가 얼마나 많은 돈을 갖고 있었는지도 마찬가지다. 우리는 브론테 자매나 Z보이스의 경우와 똑같은 질문을 던진다. 피렌체의 예술가들은 무엇을 했는가? 그들은 어떻게, 또 얼마나 오래 연습했는가?

역사적으로 피렌체는 장인 길드라는 강력한 사회현상이 발생한 진원지였다. 길드guild : '무리'을 의미하는 단어는 방직공, 화공, 금세공인 등 다양한 종류의 장인이 경쟁을 조절하고 품질을 관리하고자 만든 조합이었다. 길드는 사원들이 소유한 기업과 비슷한 역할을 했다. 길드에는 회비와 관리자 및 후원자가 있었고, 해당 분야에서 일할 수 있는 사람을 결정하는 엄격한 허가 정책이 있었다. 그러나 뭐니 뭐니 해도 길드가 가장 효과적으로 수행했던 역할은 인재 양성이었다. 길드는 도제 시스템을 바탕으로 운영되었다. 일곱 살가량의 소년들이 5년에서 10년 정도까지 일정 기간 스승과 함께 살며 기술을 배웠다.

도제는 직접적으로 스승의 후견과 감독을 받았다. 스승이 아이의 법적인 보호자 권리를 갖는 경우가 빈번했다. 도제는 기초적인 기술부터 배우기 시작했는데, 강의나 이론이 아니라 실무를 통해서 배웠다. 물감을 섞고 캔버스를 준비하고 끌을 갈았다. 그들은 계급제도 안에서 협동하고 경쟁했으며, 몇 년이 지나면 기능공으로 승격되었고, 충분한 기량을 쌓으면 결국 스승이 되었다. 이 시스템은 연쇄적인 멘토링 체계를 만들어냈다. 다빈치는 베로키오에게서 배웠고, 베로키오는 도나텔로에게서 배웠고, 도나텔로는 지베르티에게서 배웠다. 또 미켈란젤로는 기를란다요에게서 배웠고, 기를란다요는 발도비네티에게서 배웠다. 이들 모두는 협동적인 동시에 경쟁적인 관계로서 서로의 작업실을 자주 방문했는데, 요즘 식으로 말하면 긴밀히 연결된 인간관계의 네트워크였다. 이 시스템은 새롭고 강력한 민족국가가 등장하면서 길드와 더불어 르네상스의 심층 연습 체계가 종말을 고한 1500년대까지 지속되었다.

한마디로 도제는 체계적으로 탁월한 명인을 생산하는 한정된 세계 안에서 문제 해결을 시도하고 실패하고 또 시도하면서 수천 시간을 보냈다. 그들의 생활은 스티븐 스필버그의 직접적인 감독을 받으며 10년 동안 세트장에 페인트칠을 하고 스토리보드에 스케치를 하거나 카메라를 설치하면서 지내는 열두 살짜리 인턴의 생활과 거의 흡사했다. 그 인턴이 언젠가 훌륭한 영화감독이 된다고 해도 그리 놀라운 일은 아닐 것이다. 오히려 피할 수 없는 당연한 결과에 가까울 것이다.

미켈란젤로 부오나로티를 예로 들어보자. 그는 여섯 살부터 열 살까지 석공 기술자의 가족과 함께 살면서 읽고 쓰기를 배우기도 전에 망치와 끌 다루는 방법을 배웠다. 잠깐 동안 학교에 다니려고 시도했다가 포기하고 난 후, 위대한 스승 기를란다요의 도제로 들어갔다. 그는 스승에게 의뢰된 굵직굵직한 작업을 도우면서 스케치를 하거나 모사를 했고, 피렌체에서 손꼽히는 교회에 사용할 프레스코를 준비하는 일도 했다. 그는 당시 조각의 명인인 베르톨도의 가르침을 받았고, 로렌초 데 메디치의 집에서 여러 권위자에게서 개인 교습을 받기도 했다.

미켈란젤로는 열일곱 살 때까지 메디치의 집에서 살았다. 그는 스물 네 살에 〈피에타〉를 만들어내기 전까지는 전도유망하지만 거의 알려지지 않은 예술가였다. 사람들은 피에타를 가리켜 순수한 천재의 솜씨라고 말했지만, 막상 만든 이의 의견은 달랐다. 미켈란젤로는 훗날 이렇게 말했다.

"내가 거장의 경지에 이르기 위해 얼마나 열심히 노력했는지 안다면, 사람들은 별로 대단하게 여기지 않을 것이다."

브루스 콜Bruce Cole은『르네상스 예술가의 작업실The Renaissance Artist at Work』에서 이렇게 썼다.

"도제 시스템에 들어가면 오랜 기간 훈련을 해야 할 뿐 아니라 일찌감치 다양한 재료와 모사 및 협동 작업에 익숙해지기 때문에, 모든 면에서 상당히 평범한 편이었을지도 모르는 소년들이 높은 수준의 예술적 기량을 갖춘 사람으로 성장할 수 있었다. 안료 빻기에서 시작하여 모사를 하고 스승의 밑그림을 가지고 작업하다가 자기만의 그림이나 조각 작품을 창작하는 데 이르기까지, 일련의 점진적인 단계를 통해 배울 수 있는 것이 예술이었다. 르네상스 시대 사람들은 그렇게 믿었다."

우리는 르네상스 시대의 위대한 예술가들이 동질석인 집단이라고 생각하는 경향이 있다. 하지만 사실 그들은 무작위로 선택된 다양한 집단의 사람들이나 마찬가지였다. 그들은 가난하거나 부유한 집안 출신이었고, 성격은 가지각색이었고, 서로 다른 스승에게 배웠고, 동기도 제각각이었다. 그러나 한 가지 공통점은 있었다. 그들은 모두 젊은 시절에 심층 연습 실험실에서 엄청나게 많은 시간을 보내는 동안, 정확한 신호를 발사하여 회로를 최적화하고 실수를 교정하고 경쟁하면서 실력을 연마했다. 그들은 몹시 위대하지만 누구나 만들 수 있는 예술 작품을 제작했다. 바로 자기 자신의 재능이라는 건축물이었다.

인간은 미엘리누스다

UCLA의 신경학과 교수인 조지 바조키스는 때때로 자신을 '미엘린 박사'라고 소개한다. 50대의 바조키스 박사는 침착하고 기품 있는 연구자이자 교수다운 분위기를 풍긴다. 단정한 셔츠에 넥타이, 깔끔하게 빗은 머리, 공손한 몸가짐이 그의 특징이다. 그런데 그가 미엘린에 대해 이야기할 때는 그의 안에 있는 뭔지 모를 것이 빨라진다. 눈을 번득이고 환한 미소를 짓는다. 갑자기 의자에서 벌떡 일어날 것처럼 보인다. 그는 그런 식으로 행동하고 싶어 하지 않지만, 마음대로 안 되는 모양이다.

"왜 10대 청소년은 잘못된 결정을 내릴까요?" 그는 질문을 던지고도 내 대답을 기다리지 않는다. "뉴런은 똑같지만 완전히 절연되지 않았기 때문이에요. 회로 전체가 절연되기 전까지는, 회로에 능력이 있을지라도 충동적인 행동을 곧바로 저지할 수가 없어요. 청소년들도 옳고 그름을 알아요. 하지만 그것을 분간하는 데 시간이 걸리죠."

"왜 대부분의 경우에 나이 든 사람들이 더 지혜로울까요? 그들의 회로는 완전히 절연되어 있어서 언제든 즉시 가동할 수 있기 때문이죠.

다양한 단계에서 매우 복잡한 프로세싱을 할 수 있어요. 그게 진정한 지혜라는 겁니다. 뇌에 있는 미엘린은 대략 쉰 살까지 계속 양이 늘어납니다. 그리고 미엘린은 살아 있는 물질이란 점을 기억해야 해요. 그것은 분해되기도 하고 다시 생성될 수도 있어요. 대개 미엘린층이 두꺼운 사람들이 나라를 통치하거나 소설을 쓰는 등의 복잡한 과제를 더 잘 완수합니다."

"왜 원숭이는 우리와 똑같은 뉴런과 신경전달물질을 갖고 있는데도 우리처럼 언어를 사용할 수 없을까요? 우리에게는 20퍼센트 더 많은 미엘린이 있습니다. 인간처럼 말을 하려면 많은 정보를 처리할 수 있는 속도가 따라주어야 합니다. 그런데 원숭이에겐 광대역이 없어요. 물론 세 살짜리 수준으로 의사소통을 가르칠 수는 있습니다. 하지만 그 이상은 힘들어요. 그들은 구리선을 사용하고 있거든요."

바조키스 박사는 계속해서 질문을 던지고 대답하기를 반복한다.

• 왜 모유를 먹은 아기의 IQ가 더 높은가? 모유의 지방산이 미엘린을 구성하는 물질이기 때문이다. 그래서 FDA는 분유에 오메가 3 지방산을 추가하도록 승인했다. 지방산이 풍부한 생선을 많이 먹으면 기억력 상실, 치매, 알츠하이머 질환의 위험을 낮추는 데 도움이 되는 것도 바로 이 때문이다.

• 왜 체격이 크고 힘이 세며 뇌가 큰 네안데르탈인은 멸종했고, 허약한 크로마뇽인은 생존했을까? 크로마뇽인에게 더 많은 미엘린이 있었기 때문이다. 그들은 네안데르탈인보다 사고력 및 의사소통 능력이 뛰어

났고, 궁극적으로 경쟁력이 월등했다.

• 왜 인간은 생후 1년이 지나서야 걸을 수 있고, 말은 태어나자마자 걸을 수 있는가? 말은 날 때부터 미엘린층이 두껍고 활성화되어 있으며 걸을 준비가 완료된 근육을 가지고 있다. 반면 신생아의 근육은 충분히 튼튼하지만, 1년이 지나서야 미엘린이 생긴다. 그리고 회로는 연습을 통해서만 최적화된다.

바조키스 박사는 말한다. "인간은 진화 과정에서 미엘린을 선택할 때, 마치 인터넷을 설계한 엔지니어와 같았습니다. 한마디로 컴퓨터 크기와 대역폭을 맞바꾼 것이죠. 컴퓨터가 얼마나 크든지 그런 건 상관없습니다. 중요한 건 필요할 때 즉시 사용할 수 있고, 곧바로 완전하게 일을 처리할 수 있어야 한다는 점이죠. 인터넷이 바로 그렇습니다. 수많은 컴퓨터를 순식간에 연결할 수 있죠. 인간은 이를테면 구글과 똑같은 원리로 작동합니다."

마지막으로 바조키스 박사는 이렇게 말한다. "인간은 미엘리누스입니다. 그렇게 만들어졌어요."

인간은 미엘리누스다. 이 말이 진정으로 의미하는 바를 이해하려면, 먼저 잠시 뒤를 돌아봐야 한다.

다윈 이래로 재능에 대한 전통적인 사고방식은 유전자와 환경, 즉 선천적 요소와 후천적 요소가 합쳐져서 현재 우리 모습이 만들어진다는 것이었다. 유전자와 환경의 대비nature versus nurture는 원래 다윈이 아니라, 그의 외사촌인 프랜시스 골턴Francis Galton이 주장한 것이다. 골턴은 천재가 선천적으로 태어난다는 것을 증명하고자 많은 시간을 투자했으나, 궁극적으로 헛된 노력이었다.

이런 관점에서 보면 유전자는 우주의 보이지 않는 손이 우리에게 나눠주는 카드이고, 이 카드는 한 사람이 태어날 때마다 다시 섞인다. 한편 환경은 주어진 카드를 들고 벌이는 게임이다. 이따금 운명이 유전자와 환경을 완벽하게 배합해서 훌륭한 인재나 천재를 만들어낸다. 이런 사고방식에 따르면, 베토벤과 베이브 루스의 위대함은 완벽한 배합 덕분이다. 첫째로 그들은 뛰어난 스킬을 습득할 수 있는 잠재력을 갖고 태어났다. 둘째로 운 좋게도 그들은 그러한 스킬을 발전시킬 수 있는 이상적인 환경에서 태어났다.

결과적으로 유전자 · 환경 모델은 엄청난 인기를 끌었다. 이 모델은 간단명료할 뿐 아니라 드라마틱하다. 그리고 자연계의 수많은 다양한 현상을 설명해준다. 그러나 인간의 재능을 설명하는 데에는 약간의 문제가 있다. 너무나 모호해서 아무 의미가 없을 지경이다. 재능이 유전자와 환경에서 나온다는 생각은 쿠키가 설탕과 밀가루와 버터로 만들어진다는 생각과 다르지 않다. 충분히 옳긴 하지만 실용적이지 못한 생각이다. 스킬과 관련하여, 우리가 바꿀 수도 없는 성분 자체에 대해 생각하는 것은 의미가 없다. 시대에 뒤떨어진 유전자 · 환경 모델을 넘어서려면, 먼저 유전자가 실제로 어떻게 작용하는지에 대한 뚜렷한 그림부터 그려야 한다.

유전자는 우주의 보이지 않는 손이 나눠주는 카드가 아니다. 그것은 인간이라는 엄청나게 복잡한 기계를 설계하기 위한 지침이 수록된 설명서로서, 진화의 검증 과정을 거쳤다. 이 책자에는 말 그대로 뉴클레오티드(핵산의 구조적 단위)로 기록된 청사진이 포함되어 있으며, 우리의 정신과 신체를 아주 세부적으로 제작할 수 있는 지침이 제공된다. 설계 및 제작 공정은 어마어마하게 복잡하지만 본질적으로는 단순하다. 말하자면, 유전자가 세포들에게 이러이러한 식으로 속눈썹을 만들고 저러저러한 식으로 발톱을 만들라고 지시를 내리는 셈이다.

그러나 행동에 관한 한, 유전자는 이와 다른 종류의 설계 작업을 처리해야 할 과제를 떠안는다. 인간이란 기계는 다채롭고 거대한 세계 곳곳을 돌아다닌다. 그들은 온갖 위험과 기회를 만나고 새로운 경험을 한다. 빠른 속도로 갖가지 일이 일어난다. 따라서 행동, 즉 스킬 또한 빠른 속도로 대처할 수 있어야 한다. 문제는 이런 행동을 위한 설명서를 어떻게 작성할 것이냐는 점이다. 세포 안에서 침묵하고 있는 유전자가 끊임없이 변화하는 위험투성이 세계에 적응하는 데 어떤 식으로 도움을 줄 수 있을까?

이 문제를 처리하기 위해서, 유전자는 매우 현명한 방향으로 진화했다. 유전자에는 사전 설정된 대로 충동·기질·본능을 구현하는 회로를 설계하기 위한 지침이 수록되어 있다. 우리는 맛있는 음식, 썩은 고기, 어슬렁거리는 호랑이, 짝짓기 상대 등 특정한 자극을 받으면 자신에게 유리한 방향으로 행동을 유도하고자 감정을 이용한다. 이때 유전자 공장에서 설정 완료 후 출하된 신경 프로그램이 원활하게 가동되기 시작한다. 음식 냄새를 맡으면 허기가 느껴진다. 썩은 고기 냄새를 맡으면 메스꺼워진다. 호랑이를 보면 공포가 엄습한다. 짝짓기 상대를 만나면 욕구가 동한다. 이런 식으로 인간은 사전 설정된 신경 프로그램의 도움을 받아 해결책을 강구한다.

이러한 전략은 썩은 고기나 짝짓기 상대 같은 자극에 적절한 행동으로 반응하게 하는 데 상당히 효과적이다. 어쨌든 충동에 관한 설계 지침은 비교적 단순한 편이니 말이다. 한마디로 그것은 'X면 Y'라는 형태의 공식을 따른다. 그러나 색소폰 연주나 스크래블 게임처럼 고차원적이고 복잡한 행동의 경우는 어떨까? 고차원적인 스킬은 수천 분의 1초에 불과한 정교한 타이밍에 맞춰 동시에 작용하는 수백만 개의 연쇄적인 뉴런 사슬로 이루어져 있다. 고차원적인 스킬 습득의 성패는 일종의 '설계 전략'에 달려 있다. 엄청나게 복잡한 스킬을 성공적으로 습득할 수 있는 기계를 제작하려면, 어떤 식으로 설명서를 작성하는 것이 최적의 전략일까?

일단 제일 확실한 전략은 유전자가 스킬에 필요한 회로를 '사전 설계_{prewire}'하는 것이다. 음악 연주, 저글링, 미적분 계산 등 원하는 스킬을 수행하는 데 필요한 회로를 정확히 설계할 수 있도록 상세한 단계별 지침을 제공할 수 있을 것이다. 정확한 자극이 전달되면, 사전 설계된 모든 신경섬유가 연결 및 활성화되기 시작하고 재능이 나타날 것이다. 말하자면, 베이브 루스는 홈런을 때리기 시작하고 베토벤은 교향곡을 작곡할 것이다. 이러한 설계 전략은 합리적으로 보인다(더구나 어떻게 이보다 단순할 수 있겠는가?). 그런데 여기에는 두 가지 커다란 문제가 있다.

첫째, 생물학적인 비용이 너무 많이 든다. 정교한 회로를 조립하려면 자원과 시간이 많이 필요하다. 그러므로 다른 설계 특징을 일부

희생해야 한다. 둘째, 이것은 운에 따라 좌우되는 도박이다. 지금이 1850년이라면 천재 소프트웨어 프로그래머를 만들어내기 위한 회로는 아무 소용이 없고, 오늘날 천재 대장장이를 만들어내기 위한 회로는 무용지물이다. 극진한 대접을 받는 고차원적인 스킬이 한 세대가 지난 후에는, 혹은 수백 킬로미터 떨어진 곳에서는 하찮은 것이 될 수 있고 그 반대도 가능하다.

간단히 말해서, 고차원적이고 복잡한 스킬에 필요한 신경섬유 수백만 개로 이루어진 회로를 사전 설계한다는 것은 유전자 입장에서 어리석고 비용이 많이 드는 도박이다. 그러나 오랜 세월 동안 시간의 시련을 견디고 살아남은 유전자는 그렇게 어리석고 비용이 많이 드는 도박을 하지 않는다(도박을 했던 유전자도 있었겠지만, 그들은 벌써 오래전에 사라지고 이제 존재하지 않는다. 물론 그런 유전자를 갖고 있던 혈통도 사라지고 없다).

이제 또 다른 설계 전략을 보자. 특정한 스킬을 위한 회로를 사전 설계하는 대신에, 유전자가 수백만 개의 작은 광대역 설치자를 마련해서 그들을 뇌 회로 전반에 고루 배치한다면 어떨까? 광대역 설치자는 특별히 복잡하지 않아도 될 것이다. 사실상 그들 모두는 동일하며, 회로가 더 빨리 원활하게 작동하도록 절연 물질로 신경섬유를 감싸는 역할을 한다. 게다가 그들은 동일한 규칙에 따라 활동한다. 즉, 광대역 설치자는 어떤 회로든지 가장 많이, 가장 긴급하게 신호가 발사되는 회로로 출동할 것이다. 자주 신호가 발사되는 스킬 회로에는 광대역이 많이 설치될 것이며, 뜸하고 느긋하게 신호가 발사되는 스킬 회로에는 적게 설치될 것이다.

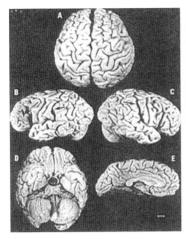

아인슈타인의 뇌는 무엇이 다른가

1985년 마리안 다이아몬드 박사는 아인슈타인의 뇌를 관찰한 결과, 좌측 하부 두정엽의 뉴런 수는 평균적인 수준이지만 아교세포 수가 보통 사람들보다 상당히 더 많다는 사실을 발견했다. 아교세포는 미엘린을 생산하고 유지하는 역할을 한다. 당시 이러한 발견은 무의미하다 못해 거의 웃기는 소리로 간주되었다. 그러나 탤런트 코드의 관점에서 보면 더할 나위 없이 중요한 의미를 갖는 발견이다.

우리가 주위 환경에 적응하는 젊은 시절에 광대역 설치자가 가장 왕성하게 활동한다면 유익하고 편리할 것이다. 또한 일상적인 경험이 이루어지는 제한된 공간을 어지럽히지 않고 의식 바깥에서 활동한다면 더욱 효율적일 것이다(설계의 관점에서 볼 때, 중요한 스킬이 습득되는 것을 우리 의식이 '느끼느냐 마느냐'는 중요하지 않다. 중요한 점은 스킬을 습득한다는 사실 자체다. 면역 체계의 작동 원리가 이와 비슷하다). 어떤 면에서는 향상된 스킬이 완전히 천부적인 재능처럼 느껴질 것이다. 마치 일종의 선천적인 자질이 표현된 듯 보일 것이다. 그러나 이는 사실이 아니다. 진짜 천부적인 것은 사냥, 수학, 음악, 스포츠 등 어떤 회로든지 간에 신호가 발사된 회로에 분주히 절연 물질을 감싸는 작은 광대역 설치자다. 유익한 적응의 사례들이 다 그렇듯이, 광대역 설치 시스템도 순식간에 종 전체에 퍼져서 표준적인 운영체제가 되었을 것이다.

결과적으로 누구나 필요할 때 원하는 스킬을 습득할 수 있는 선천적인 잠재력을 갖고 태어나므로, 이런 시스템은 유연성과 반응성이 뛰어나며 경제적이라고 할 수 있다. 재능의 용광로, 세계적 수준의 전문가가 되는 데 소요된다는 1만 시간, 팽팽하게 긴장한 클린트 이스트우드의 얼굴 표정 등이 바로 그 증거다. 이러한 결과는 운이나 우연 때문이 아니다. 그것은 특정한 신호에 반응하도록 설계된, 공통적인 진화 메커니즘의 불가피한 산물이다. 스킬은 신경 회로를 감싸고 있는 절연층이며, 그것은 특정한 신호에 반응할 때 두꺼워진다.

지구상의 모든 사람이 아인슈타인처럼 될 수 있는 잠재력이 있다는 말이 아니다(그의 뇌를 부검한 결과, 비정상적일 정도로 많은 미엘린이 발견되었다). 중요한 것은, 재능이 운명인 듯 보일지라도, 사실 어떤 스킬을 습득하고 향상시킬지 결정할 수 있는 권한은 상당 부분 우리에게 있다는 점이다. 우리 각자의 잠재력은 생각보다 크다. 미엘린 박사가 즐겨 표현하듯이, 우리는 모두 자기만의 인터넷 세상을 다스릴 수 있는 기회를 갖고 태어났다.

문제는 그 기회를 어떻게 써먹느냐이다.

◆

3장

완벽한 연습을 위한 3가지 규칙

거듭 시도하라. 거듭 실패하라. 제대로 실패하라.

사뮈엘 베케트

'젠장 빌어먹을 효과'가 발생할 때

스킬 습득 과정에 대한 논의를 시작하려면 먼저 '젠장 빌어먹을 효과
HSE : Holy Shit Effect'라는 현상을 언급해야만 한다. 이 현상은 재능이 어느 날
갑자기 하늘에서 뚝 떨어진 것처럼 보일 때, 우리 같은 사람들이 느끼
는 불신, 선망, 시기 등이 어지럽게 뒤섞인 감정의 혼합체를 말한다. 루
치아노 파바로티의 가곡을 듣거나 윌리 메이스의 야구 스윙을 볼 때 느
껴지는 감정이 아니다. 그들은 10억 명 중에 하나 있을까 말까 한 사람
들이다. 그들이 우리와 다르다는 사실은 쉽게 받아들일 수 있다. 이 젠

장 빌어먹을 효과는 우리와 똑같아 보이는 사람이 비범한 재능을 발휘할 때 느껴지는 감정이다. 얼빠진 이웃집 아이가 갑자기 잘나가는 록 밴드의 리드 기타리스트가 되거나 내 아이가 미분에 불가사의한 재주를 보일 때 느껴지는 얼얼한 놀라움이다. 한마디로 젠장 빌어먹을 효과는 어디서 저런 게 나왔지 싶은 그런 감정이다.

재능의 용광로를 여행하는 동안, 익숙해질 만큼 자주 이 효과를 경험했다. 먼저 내 아이와 하나도 다를 바 없어 보이는, 꼭 껴안아주고 싶은 어린아이들이 귀여운 야구 배트나 앙증맞은 바이올린을 들고 아장아장 레슨 받으러 가는 모습이 눈에 띈다. 아이들은 서툴고 사랑스러운 시도를 한다. 고만고만한 아이들이 흔히 그렇듯이, 실력은 신통치 못하다. 그런데 조무래기들이 사라지고 좀 더 나이 많은 아이들이 나타나기 시작하면, 돌연 비약적으로 수준이 높아진다. 며칠 동안 재능의 용광로에 있다 보면, 마치 박물관에서 공룡의 역사에 관한 전시를 관람하는 느낌이다. 나열된 모형을 하나하나 지나칠수록 점점 더 진화된 종을 만난다. 열 살도 안 되었는데 상당히 훌륭한 아이들과 눈이 튀어나올 정도인 10대 중반 아이들을 보고 나면, 마지막으로 무시무시한 벨로시랩터 _{백악기 후기에 살았던 육식 공룡 ― 옮긴이} 급의 10대 후반 아이들이 등장한다. 진전의 속도는 아찔할 정도다.

한 그룹에서 다음 그룹으로 넘어갈 때마다 도저히 믿을 수 없을 만큼 점점 더 강해지고 빨라지며, 재능의 수준은 무섭게 향상된다. 젠장 빌어먹을 효과가 무엇보다 흥미로운 점은 한 방향으로만 작동한다는 점이다. 관찰자는 아무 말도 못하고 놀라 자빠질 지경이며 어리둥절한 상태다. 반면 재능의 소유자는 놀라기는커녕 그저 무덤덤해 보인다. 이 상한 거울 나라에서나 벌어질 법한 이런 상황은 단순히 서로의 입장 차이 때문이 아니다(관찰자는 일부러 순진한 척하고, 재능의 소유자는 과도한 겸손을 부리기 때문이 아니란 말이다). 이것은 스킬 습득 과정에서 핵심적인, 일관된 지각 패턴과 관련이 있다. 더불어 다음과 같은 중요한 질문이 제기된다. 이러한 과정의 본질은 무엇인가? 어떻게 이처럼 확연히 구별되는 두 가지 현상이 일어날 수 있는가? 어떻게 우리와 똑같아 보이는 사람들이 자기가 얼마나 향상되었는지 거의 의식하지 못한 채 갑자기 향상될 수 있는가? 이 질문의 답을 얻기 위해서는 아드리안 데흐로트 Adriaan de Groot 라는 실패한 수학 교사의 이야기를 살펴볼 필요가 있다.

1914년에 태어난 데흐로트는 네덜란드 심리학자로, 여가 시간에 체스를 두는 게 낙이었다. 그는 체스 클럽에서 자기와 나이, 경험, 배경이 비슷한 몇몇 사람이 초인적인 체스 실력을 발휘하는 것을 보고 나름대로 젠장 빌어먹을 효과를 경험했다. 그들은 눈을 가리고도 동시에 열 사람을 거뜬히 쓰러뜨릴 수 있는 체스 달인이었다. 데흐로트는 자신의 실패 원인이 무엇인지 열심히 궁리했다. 궁리를 하다 보니, 정확히 무엇 때문에 그들이 그렇게 잘하는 것인지 알고 싶어졌다.

당시 이 문제를 과학적으로 설명해보려고 노력한 사람은 아무도 없었다. 잘하는 선수는 사진처럼 정확한 기억력을 갖고 있어서, 정보를 흡수하고 전략을 짜는 데 남들보다 월등하다고 여겨졌다. 달인은 당연히 성공했고, 이론이랄 것도 없었다. 그들은 대포에 해당하는 인지능력을 타고났지만 우리 같은 사람들은 장난감 공기총을 가지고 태어난 셈이니, 더할 말이 없었다. 그러나 데흐로트는 그러한 사고방식을 받아들이지 않았다. 그는 더 많은 것을 알고 싶었다.

데흐로트는 본격적인 연구를 위해서, 체스 달인과 평범한 선수를 대상으로 실험을 실시했다. 그는 선수들에게 실제 게임이 진행 중인 체스판을 5초 동안 보여주었다. 그런 다음 그들이 얼마나 기억할 수 있는지 실험했다. 결과는 예상할 수 있는 그대로였다. 체스 달인은 평범한 선수보다 4~5배 정도 더 정확히 말의 배열을 기억했다(세계적인 수준의 선수는 거의 100퍼센트에 가깝게 복기했다).

이어서 데흐로트는 기발한 묘수를 썼다. 실제 체스 게임의 패턴을 사용하는 대신, 체스 말을 무작위로 배열하고 다시 실험한 것이다. 갑자기 달인의 우위가 사라졌다. 그들의 결과는 평범한 선수보다 뛰어나지 않았다. 심지어 달인이 초보 선수보다 저조한 결과를 낸 경우도 있었다. 체스 달인에게 사진처럼 정확한 기억력 따위는 없었다. 실제 게임의 패턴이 사라지자, 그들의 스킬 또한 증발했다. 계속해서 데흐로트는 처음 실험에서도 체스 달인이 말 하나하나를 보았던 게 아니라 패턴을 인식했음을 증명했다. 초보 선수가 흩어진 알파벳을 보고 있었다면, 달인은 그러한 '문자'를 단어·문장·단락에 해당하는 요소로 묶어서 처리했던 것이다. 그러나 말이 무작위로 배열되자, 달인은 우월하지 않았다. 그들이 갑자기 멍청해져서가 아니라 묶음 처리 전략이 쓸모없어졌기 때문이다. 젠장 빌어먹을 효과가 사라졌다.

체스 달인과 평범한 선수의 차이는 대포와 장난감 공기총의 차이가 아니었다. 그것은 조직화의 차이였고, 언어를 이해한 사람과 이해하지

'젠장 빌어먹을 효과'와 데흐로트

데흐로트는 1946년에 그동안 연구한 결과를 발표했는데, 전혀 인정받지 못했다. 20년 후에야 안데르스 에릭슨의 멘토이자 노벨상 수상자인 허버트 사이먼이 데흐로트를 재발견했다. 사이먼은 데흐로트를 인지심리학의 선구자로 명명했으며, 1965년에는 그의 연구가 집약된 『체스의 사고 원리 및 선택(Thought and Choice in Chess)』이 출간되도록 힘썼다. 데흐로트는 자신의 인생에도 연구 결과를 적절히 응용했다. 그는 체스 달인이 되었고, 다양한 저서를 집필했으며, 여든여덟 살에 클래식 피아노 즉흥 연주를 담은 음반을 발표하기도 했다.

못한 사람의 차이였다. 다른 식으로 표현하자면, 7회 말 투아웃에 3루 주자 상황에서 돌아가는 모양새를 파악해가며 게임을 즐기는 노련한 야구팬과 생애 첫 크리켓 경기를 관람하며 당황스럽게 경기장을 흘끔거리는 사람의 차이라 할 수 있을 것이다. 스킬은 중요한 요소를 식별한 다음, 그것을 의미 있는 체계로 묶음 처리하는 것이다. 심리학에서는 이러한 조직화를 가리켜 청킹chunking이란 용어를 사용한다. 청킹이 어떻게 작용하는지 감을 잡기 위해 다음 두 문장을 외워보자.

- 우리는 화요일 아침에 에베레스트 산에 올랐다.
- 다랐올 에산트 스레베 에에침아 일요화 는리우.

데흐로트의 체스판과 마찬가지로 두 문장에는 똑같은 문자가 포함 되어 있다. 단 두 번째 문장은 문자의 순서가 거꾸로 되어 있을 뿐이다. 우리가 첫 번째 문장을 이해하고 기억하고 처리할 수 있는 이유는 체스 달인이나 야구팬과 마찬가지로 많은 시간 동안 '글 읽기'라는 인지적 게임을 배우고 연습했기 때문이다. 우리는 글자의 형태를 배웠고, 왼쪽 에서 오른쪽으로 문자를 묶어서 더 심오한 의미를 지닌 별도의 개체, 즉 단어로 뭉치는 연습을 해왔다. 그리고 그것을 더 큰 덩어리인 문장 으로 묶어서 처리하고 이해하고 기억하는 법을 배웠다.

첫 번째 문장은 큰 개념 덩어리가 세 개뿐이므로 기억하기 쉽다. '우 리는' '화요일 아침에' '에베레스트 산에 올랐다'가 각각 한 덩어리다. 이 덩어리들은 다시 더 작은 덩어리들로 구성된다. 단어 '우리'와 '는' 은 '우리는'이라고 하는 좀 더 큰 덩어리로 합칠 수 있는 두 개의 작은 덩어리다. 동그라미와 두 선은 우리가 '우'라는 문자로 인식할 수 있는 패턴을 형성하는 작은 덩어리다. 이런 식으로 각각의 덩어리는 마치 러 시아 인형 세트처럼 다른 덩어리 안에 쏙 포개져 있다. 읽기 능력이란 본질적으로 덩어리를 뭉치거나 해체할 수 있는 능력이다. 혹은 미엘린 의 용어로 표현하자면, 번개 같은 속도로 회로들의 패턴에 정확한 신호 를 발사하는 능력이다.

청킹은 이상한 개념이다. 물 흐르듯 유연하고 우아하며 하나도 힘들어 보이지 않는 스킬이, 별개의 작은 회로가 착착 포개져 형성된 것이라는 설명은 아무리 생각해도 직관에 반하는 것 같다. 그러나 스킬이 그런 식으로 습득될 뿐 아니라, 체스 같은 인지 활동 외에 신체 활동 또한 덩어리로 구성된다는 사실을 입증하는 연구들이 엄청나게 많다. 체조 선수가 마루운동 동작을 연습할 때도 덩어리를 뭉치는 작업을 한다. 작은 덩어리들이 모여 큰 덩어리를 구성한다. 우리가 '에베레스트 산'이라는 단어를 인식하기 위해 문자를 묶는 것과 완전히 똑같은 방식으로 근육 동작이 합쳐진다. 체조 선수가 작은 덩어리들을 좀 더 큰 덩어리 하나로 처리하는 방법을 파악할 만큼 자주 동작을 반복하면, 마침내 완전히 능숙해진다.

이 과정은 문장을 처리하는 방식과 완전히 똑같다. 어떤 단어를 이해하려고 문자 하나하나를 처리할 필요가 없는 것처럼, 체조 선수가 뒤공중돌기를 하려고 신호를 발사할 때도 '좋아, 이제 다리를 들어 올리고 등을 활처럼 휘게 한 다음 머리를 어깨 뒤로 밀면서 엉덩이를 돌려야지'라고 생각하지 않는다. 그저 심층 연습을 통해 설계하고 연마한 '뒤공중돌기 회로'에 신호를 발사하기만 하면 된다.

청킹이 효과적으로 이루어지면, 엄청난 아지랑이가 피어오르면서 제장 빌어먹을 효과가 발생한다. 밑바닥에서 맨 꼭대기를 보면 불가사의할 정도로 우월해 보인다. 마치 그들은 거대한 간격을 한 번에 훌쩍 건너뛴 것처럼 보인다. 그러나 데흐로트가 보여주었듯이, 그들은 평범한 사람들과 별반 다르지 않다. 두 레벨이 구분되는 것은 선천적인 초능력 때문이 아니라, 서서히 이루어진 조립 및 조직화의 결과다. 발판을 하나하나 쌓고 볼트를 하나하나 조여서 회로를 설계하는 과정이다.

과제를 거대한 덩어리로 인식하기

지금까지 심층 연습이 어떻게 회로의 조립 및 절연과 관련이 있는지 살펴보았다. 그런데 심층 연습을 하면 실제로 어떤 느낌이 들까? 그것을 하고 있다는 걸 어떻게 알 수 있을까? 심층 연습은 어둡고 낯선 방을 탐험하는 기분과 비슷하다. 천천히 걷기 시작하다가 가구에 부딪히고, 부딪히면 걸음을 멈추고 잠시 생각한다. 그리고 다시 시작한다. 서서히, 조금은 힘들게, 다시 열심히 공간을 탐험한다. 실수에 신경을 집중하면서, 새로 시작할 때마다 조금씩 더 멀리 걸음을 옮긴다. 그러면서 빠르게 직관적으로 방 안을 돌아다닐 수 있을 때까지 머릿속에 지도를 그려나간다.

대부분 이런 연습은 어느 정도 반사적으로 이루어진다. 속도를 늦추고 스킬을 구성 요소들로 분해하려는 본능은 보편적이다. 자라면서 우리는 부모님이나 선생님이 "한 번에 한 걸음씩 차근차근 하라"라는 옛말을 메아리처럼 수없이 반복하는 소리를 들었다. 하지만 재능의 용광로를 방문하기 전까지는 나 역시 이 단순하고 직관적인 전략이 얼마나 효과적일 수 있는지를 전혀 알지 못했다. 재능의 용광로에서 이 격언의 실천은 세 단계를 거쳐 이루어졌다.

첫째, 학생들은 과제를 하나의 큰 덩어리 전체, 즉 거대한 회로로 인식한다. 둘째, 이 큰 덩어리를 가능한 한 가장 작은 덩어리들로 잘게 나눈다. 셋째, 행동의 속도를 늦췄다가 다시 바짝 속력을 내는 식으로 시간을 자유자재로 다루면서 내적인 체계를 파악한다. 재능의 용광로에서는 훌륭한 영화감독이 장면을 다루는 방식과 마찬가지로 심층 연습을 한다. 말하자면, 팬 촬영panning : 카메라는 고정되어 있고 몸체를 좌우로 돌리면서 촬영하는 기법—옮긴이으로 넓은 풍경을 보여주었다가 다음 장면에서는 나뭇잎 위를 기어가는 벌레 한 마리를 들여다보려고 천천히 줌인zoom-in 해 들어가는 것이다. 그렇다면 이제 각 단계가 어떤 식으로 이루어지는지 자세히 알아보자.

전체 그림 흡수하기

이 단계에서는 노래나 동작 등 원하는 스킬을 하나의 응집된 전체로 뭉뚱그린 다음, 일정 시간 동안 노래를 주의 깊게 듣거나 동작을 뚫어지게 관찰해야 한다. 재능의 용광로에서는 이런 식으로 주의 깊게 듣거나 뚫어지게 관찰하는 일이 아주 자주 일어난다. 어쩌면 명상과 비슷해 보일지 모르지만, 기본적으로 본인이 원하는 스킬을 성공적으로 습득하는 모습을 상상할 수 있을 때까지 스킬의 전체적인 그림을 흡수하는 단계라고 할 수 있다.

안데르스 에릭슨Anders Ericsson이 말한다. "우리는 모방하도록 사전 설계되어 있어요. 좀 이상한 소리로 들릴 겁니다. 하지만 탁월한 수준에 도달한 사람과 똑같은 상황에 자신을 집어넣고, 그 사람이 했던 대로 똑같이 시도하면 실력 향상에 엄청난 효과가 있죠."

반드시 의식적으로 모방할 필요는 없다. 캘리포니아에서 만난 캐럴린 셰라는 여덟 살짜리 테니스 선수가 좋은 예다. 캐럴린은 미국의 또래 선수들 중에서 선두 그룹에 들어가는 아이다. 이 아이는 전형적인 테니스 신동의 면모를 보였는데, 딱 한 가지만은 예외였다. 캐럴린은 또래의 다른 선수들이 하듯이 양손으로 백핸드를 하지 않고 한 손으로만 백핸드를 했다. '테니스 황제' 로저 페더러와 똑같았다. 페더러와 좀 비슷한 게 아니라, 투우사처럼 머리를 숙이며 마무리하는 그 특유의 동작까지 완전히 똑같았다.

어떻게 그런 식으로 치는 법을 배웠느냐고 물었다. 캐럴린이 말했다. "저도 몰라요. 그냥 하는 거예요." 코치에게도 물어보았는데 그 역시 모르고 있었다. 나중에 나는 캐럴린이 엄마와 잡담을 나누면서 저녁에 뭘 하면 좋을지 의논하는 소리를 듣고 단서를 얻었다. 엄마인 리 핑이 로저의 경기 테이프를 보자고 말했다. 알고 보니 오래전부터 가족 모두가 페더러의 팬이었고, 텔레비전에서 페더러의 경기가 중계될 때마다 빠짐없이 녹화하고 있었다. 특히 캐럴린은 틈날 때마다 녹화한 테이프를 반복해서 보았다. 다시 말해, 이 아이는 자신의 짧은 인생에서 로저 페더러가 구사하는 백핸드를 수만 번 보았다. 그리고 자기도 모르는 사이에 수없이 본 백핸드의 본질을 흡수했다.

또 다른 예는 메인 루이스턴의 신발 공장에서 일했던 레이 라몬테인이라는 청년이다. 스물두 살 때 그는 갑자기 싱어 송 라이터가 되겠다고 결심했다. 라몬테인은 음악적인 경험이 거의 없었고 가진 돈도 없었다. 그래서 가장 단순한 학습법을 택했다. 그는 스티븐 스틸스, 오티스

레딩, 알 그린, 에타 제임스, 레이 찰스 등의 중고 음반을 수십 장 사들였다. 그리고 꼬박 2년 동안 집 안에 틀어박혔다. 매일 음반을 들으면서 몇 시간이고 연습했다. 친구들은 그가 다른 곳으로 이사한 줄만 알았다. 이웃들은 그가 미쳤거나 음악이라는 타임캡슐 안에 스스로를 가뒀다고 생각했다. 어떤 면에서는 사실이 그랬다.

라몬테인이 말했다. "노래를 할수록 계속 고통스러웠어요. 왜냐하면 제대로 못한다는 걸 알고 있었으니까요. 아주 오랜 시간이 걸렸지만 마침내 배에서 나오는 소리로 노래하는 법을 깨우쳤죠." 라몬테인이 연습을 시작한 지 8년 만에 나온 데뷔 앨범은 50만 장가량 팔렸다. 음악 잡지 《롤링 스톤》은 그의 성공 요인으로 찬송가처럼 들리는 소울풍 목소리를 들었고, 그의 목소리를 오티스 레딩이나 알 그린과 혼동하는 사람도 많다고 전했다. 그리고 라몬테인의 목소리는 천부적인 재능이라고 결론을 내렸다. 그러나 진정한 재능은 아마도 그가 그런 목소리를 얻고자 사용한 연습 전략이었을 것이다.

훌륭한 결실을 맺은 모방의 예로서, 모스크바의 스파르타크Spartak 테니스 클럽을 들지 않을 수 없다. 몹시 춥고 허름한 이곳은 안나 쿠르니코바, 마라트 사핀, 아나스타샤 미스키나, 엘레나 데멘티에바, 디나라 사피나, 미하일 유즈니, 드미트리 투르수노프 등 수많은 인재를 화산처럼 배출했다. 2005년에서 2007년까지, 스파르타크에서 배출된 세계 랭킹 20위권 여자 선수는 미국 전체를 합친 것보다 더 많았다. 그뿐만 아니라 2006년 데이비스컵에서 우승한 남자 선수들의 절반도 이곳 출신이다. 실내 코트가 달랑 하나뿐인 테니스 클럽치고는 그리 나쁜 성과가 아니다.

2007년 12월에 방문했을 당시, 스파르타크 테니스 클럽은 영화 〈매드 맥스〉 세트장을 닮아 있었다. 작은 오두막, 디젤 기름이 섞여 번들거리는 물웅덩이, 덩치가 크고 늘 배고픈 데다 당황스러울 정도로 잽싼 개들이 떼로 몰려다니는 주변 숲, 그리고 앞마당에는 트레일러트럭 한 대가 방치돼 있었다. 실내 코트 가까이 가보니 뿌연 플라스틱 창문 너머로 어렴풋이 움직이는 형태가 보였지만, 테니스 라켓이 공을 제대로 때렸을 때 나는 딱딱 소리는 들리지 않았다. 안으로 들어가자 곧바로 이유를 알 수 있었다. 그들은 정확한 스윙을 하고 있었다. 하지만 공을 사용하지 않았다.

스파르타크에서는 이것을 이미타시야imitatsiya라고 부른다. 가상의 공을 가지고 슬로모션으로 랠리를 하는 것이다. 막내에서 프로까지, 스파르타크의 선수들은 한 사람도 빠짐없이 이미타시야를 한다. 주름 많은 얼굴에 눈이 반짝반짝 빛나는 일흔일곱 살 여성, 라리사 프레오브라젠스카야Larisa Preobrazhenskaya가 그들의 코치다. 그녀는 대형 엔진을 손보는 카센터 정비공처럼 코트 안을 돌아다니며, 작은 팔을 붙잡고 천천히 스트로크 시범을 보여준다. 얼마 후 드디어 학생들은 나란히 서서 한 사람씩 진짜 공을 친다(스파르타크에는 개인 레슨이 따로 없다). 프레오브라젠스카야 코치는 자주 끼어들어 동작을 멈추게 하고, 천천히 다시 해보라고 시킨다. 그렇게 한 번 더, 또 한 번 더, 때로는 몇 번이고 반복시킨다.

이러한 광경은 마치 발레 레슨처럼 보였다. 테크니카tekhnika, 즉 테크닉에 정신을 집중하면서 단순한 동작들을 천천히 정확하게 연결하는 무용 연습과 닮아 있었다. 프레오브라젠스카야 코치는 조금도 흔들리지 않고 본인의 방침을 고수했다. 학생들은 훈련을 시작한 후 3년 동안은 절대로 토너먼트에 출전할 수 없다. 미국 학부모에게는 씨알도 먹히지 않을 것이다. 그러나 러시아 학부모는 털끝만큼도 의문을 제기하는 법이 없다.

"테크닉이 생명입니다." 프레오브라젠스카야 코치는 마치 흐루시초프처럼 테이블을 쾅쾅 두드리며 힘주어 말했다. 눈동자가 반짝이는 맘씨 좋은 할머니인 줄만 알았는데, 이렇게 강하게 주장할 줄이야. "테크닉 없이 경기에 나간다는 건 엄청난 실수입니다. 어마어마하게 큰 실수죠."

덩어리 분해하기

그동안 방문했던 재능의 용광로 중에서 이러한 과정을 가장 잘 보여주었던 곳은 뉴욕 북부에 위치한 메도마운트Meadowmount 음악학교였다. 메도마운트는 맨해튼에서 북쪽으로 5시간 동안 차를 타고 가야 나오는 애디론댁 산맥의 그린 퀼트 지역에 있다. 이 학교를 설립한 사람은 유명한 바이올린 선생인 이반 갈라미안Ivan Galamian이다. 그는 뉴욕 주정부가 이 지역에 감옥을 지은 것과 같은 이유로 여기를 선택했다. 외딴곳이고 값이 쌀 뿐 아니라 미칠 듯이 조용하다(갈라미안은 처음에 엘리자베스타운 근처에 학교를 세웠으나, 주변 동네의 여자들이 너무 예뻐서 정신을 산만하게 한다고 생각했다. 그 점을 입증이라도 하듯, 그는 그중 한 여자와 결혼했다).

처음에 학교는 전기와 수도는 물론이고 텔레비전이나 전화선도 없는 낡은 집 한 채와 통나무 오두막 몇 개가 전부였다. 그 후로 변한 것은 거의 없다. 사랑스럽긴 하지만 심히 소박하다. 학생들은 검소한 공동 숙소에서 잠을 자고 통나무 오두막을 개인 연습실로 쓴다. 불안하게 흔들리는 오두막 밑에는 나무 그루터기라든가 콘크리트 벽돌이 괴어져 있고, 마당에 있는 자동차에서 빼온 잭 타이어를 교환하기 위해 차체를 들어 올릴 때 쓰는 장비—옮긴이을 끼워놓은 곳도 여러 군데다.

그러나 메도마운트의 진정한 본질을 보여주는 것은 이 학교의 유명한 졸업생들이다(요요마, 핀커스 주커먼, 조슈아 벨, 이츠하크 펄먼 등이 이 학교를 나왔다). 그리고 좀 더 핵심을 파고들면, 학교의 모토나 다름없는 단순한 공식을 만나게 된다. 그것은 바로 학생 대부분이 7주 동안 1년치 공부를 끝낸다는 사실이다. 학습 속도가 대략 500퍼센트 더 빠른 셈이다. 학생들 사이에서 이러한 가속도는 전혀 신기한 일이 아니지만, 그저 막연하게만 이해되고 있었다. 그래서 아이들은 흔히 스노보드 타는 요령을 이야기할 때처럼 무심히 말하곤 한다.

"맙소사, 쟤는 정말 끝내줘요." 데이비드 라모스가 말했다. 그가 가리킨 티나 첸은 열여섯 살 된 중국 학생인데, 최근에 열린 심야 음악회에서 〈코른골트 바이올린 협주곡〉을 연주했다고 한다. 라모스는 도저히 믿을 수 없다는 듯 말했다. "티나는 3주 만에 그 곡을 끝냈대요. 하지만 누가 그러는데, 사실은 2주 만에 끝낸 거래요."

메도마운트에서는 이런 일이 흔하다. 한 가지 이유는 교사들이 청킹 개념을 절대적으로 중시하기 때문이다. 학생들은 악보를 소절별로 자른 다음, 봉투에 악보 조각들을 넣어 섞고 무작위로 꺼낸다. 그리고 리듬을 조절하면서 이 조각을 더 작은 조각으로 분해한다. 어려운 악절이 나오면 1.5배로 늘여 연주한다(말발굽 소리처럼 다덤, 다덤 하는 식으로 이어진다). 이 테크닉을 제대로 구사하는 방법은 연주자가 음을 두 개씩 연속으로 연결하는 것인데, 새로운 음 두 개를 연결하기 전에는 한 박자씩 쉬어준다. 목표는 항상 똑같다. 스킬을 각각의 구성 요소, 즉 회로들로 분해하고 개체 하나하나를 따로 기억한 다음, 점진적으로 더 큰 덩어리(서로 연결된 새로운 회로)로 뭉치는 것이다.

속도 늦추기

메도마운트에서는 들쭉날쭉한 음들을 늘일 대로 늘여서 마치 고래 울음소리처럼 들리게 연주한다. 한 교사는 자신의 경험 법칙을 소개했다. 연습실 앞을 지나다가 무슨 곡을 연주하는지 알아들을 수 있으면 그것은 제대로 된 연습이 아니다. 학교 이사인 오웬 카먼Owen Carman은 학생들을 가르칠 때 악보 한 쪽을 가지고 세 시간을 소비한다. 처음 온 학생들은 종전에 했던 것보다 3~5배 더 느리게 배우는 셈이다. 그러나 그런 식으로 공부를 마치고 나면, 그 장을 완벽하게 연주할 수 있게 된다. 얄팍한 연습으로 클라리사가 해낸 것 같은 성과를 거두려면 대략 1~2주가 걸릴 것이다.

어째서 속도를 늦추는 것이 그토록 효과적일까? 미엘린 모델은 두 가지 이유를 제시한다. 첫째, 속도를 늦추면 더 철저히 실수에 집중하게 되므로 매번 신호가 발사될 때마다 더 높은 수준의 정확성을 얻을 수 있다. 미엘린층을 두껍게 만들고 싶다면, 정확성이 생명이다. 풋볼 코치인 톰 마르티네즈Tom Martinez는 다음과 같이 말하기를 좋아한다. "얼마나 빨리 할 수 있느냐는 중요하지 않습니다. 얼마나 천천히 정확하게 할 수 있느냐가 중요하죠." 둘째, 속도를 늦추면 연습하는 사람은 훨씬 더 중요한 것을 발전시킬 수 있다. 즉, 스킬의 내적인 청사진, 다시 말해 서로 맞물려 있는 스킬 회로들의 형태와 리듬을 효과적으로 인식할 수 있게 된다.

지난 세기의 수많은 교육심리학자가 학습을 통제하는 요인이 지능지수나 발달단계 등과 같은 고정적인 것들이라고 믿었다. 뉴욕시립대학교 심리학 교수인 배리 짐머만Barry Zimmerman은 그들과 입장을 달리했다. 그는 사람들이 자신의 행동을 관찰 및 판단하고 전략을 수립할 때, 즉 본질적으로 자기 자신을 코치할 때 일어나는 학습 과정에 흥미를 느꼈다. 이른바 '자기 규제'라는 학습 과정에 관심을 갖게 된 짐머만 교수는 2001년 일반적인 과학 연구라기보다 거리의 마술 쇼와 더 흡사해 보이는 실험을 실시했다.

조지 메이슨 대학교의 아나스타샤 키산타스Anastasia Kitsantas 교수와 함께 실시한 이 실험에서, 그는 한 가지 질문을 제기했다. 사람들이 자신의 연습 방식을 설명하는 말만 듣고서 그들의 능력을 판단하는 일이 가능할까? 예를 들어, 수준이 제각각인 수많은 발레리나를 모아놓고 드미플리에demi-plié : 두 발을 몸 바깥쪽으로 180도가 되게 한 상태에서 무릎을 절반 정도 구부리는 동작 — 옮긴이에 대한 질문을 한 다음 정확하게 1등, 2등, 3등을 가려내야 한다고 가정해보자. 이러한 상황에서 그들이 드미플리에를 하는 모습을 보고 판단하는 것이 아니라, 드미플리에를 연습하는 방식에 대한 이야기만 듣고서 제대로 판단할 수 있을까?

짐머만과 키산타스가 택한 스킬은 배구 서브였다. 그들은 프로 선수, 클럽 선수, 초보선수 들을 다양하게 모아놓고 어떤 식으로 서브 연습을 하느냐고 물었다. 목표, 계획, 전략적 선택, 자가 진단, 적응 등 열두 가지 기준을 제시했다. 짐머만과 키산타스는 답을 추려서 선수들의 상대적인 실력을 예측한 다음, 그 예측의 정확성을 실험하기 위해 선수들이 실제로 서브하는 모습을 관찰했다. 결과적으로 선수들의 대답만 듣고서 다양한 실력 차이를 90퍼센트가량 구별할 수 있었다.

짐머만 교수는 말한다. "우리의 예측은 대단히 정확합니다. 결국 전문가는 남들과 다르게, 훨씬 더 전략적으로 연습한다는 것을 확인했습니다. 그들은 실패해도 운을 탓하거나 자기 자신을 비하하지 않습니다. 그들에게는 실수를 교정할 수 있는 전략이 있습니다."

달리 말해 배구 전문가는 데흐로트의 체스 달인과 같다. 그들은 연습을 통해 단순한 스킬보다 더 중요한 것을 발전시켰다. 행동을 통제하고 조절하며 문제를 교정하고 새로운 상황에 맞게 회로를 조정할 수 있는, 고도로 조직적인 이해력을 발전시켰다. 그들은 덩어리 단위로 생각했고, 그러한 덩어리를 개인적인 스킬의 언어로 만들었다.

메도마운트에서 만난 존 헨리 크로퍼드라는 열네 살짜리 첼리스트 이야기를 해보자. 이 아이는 심층 연습을 하면 실제로 어떤 느낌이 드는지를 머리에 쏙쏙 들어오게 설명해주었다. 존은 다 부서진 탁구대가 놓인 낡은 차고에서 혼자 시간을 보내고 있었다. 탁구는 메도마운트의 몇 안 되는 오락거리 중 하나였다. 존은 메도마운트에서 경험한 가속도에 대해 뭔가 '딸깍 맞물리는 느낌'이라고 말했다.

"작년에는 7주 정도 지나니까, 뭔지 모르게 딸깍 맞물리는 느낌이 들면서 연습이 잘되기 시작했습니다. 올해는 벌써부터 그 느낌이 들어요. 아무래도 생각하는 과정하고 관련이 있는 것 같아요."

우리는 주거니 받거니 탁구를 치기 시작했다. 존은 공의 리듬에 맞춰 이야기를 했다.

"맞물리는 느낌이 들 때는 음 하나하나가 정확히 목적에 맞는 방식으로 연주되죠. 마치 집을 짓는 것 같아요. 이 벽돌은 여기에 쌓고 저 벽돌은 저기에 쌓아서 토대를 만들어요. 그러고 나서 벽을 세우고 쭉 이어서 연결하죠. 그다음에는 지붕, 그다음에는 페인트를 칠하고요. 그런 식으로 모든 것이 순조롭게 진행되는 겁니다."

우리는 시합을 하기로 했다. 한동안 접전이 펼쳐지다가 내가 20대 17로 점수를 벌렸다. 그런데 존이 다섯 번 연거푸 결정타를 먹이더니 결국 이겼다. "어쩌죠?" 그는 미안하다는 듯 어깨를 으쓱해 보였다. "저는 이런 집도 잘 짓나 봐요."

심층 연습 구간 안에서 반복하기

"연습만으로 완벽해질 수는 없다. 완벽한 연습을 해야 완벽해진다." 생물학적으로 볼 때, 집중해서 반복하는 연습을 대체할 수 있는 것은 이 세상에 없다. 말하기, 읽기, 생각, 상상 등 어떤 일을 하든지 실제로 행

실수에 대한 광적인 집착

랜스 암스트롱은 투르 드 프랑스 대회에서 최초로 7연패를 달성했다. 세계 최고의 사이클 선수이자 살아 있는 전설인 그는 타고난 천재가 아니다. 철저한 노력도 노력이지만 그에게서 찾아볼 수 있는 가장 특이한 측면은 실수에 대한 광적인 집착이다. 그에게 경기는 이기는 것이 아니라 철저하게 완벽한 상태로 연습하는 것이다.

동에 옮기고 신경섬유에 신호를 발사하고 실수를 교정하고 회로를 연마하는 것보다 더 효과적으로 스킬을 습득할 수 있는 방법은 없다.

이러한 진실을 입증하기 전에 수수께끼를 하나 풀어보자. 특출한 재능을 소유한 슈퍼스타의 실력을 뒤떨어지게 만드는 가장 간단한 방법은 무엇일까?(부상을 입히는 것은 제외한다) 요요마가 은근슬쩍 실수를 하게 만들려면, 가장 확실한 방법이 무엇일까?

답은 간단하다. 한 달 동안 연습을 못 하게 하면 된다. 스킬을 증발시키려고 염색체를 바꾸거나 심리적으로 조작을 가할 필요는 없다. 그냥 30일 동안만 회로에 체계적으로 신호를 발사하는 일을 못 하게 하면 된다. 그의 근육은 변하지 않을 것이다. 자랑스러운 유전자와 성격도 변함없을 것이다. 그러나 그가 입고 있는 갑옷 속의 가장 취약한 지점이 뚫리고, 재능이 타격을 입을 것이다. 바조키스 박사가 일깨워주듯, 미엘린은 살아 있는 조직이다. 우리 몸의 모든 부분이 그렇듯이, 미엘린 역시 끊임없이 소멸과 회복의 주기를 거친다. 바로 그렇기 때문에 매일 연습하는 것이 중요하다. 특히 나이가 들어갈수록 그 중요성은 훨씬 더하다. 80대에도 연습을 게을리 하지 않았던 거장 피아니스트 블라디미르 호로비츠는 이렇게 말했다. "하루 연습을 빼먹으면 내가 압니다. 이틀 연습을 빼먹으면 아내가 압니다. 사흘 연습을 빼먹으면 온 세상이 압니다."

반복은 가치를 헤아릴 수 없을 뿐 아니라 대체할 수도 없다. 하지만 몇 가지 경고할 점이 있다. 기존의 연습은 무조건 많이 할수록 좋다고 주장한다. 매일 A 마이너 코드를 100번 연주할 수도 있고, 9번 아이언으로 100번 스윙할 수도 있다. 200번 하면 두 배 더 좋을 것이다. 그러나 심층 연습은 이런 계산법을 따르지 않는다. 많은 시간을 들이면 효과적이긴 하지만, 스위트 스팟을 벗어나지 않은 채 본인의 능력이 닿을락 말락 한 곳까지 밀어붙이면서 집중적으로 회로를 설계하고 연마하는 경우에만 그렇다. 게다가 인간이 하루에 할 수 있는 심층 연습의 양에는 보편적인 한계가 있는 듯 보인다. 에릭슨이 연구한 바에 따르면, 피아니스트, 체스 선수, 소설가, 운동선수 등 세계적 수준의 전문가 대부분이 하루에 3~5시간 정도 연습한다고 한다. 어떤 종류의 스킬이든 대체로 같다.

재능의 용광로에서는 하루에 3시간도 채 연습하지 않는 경우가 대부분이었다. 스파르타크의 어린아이들(6~8세)은 일주일에 3~5시간만 연습했고, 10대 아이들은 일주일에 15시간까지 서서히 연습량을 늘렸다. 세계 최고 수준인 큐라소Curaçao의 리틀리그 선수들은 1년에 5개월만 경기를 한다. 대략 일주일에 세 번 정도다. 몇몇 예외도 있었다. 예를 들어 메도마운트는 7주 과정 동안 하루에 5시간 연습할 것을 고집한다. 하지만 전체적으로 재능의 용광로에서 연습의 지속 시간 및 빈도는 합리적인 수준인 듯 보였다. 이러한 관행은 클라리사가 〈골든 웨딩〉과 〈아름답고 푸른 도나우〉를 연습할 때 보였던 차이를 다시 한 번 확인해준다. 즉, 심층 연습 구간을 벗어나면 차라리 안 하는 게 낫다.

테니스 코치 로버트 랜스도르프Robert Lansdorp도 비슷한 내용을 증언한다. 60대인 랜스도르프는 테니스계의 워런 버핏 같은 인물이다. 그는 트레이시 오스틴, 피트 샘프러스, 린지 대븐포트, 마리야 샤라포바 등을 코치했다. 그는 유명한 테니스 스타들이 매일 수천 번 그라운드스트로크_{바운드된 공을 치는 것 ─ 옮긴이}를 연습할 거라고 믿는 사람들을 보면 아주 재미있어한다.

랜스도르프는 묻는다. "지미 코너스가 연습하는 걸 본 적 있어요? 존 매켄로나 로저 페더러가 연습하는 건 봤나요? 그들은 무식하게 천 번씩 치지 않아요. 사실 대부분은 한 시간도 연습을 안 하죠. 일단 제대로 된 타이밍을 터득하면 사라지지 않으니까요."

집중의 느낌을 배워라

여름에 메도마운트를 방문했을 때, 마침 '연습 요령'이라는 새로운 강좌가 개설되어 있었다. 강사는 오웬 카먼 이사의 누이인 스카이 카먼_{Skye Carman}이었다. 강좌에 등록한 10대 여섯 명이 작은 연습실 오두막에 옹기종기 모여 앉아 있었다. 활발한 성격의 카먼 선생은 전직 홀랜드 교향악단_{Holland Symphony}의 콘서트마스터였다. 그녀는 질문으로 수업을 시작했다. "여러분 중 하루에 다섯 시간 이상 연습하는 사람이 몇이나 됩니까?"

네 명이 손을 들었다.

카먼 선생은 믿을 수 없다는 듯 고개를 절레절레 흔들었다. "대단하군요. 내가 여러분만큼 연습하려면 수억 년은 걸릴 거예요. 나는 연습이 정말 싫어요. 아주 끔찍하다고요! 그래서 어떻게 했는지 알아요? 가능한 한 연습을 생산적으로 만들려고 나 자신을 마구 밀어붙였죠. 그럼 한 가지 더 물어봅시다. 여러분은 연습할 때 제일 먼저 무엇을 하죠?"

학생들은 이해할 수 없다는 표정으로 그녀를 뚫어지게 쳐다보았다.

"튜닝을 하고 가볍게 바흐를 연주해요." 마침내 키 큰 남학생이 말했다. "대충 그런 식이죠, 뭐."

"음." 눈썹을 치켜세운 카먼 선생은 학생들의 미흡한 전략을 질타하기 시작했다. "그렇겠죠. 분명히 여러분은 그냥 연주만 할 거예요. 보나 마나 튜닝을 하고, 좋아하는 곡을 고르고, 그것을 가지고 장난질을 시작하겠죠. 마치 공을 갖고 노는 것처럼 말이에요."

학생들은 고개를 끄덕였다. 카먼 선생은 그들을 노려보았다.

"그건 미친 짓이에요." 그녀는 공중에 팔을 휘저으면서 말했다. "운동선수들이 그렇게 할 것 같아요? 그냥 아무 생각 없이 희희낙락거릴까요? 여러분은 연주야말로 최고의 스포츠라는 점을 알아야 해요. 여러분은 운동선수예요. 여러분의 경기장은 몇 십 센티미터밖에 안 되죠. 하지만 그래도 경기장은 경기장이에요. 어디에 설지 정해야 하고, 자신의 위치를 확실히 알아야 해요. 먼저 악기를 튜닝하고, 그런 다음에는 여러분의 귀를 튜닝하세요."

카먼 선생은 실수했을 때 바로 감지할 수 있도록 정확한 수평 위치에 서 있어야 한다고 설명했다. 실수를 피하려면, 즉시 실수를 느낄 수 있어야 한다.

"음정이 맞지 않는 현을 들으면, 신경에 거슬려야 합니다. 아주 많이 거슬려야 해요. 여러분이 느껴야 하는 건 바로 그거예요. 여러분이 정말로 연습해야 하는 건 집중력입니다. 그건 느낌이죠. 그래서 이제부터 우리는 그 느낌을 연습할 겁니다."

학생들은 눈을 감았고 카먼 선생은 개방현을 연주했다. 그런 다음 1밀리미터의 몇 분의 1만큼 미세하게 튜닝 줄감개를 비틀었다. 그러자 소리가 달라졌다. 학생들의 부드러운 눈썹이 일그러졌다. 그들은 짜증스러운 표정을 지었다. 선생이 소리를 교정하기를 원하고 있었다. 스키에 카먼이 미소를 지으며 조용히 말했다.

"바로 그거예요. 그 느낌을 기억해요."

미엘린은 은밀히 움직이는 녀석이다. 운동 후 심장과 폐의 기능이 강화된 것을 느낄 수 없듯이, 신경섬유 주위에 미엘린층이 두꺼워진 것을 감지할 수는 없다. 그러나 새로운 스킬 습득에 수반되는 감정은 감추려야 감출 수 없는데, 이런 감정은 뜨거운 물체에 손이 닿았을 때처럼 감지하는 것이 가능하다.

다양한 재능의 용광로를 여행하는 동안, 사람들에게 생산성이 극대화된 연습을 할 때 어떤 느낌이 드는지 적당한 단어를 골라달라고 말했다. 다음은 그들이 이야기한 단어들이다.

주목(attention)

연결(connect)

설계(build)

전체(whole)

경계(alert)

집중(focus)

실수(mistake)

반복(repeat)

피로(tiring)

한계(edge)

각성(awake)

이 리스트에는 뚜렷한 암시가 내포되어 있다. 목표에 도달하는 듯했다가 조금 못 미치고, 다시 도달하려고 애쓰는 과정이 연상된다. 나열된 단어들은 암벽등반가의 언어다. 순차적이고 점증적인 연결 과정을 설명하고 있다. 목적을 이루고자 긴장하는 느낌, 아슬아슬하게 못 미치는 느낌이 전해져 온다. 마사 그레이엄Martha Graham이 '멋진 불만족'이라고 불렀던 바로 그 느낌이다. 글렌 커츠Glenn Kurtz가 『연습Practicing』에서 설명했던 느낌과도 같다. "날마다 음 하나하나를 연습할 때마다 똑같은 과제가 주어진다. 즉, 개념을 깨치고 위대한 경지에 도달하려고 애쓰면서, 동시에 내가 원하는 그것이 손가락 사이로 빠져나가는 느낌을 느끼는 것, 그 근본적이고 인간적인 몸짓이 연습의 본질이다."

이 느낌은 로버트 비욕의 스위트 스팟 개념을 떠올리게 한다. 스위트 스팟은 우리가 잡으려고 하는 것이 지금 잡을 수 있는 것보다 약간 위에 있는 지점이다. 다시 말해, 우리의 현재 능력을 살짝 초과하므로 편치는 않지만 생산성이 높은 지점이다. 자연스러운natural, 쉬운effortless,

틀에 박힌routine, 자동적인automatic 같은 단어는 한 번도 듣지 못했다. 재능의 용광로에서 사용되지 않는 또 다른 단어는 '천재'였다. 천재가 없기 때문이 아니었다. 나와 이야기를 나눈 교사들은 대략 10년에 한 명 꼴로 천재가 나온다고 추정했다. 메도마운트의 스키에 카먼은 이렇게 말했다. "아주 가끔 슈퍼스타급 천재가 나옵니다. 그들의 뇌가 어떻게 작용하는지는 아무도 몰라요. 하지만 확실한 건 아주, 아주 적은 확률이라는 거죠. 나머지 보통 사람들은 노력하는 수밖에 없어요."

심층 연습은 무턱대고 물고 늘어지는 것이 아니다. 정확히 목적에 맞는 노력을 기울이는 것이다. 이러한 노력은 명확하게 정해진 단계를 따라야 한다.

1. 목적을 정한다.
2. 정한 목적을 이루려고 노력한다.
3. 목적과 현재 능력 간의 격차를 평가한다.
4. 다시 1단계로 돌아간다.

재능의 용광로에서 만난 사람들의 표정을 연상한다면, 스위트 스팟은 '달콤쌉쓰름한 스팟'이라고 이름을 바꾸는 게 더 나을지도 모른다. 그러나 다른 모든 것들과 마찬가지로, 이 달콤쌉쓰름한 맛에 대한 취향도 후천적으로 습득할 수 있다. 진화 과정에서 미엘린이 확보한 유리한 점 중 하나는 어떤 회로든지 절연할 수 있다는 사실이다. 처음에는 좋아하지 않았던 경험과 관련된 회로라도 얼마든지 절연 가능하다. 메도마운트의 교사들은 학생이 심층 연습에 대한 취향을 발전시켜나가는 과정을 지켜본다. 대개 처음에는 좋아하지 않지만, 곧 인내하기 시작하고 심지어 그 경험을 즐기기까지 한다.

메도마운트의 오웬 카먼 이사는 말한다. "대부분의 경우 꽤 빠른 시일 안에 연습에 가속도가 붙습니다. 내적으로 일어나는 변화 같아요. 아이들은 밖에서 해답을 찾기를 멈추고 내면으로 파고들죠. 무엇이 효과가 있고 무엇이 효과가 없는지 알게 됩니다. 거짓으로 꾸미거나 빌릴 수 없고, 훔치거나 살 수도 없어요. 아주 정직한 작업이죠."

교사들은 감추려야 감출 수 없는 징조를 찾으려고 학생들을 관찰한다. 악보에 휘갈겨 쓴 알아보기 어려운 메모가 늘어난다든지, 갑자기 대화에 집중하는 강도가 달라진다든지, 늘 하는 워밍업 시간에 평소와 다른 진지함을 보인다든지 하는 것들이 모두 그런 징조다. 바이올린 교사인 샐리 토머스 Sally Thomas 는 학생들이 걷는 방식에서 변화를 찾아낸다. "처음 여기 온 아이들은 거들먹거리며 돌아다녀요. 그러다 얼마쯤 지나면 더 이상 그렇게 걷지 않죠. 좋은 징조예요."

이러한 현상이 대대적으로 나타난 예는 일본의 학교에서 찾아볼 수 있다. 1995년의 한 실험에 따르면, 일본의 8학년생은 기초 개념을 적극적으로 다루면서 발명이나 사고력 훈련에 전체 수업 시간의 44퍼센트를 할애하고 있었다. 반면 미국 학생은 똑같은 활동에 할애하는 시간이 1퍼센트도 안 되었다. UCLA의 짐 스티글러 Jim Stigler 교수는 말한다. "일본인은 자기 자식이 끈질기게 노력하는 법을 배우기를 바랍니다. 때때로 교사는 아이들이 고민하게 하려고 의도적으로 잘못된 답을 알려주기도 하죠. 하지만 미국 교사는 웨이터처럼 행동합니다. 그들은 아이들이 끈질기게 물고 늘어지려 할 때마다 그냥 넘어가거나, 수업이 원활하게 진행되기만을 바랍니다. 그러나 원활한 과정을 통해서는 아무것도 배울 수 없어요."

심층 연습의 느낌을 전달할 수 있는 이미지 중에서 가장 마음에 드는 것은 비틀거리는 아기의 이미지다. 간단한 예를 들자면, 몇 년 전 미국과 노르웨이의 학자들은 아기의 걷기 능력을 향상시키는 요인이 무엇인지 알아보려고 실험을 실시한 적이 있다. 그 결과 키, 몸무게, 월령, 뇌 발달단계 등 기타 선천적인 특징은 그다지 중요하지 않은 것으로 나타났다. 놀랍게도 가장 핵심적인 요인은 아기가 걸으려고 애쓰면서 회로에 신호를 발사하는 데 소비한 시간의 양이었다.

이러한 발견이 우리의 논지를 뒷받침하는 데 얼마나 쓸모 있는지는 제쳐놓더라도, 심층 연습을 하면 실제로 어떤 느낌이 드는지 생생한 이미지를 떠올리게 해준다는 점에서 실용적인 의미가 있다. 말하자면, 그것은 비틀거리는 아기가 되는 느낌이다. 서툴고 위태롭지만 골똘히 목표를 향해 다가가다가 몇 번이고 넘어지는 느낌이다. 분별 있는 사람이라면 본능적으로 피하고 싶어 할, 불안정하고 불편한 느낌이다. 그러나 아기가 그런 상태에 오래 머물수록, 즉 기꺼이 인내하고 거리낌 없이 실패를 허용할수록 미엘린층은 더욱 두꺼워지고 스킬은 점점 더 향상된다. 비틀거리는 아기는 심층 연습의 본질을 구체적으로 보여주는 이미지다. 정말 잘하고 싶다면 못하는 상태를 기꺼이, 심지어 열렬히 받아들여야 한다. 아기의 걸음마가 스킬을 습득하는 비결이다.

4장

◆

재능의 뇌과학

바보들을 빼면 인간의 지능은 별 차이가 없다고 늘 생각해왔다.

찰스 다윈

'심층 연습 세포'를 발견하다

심층 연습은 매우 강력한 개념이라서 마술처럼 보이기도 한다. 클라리사는 처음엔 평범한 학생에 불과했지만, 어느 순간 한 달치 연습을 6분 만에 해치웠다. 위험할 정도로 미숙한 비행기 조종사가 몇 시간 동안 링크 트레이너에 들어가 연습을 하고 나면, 새롭고 놀라운 능력을 갖게 된다. 목적에 정확히 맞는 노력이 학습 속도를 열 배 증가시킬 수 있다는 말은 작은 씨앗 한 줌이 순식간에 커다란 포도나무로 자라는 동화 속 요술 이야기처럼 들린다. 하지만 희한하게도 요술에 걸린 포도나무는 신경과학의 진실과 동떨어진 것이 아니다.

그 과학적 실체는 '미엘린'이라는 물질과 관련되어 있다. 미엘린의 효과 중 하나는, 아무리 침착한 신경과학자라도 장래성 밝은 광활한 신대륙에 막 발을 내디딘 탐험가처럼 들뜬 미소를 지으며 말을 더듬게 만든다는 것이다. 그들은 그런 자신의 모습이 마음에 들지 않는다. 진지함을 유지하면서 근엄한 과학자답게 보이려고 최선을 다하지만, 미엘린이 가만 내버려두지 않는다.

메릴랜드 베데스다의 미국국립보건원NIH 발달신경생물학연구소 소장인 더글러스 필즈Douglas Fields 박사가 말한다. "초기 단계예요. 하지만 엄청나게 커질 수 있어요."

"혁명적인 물질이죠." UCLA의 신경학과 교수인 조지 바조키스 박사의 말이다. "말하기, 읽기 등 학습 능력 향상에 핵심적인 역할을 합니다. 아니, 인간으로 살아가는 데 없어서는 안 될 물질이라고 해야 더 정확할 겁니다."

사람들 대부분은 모든 종류의 학습·행동·반응에 핵심적인 역할을 하는 것은 시냅스라고 막연히 알고 있다. 이는 뇌신경계의 기본단위인 뉴런과 불안정한 그물 형태로 서로 연결되어 있는 신경섬유들, 그리고 그 신경섬유들이 서로 접촉하여 자극을 전달하는 통로다. 그러나 필즈 박사와 바조키스 박사를 비롯한 많은 사람이 뉴런과 시냅스도 여전히 매우 중요하지만, 전통적인 뉴런 중심적 세계관은 코페르니쿠스 혁명에 맞먹는 대대적인 사고 혁명을 통해 변하고 있다고 알려주었다. 새로운 사고방식에 따르자면 우리 뇌의 기능, 특히 스킬 습득 과정에서 핵심적인 역할을 하는 것은 바로 이 시시해 보이는 절연 물질이다.

새로운 아이디어는 세 가지 단순한 사실을 바탕으로 한다. 첫째, 인간의 모든 동작·사고·감정은 신경섬유 회로인 뉴런 사슬을 통해 정확한 타이밍에 맞춰 이동하는 미세한 전기신호다. 둘째, 미엘린은 그러한 신경섬유를 감싸고 있는 절연 물질로, 신호의 강도·속도·정확도를 증가시킨다. 셋째, 특정한 회로에 신호가 많이 발사될수록 미엘린은 해당 회로를 더 완벽하게 최적화하며, 결과적으로 우리가 하는 동작과 사고의 강도·속도·정확도가 더욱 향상된다.

필즈 박사는 이렇게 설명한다. "뉴런이 모든 일을 하죠. 뉴런이 하는 일은 상당히 빠릅니다. 스위치가 탁 켜지는 것과 같아요. 그러나 우리가 뭔가 배울 때는 스위치가 켜지는 식으로 일이 진행되지 않습니다. 피아노를 잘 치거나 체스 또는 야구를 잘하려면 많은 시간이 필요합니다. 미엘린이 잘하는 게 바로 그거예요."

바조키스 박사는 이렇게 말한다. "실력이 뛰어난 운동선수들이 훈련할 때 어떻게 하는지 아세요? 그들은 전선(신경섬유)에 정확한 자극을 보냅니다. 즉, 전선을 미엘린으로 감싸라는 신호를 주는 거죠. 그런 식으로 훈련을 반복하면, 결국 대역폭이 넓은 초강력 전선을 갖게 됩니다. 고속 전용선 같은 거예요. 바로 그 때문에 그들이 보통 사람들과 다른 겁니다."

나는 필즈 박사에게 미엘린과 재능이 관련이 있느냐고 물었다.

그는 조금도 망설이지 않았다. "한국 여자 골프 선수들은 다른 나라 선수들보다 평균적으로 미엘린층이 더 두꺼울 거라고 예측할 수 있어

107
4. 재능의 뇌과학

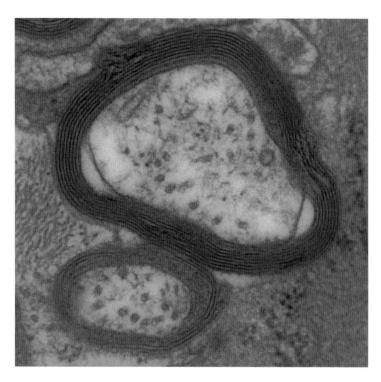

재능의 과학적 증명

미엘린이 감싸고 있는 신경섬유 두 개의 단면. 이 이미지는 미엘린이 형성되기 시작한 초기에 촬영한 것이다. 어떤 경우에는 신경섬유 하나에 50겹의 미엘린 절연층이 형성되기도 한다.

요. 그들의 뇌에는 정확히 필요한 근육과 관련이 있는 딱 그 부분에 두꺼운 미엘린층이 형성되어 있을 겁니다. 그렇기 때문에 회로를 최적화할 수 있는 거죠. 다른 모든 경우에도 똑같은 원리가 적용됩니다.

"타이거 우즈도요?" 내가 물었다.

"두말하면 잔소리죠." 필즈 박사가 말했다.

필즈 박사를 비롯한 여러 연구자는 학습 및 인지 장애의 생물학적 원인을 밝힐 수 있는 가능성 때문에 미엘린에 매료되었다. 하지만 우리의 목적은, 이러한 미엘린의 작용이 재능의 용광로는 물론이고 우리 같은 보통 사람들과 어떤 관계가 있는지를 이해하는 것이다. 미엘린층 증가와 스킬 향상의 관계는 판 구조론과 지질학의 관계, 또는 자연선택과 진화의 관계와 같다. 이 단순하고 우아한 메커니즘은 복잡한 세계를 명쾌하게 설명해준다. 스킬은 신경 회로를 감싸고 있는 절연층이며, 그것은 특정한 신호에 반응할 때 두꺼워진다. 스킬 및 재능에 대한 이야기는 결국 미엘린에 대한 이야기다.

클라리사는 감지할 수 없었다. 그러나 클라리사가 〈골든 웨딩〉을 심층 연습하는 동안, 정확한 신호가 발사되고 신경 회로가 최적화되어 결과적으로 미엘린층이 조금 더 두꺼워졌다. 항공대 조종사들이 링크 트레이너를 타고 심층 연습을 했을 때도, 그들은 정확한 신호를 발사하여 신경 회로를 최적화함으로써 미엘린층을 두껍게 만들었다. 호나우지뉴와 호나우도가 풋살을 했을 때도, 그들은 넓은 실외에서 축구를 할 때보다 훨씬 더 많이, 또 정확하게 신호를 발사하고 신경 회로를 최적화함으로써 미엘린층을 두껍게 만들었다.

모든 깨달음이 다 그렇겠지만, 미엘린의 중요성에 대한 인식 역시 낡은 사고방식에 충격을 준다. 필즈 박사 등 수많은 과학자를 만나보고 나니, 마치 세상을 새롭게 보게 해주는 X선 안경을 쓴 것처럼 느껴졌다. 내가 방문한 재능의 용광로는 물론이고, 아이들의 피아노 연습에서, 아내가 최근에 재미를 붙이기 시작한 하키에서, 심지어 약간 미심

쩍은 나의 노래방 출입에서도 미엘린의 원리는 작동한다. 이런 새로움
은 두말할 나위 없이 기분 좋은 느낌이었다.

Q 정확히 목적에 맞는 노력을 기울이고, 실수를 집중적으로 다루는 연
습이 그토록 효과적인 이유는 무엇인가?
A 좋은 회로를 만드는 가장 좋은 방법은, 회로에 신호를 발사하고 어떤
실수를 했는지 주목한 다음 반복해서 신호를 발사하는 것이기 때문이
다. 이처럼 끈질기게 물고 늘어지는 노력은 선택 사항이 아니라 생물학
적인 필수 요건이다.

Q 어째서 열정과 끈기가 재능의 핵심적인 구성 요소인가?
A 큰 회로를 미엘린으로 감싸려면 엄청난 에너지와 시간이 필요하기
때문이다. 어떤 일을 미치도록 사랑하지 않는다면, 그것을 잘하기 위해
충분히 많이 노력하지 않는다.

Q 카네기홀에 입성하는 최선의 방법은 무엇인가?
A 미엘린층을 비대하게 만들어라.

나의 미엘린 여행은 NIH 발달신경생물학연구소의 인큐베이터를 찾
아가는 것으로 시작되었다. 작은 냉장고 크기만 한 인큐베이터 안에는
반짝거리는 금속으로 된 그물 선반이 있고, 그 위에는 분홍색 액체가
담긴 세균 배양 접시들이 줄 맞춰 놓여 있었다. 분홍색 액체 안에는 진

주처럼 광택 나는 하얀 물질로 덮인 생쥐의 뉴런에 극소량의 전류를 흘려보내는 백금 전극이 담겨 있었다.

필즈 박사가 말한다. "저게 그 물질이에요." 쉰네 살 나이가 무색한 근육질 몸에 혈기왕성한 필즈 박사는 환한 미소와 쾌활한 걸음걸이가 인상적인 사람이다. 생물해양학을 연구하다가 전공을 바꾼 그는 현재 연구원 여섯 명과 연구실 일곱 개로 이루어진 발달신경생물학연구소의 소장이다. 필즈 박사의 연구소는 마치 질서 정연하고 능률적인 배 안의 광경을 연상시킨다. 게다가 필즈 박사는 선장들이 흔히 그렇듯이, 참을 수 없을 만큼 흥미로운 순간을 무미건조하게 만드는 기막힌 재주가 있다. 그 내용이 흥미로울수록, 그는 더더욱 지루해 보이게 만든다.

예를 들어, 그는 두 해 전 여름에 요세미티 국립공원에 있는 1067미터 높이의 엘 캐피턴El Capitan : 세계 최대의 화강암 절벽 − 옮긴이을 엿새에 걸쳐 올랐던 경험을 이야기해주었다. 나는 그에게 1000여 미터 상공에서 밧줄에 매달려 잠자는 기분이 어떻더냐고 물었다. "사실 별다를 게 없어요." 그가 어찌나 무표정하던지 마치 동네 구멍가게에 갔던 일을 이야기하는 투였다. "적응하게 됩니다." 그러고 나서 필즈 박사는 인큐베이터 앞으로 걸어가더니, 분홍색 액체가 담긴 접시 가운데 하나를 꺼내어 현미경 아래 밀어 넣었다. 그리고 차분하게 말한다. "한번 보세요."

눈에 들어온 것은 스파게티 면발처럼 생긴 실들이 마구 얽힌 꾸러미였다. 필즈 박사는 그것이 신경섬유라고 말했다. 미엘린은 뉴런의 가장자리에 술 모양으로 희미하게 물결치는 것이라고 하는데, 잘 보이지 않는다. 나는 눈을 깜박거리며 초점을 맞추려고 애쓰면서, 이 물질이 어떻게 모차르트와 마이클 조던을 잇는 연결 고리가 될 수 있는지 곰곰이 생각했다.

다행히 필즈 박사는 좋은 선생님이다. 그는 며칠 동안 나와 대화를 나누면서, 미엘린과 스킬을 이해하는 데 도움이 되는 두 가지 원리를 설명해주었다.

먼저 뇌 과학 분야의 제1원칙이 있다. 즉, 인간의 모든 행동은 사실상 신경섬유 사슬 간의 통신 결과라는 것이다. 기본적으로 뇌는 전선 뭉치다. 뉴런이라고 하는 전선 1000억 개가 시냅스로 연결되어 있다. 우리가 어떤 활동을 할 때마다 뇌는 신경섬유 사슬을 통해 근육에 신호를 보낸다. 노래를 부르든 골프채를 휘두르든 글을 읽든 간에, 어떤 것을 연습할 때마다 우리 머릿속에는 특정한 회로에 불이 들어온다. 크리스마스트리를 장식하는 작은 전구가 달린 전선을 생각하면 된다. 테니스의 백핸드 같은 아주 단순한 기술조차도 수십만 개의 신경섬유 및 시냅스로 이루어진 회로와 연결되어 있다. 그런 회로는 근본적으로 다음과 같은 구조로 되어 있다.

입력은 어떤 행위를 하기 전에 일어나는 모든 것을 말한다. 공을 보는 것, 손에 잡힌 라켓의 감촉을 느끼는 것, 손을 움직이기로 결정하는 것 등이 다 입력이다. 출력은 행위 자체다. 순차적인 움직임, 즉 걸음을 옮기고 엉덩이를 돌리고 어깨를 돌린 다음 팔을 뒤로 가져가는 동작에 대한 신호를 근육에 보내는 것이다.

실제 백핸드로 공을 칠 때(혹은 A 마이너 코드를 연주하거나 체스 말을 옮길 때) 마치 전압이 전선을 통과하듯 자극이 신경섬유를 통해 이동하고 곧이어 연쇄적으로 다른 신경섬유에 신호가 발사된다. 인간의 모든 동작·사고·스킬을 진정으로 통제하는 본부는 아무 생각 없는 순종적인 근육이 아니라 바로 이 회로들이다. 본질적으로, 회로가 곧 움직임이다. 회로는 모든 근육 수축의 정확한 강도와 타이밍, 모든 생각의 형태와 내용을 지시한다. 둔하고 불안정한 회로는 둔하고 불안정한 움직임을 의미한다. 반면 빠르고 타이밍이 정확한 회로는 빠르고 타이밍이 정확한 움직임을 의미한다. 근육과 뼈 자체는 줄에 매달리지 않은 꼭두각시 인형처럼 아무짝에도 쓸데가 없다. 필즈 박사의 말마따나, 스킬의 습득은 오로지 우리의 뇌 속에서 일어나는 일이다.

그리고 뇌 과학 분야의 제2원칙이 있다. 스킬 회로가 발전할수록, 우리는 회로를 사용하고 있다는 사실을 점점 덜 의식한다. 결국 스킬은 자동화되고, 무의식에 살며시 묻히게 되어 있다. 자동성automaticity이라고 하는 이런 과정은 강력한 진화적 이유 때문에 존재한다(무의식적인 프로세싱이 활발히 이루어질수록 덤불 속에 날카로운 이빨을 가진 호랑이가 숨어 있음을

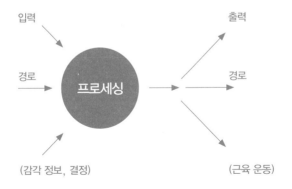

알아챌 확률이 높아진다). 또한 자동성은 거의 완벽한 확신을 주는 착각을 만들어낸다. 다시 말해, 일단 스킬을 습득하면 마치 처음부터 갖고 있었던 것처럼 완전히 자연스럽게 느껴진다.

스킬과 자동성이 뇌 회로의 결과물임을 말해주는 이 두 원칙은 서로 모순되는 듯 보인다. 우리는 크리스마스트리에 불이 들어오듯이 신호에 따라 작동하는 거대하고 복잡한 회로를 끊임없이 만들어내며, 동시에 우리가 그 회로를 만들었다는 사실을 잊어버린다. 이것이 미엘린의 원리다.

미엘린이 지루해 보인다고 말한다면, 그것은 입에 발린 소리다. 미엘린은 그냥 지루한 정도가 아니다. 환상적으로, 가차 없이, 못 말리게 지루해 보인다. 우리의 뇌가 매혹적으로 설계된 뉴런 신경체, 깜박거리는 신호, 씽씽 움직이는 자극으로 가득한 〈블레이드 러너〉의 미래 도시 풍경이라면, 미엘린은 기껏해야 보잘것없는 아스팔트다. 획일적이고 무기력해 보이는 도시의 인프라다. 미엘린은 '인지질 막'이라고 하는 흔하디흔한 물질로 이루어져 있다. 이 막은 절연용 검정 테이프처럼 신경섬유 주위를 감싸고 있는 고밀도 지방질로, 전기 자극이 새어나가지 못하게 막는 역할을 한다. 신경과학자들은 길고 둥근 모양이 멋대가리 없이 연속으로 이어진 형태를 보고 '비엔나소시지'처럼 생겼다고 말한다.

뇌를 연구했던 최초의 과학자들은 뉴런의 기능적 우월성을 확신했기 때문에, 새로 개척한 학문인 신경과학에 '신경학neurology'이라는 이름

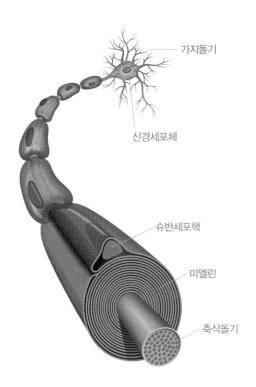

뉴런과 미엘린
미엘린은 전선의 플라스틱 피복과 마찬가지로 신경세포를 둘러싸는 백색 지방질 물질로, 뉴런을 통해 전달되는 신호가 누출되지 않게 보호한다. 신호가 많이 발사될수록 미엘린층은 더 두꺼워지며, 미엘린층이 두꺼워질수록 신호는 더 빨리 전달된다.

을 붙이는 데 주저하지 않았다. 미엘린과 그것을 생산 및 유지하는, 일
명 '백색 물질'이라고 알려진 세포들이 뇌 전체 질량의 절반 이상을 차
지하는데도 말이다. 한 세기 동안 수많은 연구자가 지루해 보이는 절
연 물질보다 뉴런과 시냅스에 더 집중적인 관심을 쏟았다. 미엘린에 대
해서는, 다발성경화증 등 미엘린이 파괴됨으로써 발생하는 자가 면역

질환과 관련하여 연구가 이루어졌을 뿐이다. 결론적으로 말하자면, 학자들은 영리했다. 뉴런과 시냅스는 기억, 감정, 근육 제어, 감각적 인식 등 거의 모든 정신적 현상을 설명할 수 있다. 그러나 뉴런으로 설명할 수 없는 중요한 문제가 하나 있다. 사람들이 복잡한 스킬을 습득하는 데 그렇게 오랜 시간이 걸리는 이유는 무엇일까?

미엘린의 역할에 대한 실마리는 1980년대 중반 쥐와 장난감 덤프트럭을 가지고 실시했던 실험에서 발견되었다. 일리노이 대학교의 빌 그리너프Bill Greenough 교수는 쥐들을 세 그룹으로 나누고 각각 다른 방식으로 길렀다. 첫 번째 그룹의 쥐는 다른 쥐와 고립된 채 커다란 플라스틱 신발 상자에서 혼자 살았다. 두 번째 그룹의 쥐는 다른 쥐와 같이 지냈지만 역시 신발 상자에서 살았다. 세 번째 그룹의 쥐는 좀 더 호사를 누렸다. 다른 쥐와 같이 지낸 것은 물론이고, 가지고 놀 장난감까지 주어졌다. 쥐들은 덤프트럭 장난감을 좋아했는데, 나중에는 덤프트럭의 레버를 어떻게 작동하는지 알아낼 정도로 열심히 가지고 놀았다.

그리너프 교수가 두 달 후 쥐들의 뇌를 부검했더니, 다른 그룹과 달리 호사를 누리며 자란 쥐의 시냅스 수가 25퍼센트 증가한 것이 발견되었다. 그리너프 교수의 실험은 좋은 반응을 얻었다. 그리고 뇌의 가소성plasticity : 유연성이라고도 함—옮긴이이라는 개념, 즉 뇌 발달이 이루어지는 결정적 시기가 있으며 그 기간 동안 뇌의 성장은 환경의 영향을 받는다는 개념이 자리 잡는 데 공헌했다. 그러나 그리너프 교수가 발견한 또 다른 사실은 과학계의 주목을 거의 받지 못했다. 호사를 누리며 자란 쥐의 뇌에서 25퍼센트 증가한 것이 또 있었다. 바로 미엘린이라는 백색 물질이었다.

그리너프 교수는 이렇게 말한다. "우리는 미엘린을 무시해왔습니다. 사람들은 그게 별로 중요하지 않다고 생각했죠. 하지만 이제는 거기서 대단한 일이 벌어지고 있다는 게 확실해졌어요."

그럼에도 2000년 무렵까지 가장 많은 관심이 쏠린 분야는 여전히 뉴런과 시냅스였다. 2000년 확산텐서영상diffusion tensor imaging 기법이라고 하는 획기적인 신기술이 나오면서, 신경과학계는 생명체의 뇌 속에 있는 미엘린을 측정하고 이미지로 나타낼 수 있게 되었다. 난독증, 자폐, 주의력결핍장애ADD, 외상후스트레스장애PTSD 등과 같은 다양한 질환은 물론이고, 병리학적인 거짓말까지도 미엘린의 구조적 결핍과 관련되어 있음이 밝혀졌다.

대부분의 경우 미엘린과 질병의 연관성이 집중적으로 연구되었지만, 미엘린이 정상인 및 특출한 사람들에게 미칠 수 있는 영향에 흥미를 느낀 학자들도 있었다. 매력적인 연구 결과가 줄줄이 발표되었다. 2005년 프레드릭 울렌Fredrik Ullen은 여러 피아니스트의 뇌를 스캐닝한 결과, 연습량과 백색 물질의 증가가 정비례 관계에 있음을 발견했다. 2000년 토르켈 클링버그Torkel Klingberg는 글을 읽는 능력과 백색 물질의 연관성을 발견했다. 2006년 헤수스 푸졸Jesus Pujol은 어휘력 발달과 관련해 비슷한 실험을 실시했다. 2005년 신시내티 아동병원에서는 5~18세의 정상 아동 47명을 대상으로 실험한 결과, 백색 물질의 양이 많아지고 밀도가 높아질수록 IQ가 좋아진다는 사실을 발견했다.

필즈 박사를 비롯한 여러 연구자는 미엘린의 양이 증가하는 메커니즘을 발견했다. 2006년 필즈 박사는 학회지 《뉴런》에 발표한 논문에서, 희소돌기아교세포oligodendrocyte와 별아교세포astrocyte 같은 세포들이 신경 회로에 발사된 신호를 감지하면 해당 신경섬유에 미엘린층을 두껍게 감싸는 반응을 보인다고 설명했다. 신호가 많이 발사될수록 미엘린층은 더 두꺼워진다. 신경섬유 주위의 미엘린층이 두꺼워질수록 신호는 더 빨리 전달되는데, 절연되지 않은 섬유를 통해 이동하는 신호보다 최대 100배 더 빠른 속도로 전달된다.

이러한 연구들이 쌓이면서 점차 새로운 그림의 윤곽이 드러나고 있다. 분명히 미엘린은 인프라다. 그런데 획기적인 능력을 감추고 있는 인프라다. 미엘린은 뇌라는 대도시의 좁은 골목길을 번개처럼 빠른 고속도로로 조용히 확장하고 있다. 신경계의 교통량이 원래 시속 3킬로미터로 소통되었다면, 미엘린의 도움을 받은 후에는 시속 300킬로미터라는 엄청난 속도를 낸다. 불응 시간(한 신호와 다음 신호 사이에 필요한 대기 시간)이 30배 감소한다. 증가한 속도와 감소한 불응 시간의 효과가 합쳐져서, 전반적인 정보처리 능력이 3000배가량 증강된다. 광대역의 성능이다. 게다가 미엘린은 속도를 조절할 수 있는 능력도 있다. 때로는 정확한 시간에 시냅스를 자극하기 위해 신호의 속도를 늦추기도 한다. 뉴런은 이진법 원리에 따라, 활성화가 되거나 되지 않거나 둘 중 하나이기 때문에 타이밍이 생명이다. 중간은 없다. 뉴런의 활성화 여부는 전적으로 임계치를 넘는 충분한 자극이 들어오느냐 들어오지 않느냐에 달려 있다.

필즈 박사는 이 말의 의미를 쉽게 설명하려고 예를 들었다. 이를테면 골프 스윙 스킬과 관련된 회로가 있다고 할 때, 임계치가 높은 어떤 뉴런을 활성화하려면 다른 뉴런 두 개의 자극을 합쳐야 한다고 가정해 보자. 이때 한 가지 주의할 점이 있다. 제대로 합치려면 두 개의 자극이 거의 동시에 들어와야 한다. 작은 사람 둘이 무거운 문을 열려면 동시에 문을 향해 달려가야 하는 것과 같은 이치다. 여기에 필요한 시간은 대략 250분의 1초다. 벌 한 마리가 날개를 한 번 파닥이는 데 필요한 시간의 절반 정도다. 만약 처음 두 신호가 250분의 1초보다 긴 간격을 두고 도달한다면, 문은 열리지 않으며 결정적인 세 번째 뉴런도 활성화되지 않는다. 즉, 골프공은 높이 솟아올라 러프에 처박힐 것이다. 필즈 박사는 말한다. "뉴런이 언제나 타이밍을 딱 맞출 수 있을 만큼 유전자 코드가 완벽한 경우는 흔치 않아요. 하지만 미엘린이 많아지면 가능한 일입니다."

최적화 과정의 자세한 메커니즘은 여전히 신비에 싸여 있다(필즈 박사는 피드백이 순환하는 과정에서 출력을 모니터링하고 비교 및 통합한다는 이론을 제기한다). 그러나 전반적인 그림은 다윈이 흡족해할 정도로 충분히 명쾌하다. 신경 회로에 신호가 발사되면 미엘린층이 두꺼워지고, 미엘린은 자극의 속도를 제어하며, 자극의 속도가 바로 실력의 실체다. 미엘린은 시냅스의 중요성을 깎아내리지 않는다. 오히려 필즈 박사와 다른 신경과학자들은 여전히 시냅스의 변화가 실력 향상의 중요한 열쇠라고 강조한다. 하지만 실력 자체가 만들어지는 과정에 결정적인 역할을 하는 것은 미엘린이다.

필즈 박사는 다음과 같이 표현한다. "신호는 딱 맞는 속도로 이동해야 하고 딱 맞는 시간에 도착해야 합니다. 뇌는 미엘린층을 두껍게 만들어 그 속도를 제어합니다."

필즈 박사를 통해 알아본 바와 같이, 미엘린 이론은 인상적이다. 그런데 그가 그 후에 보여준 이미지는 아직까지도 내 머릿속을 떠나지 않고 있다. 그는 심층 연습을 하는 뇌의 사진을 보여주었다. 필즈 박사의 동료가 일하는 사무실에서, 우리는 쥘 베른이 묘사한 바다 속과 흡사한 이미지를 보았다. 검은색 바탕에 오징어 같은 녹색 물체가 반짝거리는 사진이었다.

물체들의 촉수는 가느다란 섬유에 맞닿아 있었다. 필즈 박사는 그 오징어들이 희소돌기아교세포라고 알려주었다. 실험실에서는 흔히 올리고oligo : 희소,과소,결핍 등을 의미한다—옮긴이라고 부르는데, 그것이 바로 미엘린을 만들어내는 세포다. 신경섬유에 신호가 발사되면 올리고가 즉시 감지해 신경섬유를 움켜잡은 다음 감싸기 시작한다. 세포질을 꽉 쥐어짠 올리고가 셀로판지같이 얇은 미엘린을 뽑아내면, 촉수 하나하나가 구불거리면서 신경섬유를 향해 뻗어나간다. 그리고 올리고에 붙어 있는 미엘린이 놀라울 만큼 꼼꼼한 솜씨로 신경섬유를 둘둘 감기 시작한다. 소용돌이처럼 감으며 내려오다가 끝 부분에서 소시지 모양으로 마무리한다. 미엘린층은 나사산이 있는 너트처럼 신경섬유를 바짝 조인다.

필즈 박사가 말한다. "세포들 간에 일어나는 상호작용 중에서도 아주 복잡하고 정교한 과정입니다. 굉장히 느리죠. 이렇게 미엘린층을 한 겹 만들려면 40번이나 50번쯤 신경섬유 주위를 감아야 할 겁니다. 며칠이 걸릴 수도 있고 몇 주일이 걸릴 수도 있어요. 이런 식으로 뉴런 하나를 미엘린으로 감싼 다음, 수천 개의 신경으로 이루어진 회로 전체에 똑같은 일을 한다고 상상해보세요. 아마 대서양 횡단 케이블을 절연하는 작업 못지않을 겁니다.”

미엘린이 스킬 향상을 위해 어떤 역할을 하는지 좀 더 분명하고 생생하게 이해하려면, 미엘린을 공격하는 질병을 살펴보는 것이 좋다. 영국의 첼리스트인 재클린 뒤 프레Jacqueline du Pre는 스물여덟 살에 영문도 모르는 채 연주 능력을 잃어버렸고, 8개월 뒤에는 다발성경화증 진단을 받았다. 이 병은 미엘린을 파괴하며, 말 그대로 스킬 향상의 정반대 효과를 나타낸다. 그럼에도 대체로 뉴런 간의 연결은 손상되지 않는다.

한마디로 요약하자면 이렇다. 9번 아이언으로 스윙 연습을 하든지 기타 코드 혹은 체스 연습을 하든지 간에, 심층 연습을 할 때마다 우리는 천천히 회로에 광대역을 설치하고 있는 것이다. 우리가 신호를 발사하면, 그것을 감지한 조그만 초록색 촉수들이 신경섬유를 향해 뻗어나가면서 반응한다. 촉수들은 움켜잡고 조이고 계속 감싸면서 절연층을 두껍게 만든다. 신경섬유를 감싼 절연층이 조금씩 두꺼워질수록 스킬회로의 대역폭은 조금씩 넓어지고 정확성이 개선되며, 그럴수록 야금야금 실력이 향상되고 속도도 빨라진다. 끈질기게 물고 늘어지는 노력은 선택 사항이 아니라, 생물학적인 필수 요건이다. 즉, 스킬 회로에 신호가 발사되는 과정을 최적화하려면 당연히 최적 수준에 못 미치는 발사 과정이 필요하다. 실수를 해야 하고, 그러한 실수에 주목해야 한다. 회로를 가르쳐야 한다. 또한 끊임없이 회로에 신호가 발사되도록 해야한다. 따라서 미엘린이 계속 제 역할을 하게 하려면 연습을 게을리 하지 말아야 한다. 미엘린은 살아 있는 조직이기 때문이다.

이 모든 정보를 바탕으로, 몇 가지 근본적인 원리를 정리해볼 수 있다. 첫째, 정확한 신호 발사가 제일 중요하다. 미엘린은 맹목적인 소원이나 막연한 아이디어 또는 따끈한 목욕물처럼 그냥 흘러가는 정보에 반응하지 않는다. 이 메커니즘은 구체적인 활동, 즉 신경섬유를 통해 이동하는 전기 자극에 반응한다. 그리고 끈덕진 반복에 반응한다. 앞으로 진화론적인 이유도 다루겠지만 일단 여기서는 우리가 원초적인 상태에 있을 때, 다시 말해 주의력이 예민하거나 배가 고프거나 뭔가에 집중하고 있거나 심지어 절박한 상태에 처해 있을 때 심층 연습이 촉진된다는 사실만 짚고 넘어가기로 한다.

둘째, 미엘린은 보편적이다. 미엘린의 원리는 모든 스킬에 적용된다. 미엘린은 자기가 유격수 훈련에 사용될지 슈베르트 연주에 사용될지 '알지' 못한다. 어디에 사용되든지 간에 미엘린의 양은 똑같은 규칙에 따라 늘어난다. 미엘린의 관심은 실력이다. 신호가 발사된 회로를 절연할 뿐이다. 우리가 중국에 간다면, 미엘린은 북경어 동사 활용에 도움이 되는 신경섬유를 감쌀 것이다. 미엘린은 우리가 누구든지 신경 쓰지 않는다. 우리가 하는 일에 관심이 있을 뿐이다.

셋째, 미엘린은 감기만 할 뿐 풀리지 않는다. 고속도로 포장 기계처럼, 미엘린은 한 방향으로만 작용한다. 일단 스킬 회로가 절연되면, 절연층은 없어지지 않는다(노화나 질병에 걸린 경우는 제외한다). 바로 그렇기 때문에 습관을 없애기가 어려운 것이다. 습관을 바꾸는 유일한 방법은 새로운 행동을 반복해서 새로운 습관을 만드는 것뿐이다.

넷째, 나이는 중요하다. 성장기에는 파도가 연속으로 밀려오듯 미엘린이 부쩍부쩍 늘어난다. 어느 정도는 유전자에 의해 결정되고, 또 어느 정도는 어떤 활동을 하느냐에 따라 달라진다. 파도는 30대까지 지속되며, 이 기간 동안에는 뇌가 놀라울 만큼 예민하게 새로운 스킬을 습득한다. 그 후로도 대략 쉰 살까지는 계속 미엘린이 늘어날 수 있다. 그러나 그다음부터는 줄어들기 시작한다. 그래도 우리는 평생 미엘린층을 두껍게 만드는 능력을 유지할 수 있다.

감사하게도 5퍼센트 정도의 올리고가 미성숙한 상태로 남아 있으므로, 언제든지 미엘린을 만드는 일에 동원될 수 있다. 그런데 뒤늦게 새로운 언어를 배우거나 악기를 배우려고 노력해본 적이 있는 사람은 알겠지만, 나이 들어서 필수적인 회로를 설계하는 일은 굉장히 힘들고 시간도 훨씬 더 많이 필요하다. 세계적 수준의 전문가가 되기 위해 대개 어릴 때 훈련을 시작하는 것은 바로 이 때문이다. 유전자는 나이가 들어도 달라지지 않지만 미엘린층을 두껍게 만드는 능력은 달라진다.

미엘린 연구는 새롭고 실험적인 분야다. 하지만 어떻게 보면 그간 많이 연구되어서 익숙한 느낌을 주는 분야와 아주 비슷해 보이기도 한다. 그것은 바로 우리가 매일 사용하는 근육 메커니즘이다. 우리가 특정한 방식으로 근육을 사용하면, 예를 들어 들어올리기 어려운 물건을 들려고 열심히 연습하면 근육은 더 튼튼해질 것이다. 마찬가지로 우리가 스킬 회로에 정확한 신호를 발사하면, 다시 말해 하기 어려운 일을 해내려고 열심히 심층 연습을 하면, 우리의 스킬 회로는 더 빠르고 정확해질 것이다.

근육 사용에 대한 관점은 계속 변해왔다. 1970년대까지는 마라톤이나 보디빌딩을 하는 사람이 비교적 드물었다. 그런 운동을 하고, 심지어 잘하기까지 하는 사람들은 특별한 재능을 타고났다고 믿었다. 그런데 인간의 심혈관계가 어떻게 작동하는지를 알게 된 후에는 그러한 관점이 뒤집어졌다. 요컨대 우리 몸의 유산소계나 무산소계는 후천적으로 개선할 수 있을 뿐 아니라, 본인의 능력이 닿을락 말락 한 곳까지 밀어붙이면서 노력하면(즉, 아령의 무게를 차차 늘리거나 달리는 거리를 조금씩 늘리는 식으로 노력하면) 심장과 근육을 강화할 수 있다는 사실을 알게 되었다. 평범한 사람들도 이런 메커니즘의 위력을 활용하면 점차적으로 훌륭한 보디빌더나 마라토너가 될 수 있다는 점이 밝혀진 셈이다.

스킬을 근육으로 간주하려면 엄청난 사고의 전환이 필요하다. 어쩌면 새로운 인식의 회로를 만들어야 한다고 말할 수도 있을 것이다. 지난 150여 년 동안 우리는 다윈의 영향을 받은 유전자·환경 모델, 즉 선천적 요소와 후천적 요소의 관계를 통해 재능을 이해해왔다. 우리는 유전자가 특별한 재능을 선물하며, 환경은 그러한 재능을 표현할 특별한 기회를 준다고 믿으며 자랐다. 그러니까 재능은 두 가지 요소가 합쳐져서 만들어지는데, 이는 행운의 숫자가 합쳐져 복권에 당첨되는 원리와 마찬가지라고 믿었던 것이다. 브라질처럼 외지고 가난한 용광로의 성공은 소외된 사람들이 더 열심히 노력하고 더 간절히 성공을 원하기 때문이라고 설명되었다(세상에는 축구로 성공해보려고 죽기 살기로 노력하는, 절망적으로 가난한 사람들이 차고 넘친다는 사실은 무시하고서 말이다).

그러나 새로운 모델은 그런 사람들이 열심히 노력해서가 아니라, 제대로 된 방식으로 열심히 노력했기 때문에 성공했음을 보여준다. 한마디로, 남들보다 심층 연습을 많이 해서 미엘린층이 두꺼워졌기 때문에 성공한 것이다. 조금만 자세히 보면 금세 알 수 있지만, 사실 재능의 용광로는 열등한 자들이 모인 곳이 아니다. 그들은 다윗이 그랬듯이 골리앗을 쓰러뜨릴 수 있는 스위트 스팟을 발견했을 뿐이다.

모든 능력은 같은 메커니즘을 사용한다

미엘린의 과학적 연구는 여전히 초기 단계에 있다(한 신경과학자가 지적했듯 몇 년 전까지만 해도 전 세계 미엘린 연구자를 한 식당 안에 전부 불러 모을 수 있을 정도로 조출했다). 필즈 박사는 이렇게 말한다. "미엘린에 대한 지식은 시냅스에 대한 지식의 2퍼센트 정도밖에 되지 않습니다. 우리는 변방에 있습니다."

미엘린을 연구하는 과학자들이 그것의 막대한 잠재력을 알지 못한다거나, 새로운 모델이 그들의 세계관에 아무런 영향도 미치지 못한다는 뜻이 아니다. 그러나 그들은 미엘린과 인간의 스킬 및 학습의 관계를 연구하는 데 좀 더 많은 사람이 참여해서 지금보다 훨씬 광범위한 연구가 이루어지기를 간절히 바라고 있었다.

바로 이 시점에 안데르스 에릭슨이 등장한다. 1947년에 스웨덴 스톡홀름 북부의 교외 지역에서 태어난 에릭슨은 소년 시절에는 유명한 탐험가들을 우상으로 삼았다. 특히 20세기 초 인디애나 존스의 선배 격이었던 스칸디나비아의 영웅 스벤 안데르스 헤딘Sven Anders Hedin을 존경했다. 헤딘은 도저히 거부할 수 없는 매력적인 성격을 지닌 사람이었다. 대단한 재능을 타고난 언어학자·고고학자·고생물학자·지리학자였고 몽골, 티베트, 히말라야 산맥 등의 오지를 누비면서 밥 먹듯이 죽음을 면한 탐험가였으며 예술가이기도 했다. 에릭슨은 작은 방에 틀어박혀 헤딘이 쓴 책을 읽으며, 스스로 발견하고 탐험할 세계를 꿈꾸었다.

그러나 커갈수록 에릭슨의 꿈은 난관에 부딪혔다. 변방 대부분은 이미 개척이 끝난 듯 보였다. 지도상에는 빈 곳이 없었다. 더구나 헤딘과 달리 에릭슨 자신은 별 신통한 재능이 없는 것 같았다. 수학을 그럭저럭 잘했지만 축구, 야구, 언어, 생물, 음악 등은 변변치 못했다. 그러다가 열다섯 살이 된 에릭슨은 자신이 체스에 재주가 있음을 알게 되었다. 점심시간에 동급생들과 게임을 하면 늘 이겼다. 몇 주 동안 그는 드디어 재능을 발견했다고 좋아했다.

그런데 체스 패거리 중에 제일 못하는 축에 끼던 소년 하나가 어느 날부턴가 갑자기 실력이 좋아지더니만 에릭슨과 붙을 때마다 이기기 시작했다. 에릭슨은 화가 났다. 한편 호기심이 동하기도 했다. 그는 이렇게 말한다. "그 문제를 정말 많이 생각했습니다. '이게 어떻게 된 일이지? 내가 쉽게 이겼던 녀석인데, 어째서 이제는 그 녀석이 나를 이토록 쉽게 이긴단 말이야? 그놈이 공부를 많이 하고 체스 클럽에 들락거린다는 건 알아. 하지만 도대체 그 녀석에게 무슨 일이 벌어진 걸까?' 그때부터 저는 뭔가 잘하려고 노력하는 일을 의도적으로 피하게 되었어요. 전문가가 되는 것보다 전문가를 연구하는 일에 점점 집착하게 되었죠."

1970년대 중반에 에릭슨은 스웨덴 왕립기술대학교에서 심리학을 공부했다. 당시 심리학 분야는 어설픈 과도기에 있었고, 둘로 갈라진 학파 사이에 팽팽한 대립이 계속되고 있었다. 한편에는 프로이트와 유령처럼 잡히지 않는 무의식적 충동이 있었다. 다른 한편에는 뇌 속에서 일어나는 정신적 프로세스는 아무도 알 수 없으며, 인간은 수학적인 입력과 출력으로 이루어진 존재일 뿐이라고 주장하는 냉철한 행동주의자 무리가 있었다.

그러나 세계는 변하고 있었다. 영국과 미국의 대학교에서는 인지 혁명이 일어나는 중이었다. 이 새로운 운동은 다양한 심리학자·인공지능 전문가·신경과학자 집단이 주도했다. 이들이 주장하는 요지는, 인간 정신의 내적 작용은 아무도 알 수 없거나 신비로운 무의식적 충동이 통제하는 것이 아니며 진화 과정에서 정밀하게 설계된 컴퓨터처럼 작동한다는 것이었다.

게다가 스웨덴은 스포츠와 예술 분야에서 황금기를 구가하고 있었다. 무명의 깡마른 비요른 보르그가 윔블던에서 우승했고, 잉마르 베리만이 세계 영화계의 제왕이 되었으며, 잉에마르 스텐마르크는 스키 분야를 제패했고, 아바는 팝 음악계를 정복했다. 에릭슨의 머릿속에서 각각의 데이터가 합쳐지는 순간, 그는 오랫동안 찾던 것을 발견했다. 아무도 건드리지 않은 새로운 탐험 영역이 눈에 보였다. 재능은 무엇인가? 성공한 영웅이 보통 사람들과 다른 점은 무엇인가? 위대함은 어디서 오는가?

에릭슨은 말한다. "나는 자유롭게 연구할 수 있는 분야를 찾고 있었어요. 사람들이 위대한 일을 성취해내는 방식에 관심이 많았죠. 하지만 그 시절에는 그런 것이 정상적인 연구 분야로 간주되지 않았어요."

1976년 에릭슨은 사람들이 본인의 정신 상태를 설명하는 말을 잘 들어보면, 그들의 행위를 이해하는 데 유용한 자료가 될 수 있다는 주제로 논문을 썼다. 그의 작업은 심리학자이자 경제학자인 허버트 사이먼Herbert Simon의 관심을 끌었다. 사이먼은 인지 혁명의 선구자로, 의사결정에 대한 연구로 순식간에 노벨 경제학상을 거머쥔 사람이다. 사이먼은 에릭슨을 미국으로 불러들인 후 고용했다. 1977년 에릭슨은 사이먼과 함께 피츠버그의 카네기 멜론 대학교에서 인간의 문제 해결 방식과 관련된 기본적인 의문점을 탐구하기 시작했다.

에릭슨의 첫 번째 프로젝트는 특이하게도 심리학 분야의 가장 신성한 전제라고 할 수 있는, 단기 기억이 선천적이고 고정적이며 능력에 한계가 있다는 믿음을 실험한 것이었다. 심리학자인 조지 밀러George Miller가 1956년에 발표한 유명한 논문 「마법의 숫자 7±2The Magical Number Seven, Plus or Minus Two」는 오늘날 일반적인 통념이 정착되는 데 크게 기여했다(벨 전화 회사가 처음에 전화번호를 일곱 자리로 정할 때 결정적인 근거를 제공하기도 했다). 단기 기억의 한계는 '채널 용량channel capacity'이라고 하는데, 이는 키나 신발 사이즈처럼 고정된 것으로 여겨졌다. 에릭슨은 가능한 한 가장 단순한 방법으로 밀러의 이론을 검증하는 일에 착수했다. 그는 실험에 참여할 학생을 모집한 후, 일련번호를 암기하는 능력이 향상되도록 훈련시켰다. 1초에 하나씩 새로운 숫자를 추가했다. 과학계는 에릭슨의 실험이 사람들의 신발 사이즈를 늘리려고 시도하는 것과 같다고 생각했다. 그들은 단기 기억이 하드웨어이고 일곱 자리가 한계이므로, 절대 변할 수 없다고 믿었다.

에릭슨의 학생 중 하나가 여덟 자리 일련번호를 암기해내자 과학계는 어떻게 받아들여야 할지 몰라 허둥거렸다. 두 번째 학생이 100자리가 넘는 숫자를 암기하는 데 성공하자 밀러가 주장한 마법의 숫자 7은 다른 종류의 마법으로 대체된 듯 보였다. 에릭슨은 다음과 같이 회상했다. "사람들이 당황했어요. 보편적인 한계가 없다는 사실을 믿지 못했죠. 하지만 그건 정말이었어요."

에릭슨은 기존의 단기 기억 모델이 잘못되었음을 입증했다. 기억은 신발 사이즈와 달랐다. 기억력은 훈련을 통해 향상될 수 있었다. 바로 이 부분에서 에릭슨은 깨달음을 얻었다. 어린 시절의 영웅 헤딘처럼 멋진 탐험을 시작할 수 있는 미지의 영역을 발견한 것이다. 단기 기억에 한계가 없다면, 그럼 무엇에 한계가 있는가? 세상 모든 스킬은 일종의 기억이다. 스키 선수는 활강할 때, 기억의 구조를 이용해서 근육에 무엇을 언제 어떻게 해야 하는지 지시한다. 첼리스트가 연주할 때도 역시 기억의 구조를 이용한다. 그러니 어떻게 동일한 효과가 발생하지 않겠는가?

에릭슨은 말한다. "전통적인 이론은 하드웨어에 한계가 있다고 주장했습니다. 그러나 훈련을 통해 행위를 주관하는 메커니즘을 변형시킬 수 있다면, 우리에게는 완전히 새로운 가능성이 펼쳐지는 셈입니다. 이런 메커니즘은 컴퓨터가 아니라 생물학적인 시스템이에요. 따라서 스스로 시스템을 구축할 수 있습니다."

재능의 왕국을 탐험하는 여행은 그렇게 시작되었고, 이후 30년간 지속되었다. 에릭슨은 다양한 차원의 스킬을 두루 조사했다. 간호사, 체조 선수, 바이올리니스트, 다트 선수, 스크래블 선수, 타이피스트, 특수기동대SWAT 교관의 사례를 수집하고 연구했다. 에릭슨은 미엘린을 측정하지 않았다(그는 신경과학자가 아니라 심리학자다. 게다가 이 시점에는 확산텐서영상 기법이 아직 나오지 않았다). 그 대신 미엘린 못지않게 중요한 각도에서 재능의 프로세스를 연구했다. 즉, 연습을 측정했다. 구체적으로 말하자면, 연습량과 연습의 특징을 측정했다.

에릭슨은 동료들과 함께 이 분야의 토대를 튼실하게 다졌다. 그 결과 저서를 여러 권 출간했는데, 가장 최근에 나온『전문적인 지식과 행위에 대한 케임브리지 안내서Cambridge Handbook of Expertise and Expert Performance』는 성경에 버금가는 방대한 규모를 자랑한다. 핵심 전제는 통계에 의존한다. 분야를 막론하고 누구든지 1만 시간 동안 꾸준히 연습하면 전문가가 될 수 있다는 것이다.

『케임브리지 안내서』는 감탄할 만한 단순화를 거쳐, 스킬을 '학습의 멱함수 법칙'이라는 공식으로 변환한다. 공식은 $T = aP^{(-b)}$로 나타낼 수 있는데, 여기서 T는 시간이고 P는 연습을 시도한 횟수, 그리고 a와 b는 상수다. 에릭슨은 이 과정을 '계획적인 연습'이라고 지칭한다. 정의하자면, 테크닉을 연마하면서 끊임없이 비판적인 피드백을 적용하고 집중적으로 약점을 보강하는 데 주력하는 방식의 연습이다(사실상 '계획적인 연습'과 '심층 연습'은 기본적으로 동일한 개념으로 간주할 수 있다. 물론 에릭슨은 심리학자이기 때문에 그의 용어는 미엘린이 아니라 정신 상태를 가리키는 것이었지만, 그는 "미엘린과 스킬의 상관관계가 매우 흥미로운 것 같다"라고 말했다).

에릭슨은 허버트 사이먼이나 빌 체이스Bill Chase 등의 연구자와 함께 '10년 규칙'의 유효성을 입증했다. 10년 규칙이란 1899년에 알려진 매력적인 개념으로 바이올린, 수학, 체스 등 어떤 분야든지 세계적인 수준의 전문가가 되려면 대략 10년 동안 연습에 전념해야 한다는 규칙이다(열일곱 살에 체스 일인자가 된 신동 바비 피셔조차도 그 자리에 오르기까지 9년간 호된 훈련을 했다고 한다). 이 규칙은 훈련을 시작하기에 이상적인 나이를 결정할 때 종종 참고된다.

예를 들어, 여자 테니스 선수가 신체적으로 절정에 오르는 나이는 열일곱 살이다. 따라서 그들은 일곱 살에 훈련을 시작해야 한다. 남자 선수는 절정에 오르는 나이가 좀 더 늦다. 따라서 아홉 살에 훈련을 시작해도 좋다. 그러나 10년 규칙이든 1만 시간 규칙이든 간에, 좀 더 보편적인 의미가 함축되어 있다. 요컨대 모든 스킬 향상은 근본적으로 똑같은 메커니즘을 사용한다. 더 나아가 이러한 메커니즘의 생리학적 한계는 누구도 피해 갈 수 없다.

에릭슨의 연구를 접한 사람 대부분은 본능적으로 똑같은 이의를 제기한다. 그럼 천재는 뭐란 말인가? 어린 모차르트가 곡을 딱 한 번 듣고서 완벽한 악보를 받아 적었다는 그 유명한 능력은 어찌 된 노릇인가? 피아노 주위를 어슬렁거리거나 루빅큐브를 만지작거리다가 갑자기 마술처럼 놀라운 능력을 발휘하는 신동은? 이런 질문에 대한 답으로, 에릭슨과 동료들은 냉정한 수치를 제공한다. 엑세터 대학교의 마이클 하우박사는 『천재에 대한 해명』에서, 모차르트가 여섯 살 생일 때까지 스승인 아버지와 함께 음악을 공부한 시간이 대략 3500시간이었다고 추정한다. 이는 모차르트의 음악적인 기억력이 인상적이긴 하지만, 다른 사람도 도달할 수 있는 스킬의 영역에 속함을 암시한다.

신동은 명확하고 논리적인 규칙이 특징인 좁은 영역에서 두각을 나타내는 경향이 있다(피아노나 수학 같은 분야가 그렇고, 재즈 클라리넷의 경우는 정반대다). 게다가 신동 대부분은 재능을 드러내기 전에 어마어마하게 많은 시간 동안 해당 분야에 노출된다. 이를테면 집에서 음악을 많이 들었던 아이가 음악적 재능을 보인다. 천재의 진정한 전문성은 강박적으로 심층 연습에 몰두할 수 있는 능력이라고 주장하는 연구도 있다. 심지어 그들이 연습을 하고 있지 않을 때도 이 능력은 중요하다. 에릭슨은 딱 잘라 말한다. "천재라고 해서 보통 사람들이 갖지 못한 특별한 세포를 갖고 있는 것은 아닙니다." 그렇지만 극소수의 특별한 사람들은 실력을 향상시키고 싶어 하는 강박적인 욕망을 선천적으로 타고났다. 심리학자인 엘렌 위너 Ellen Winner는 그러한 욕망을 가리켜 '완벽에 대한 갈망'이라고 부른다.

그러나 이런 종류의 자발적인 욕구에 이끌려 심층 연습을 하는 사람은 아주 드물고, 만약 주위에 있다면 대번에 눈에 띈다(우리는 경험적으로 알고 있다. 아이에게 "너는 완벽해지고 싶은 갈망이 없니?"라고 물은 적이 있다면, 그 아이는 그런 갈망이 없는 게 분명하다). 에릭슨의 연구에 미엘린에 대한 새로운 사실을 덧붙인다면, 스킬과 관련하여 보편적인 원칙에 가까운 무엇을 얻을 수 있을 것이다. 그런데 그보다 더 유익한 것은 탤런트 코드의 작동 방식을 조명할 수 있는 렌즈도 같이 얻게 된다는 점이다.

PART 2

IGNITION
점화 장치를 찾아라

5장

◆

원초적 암시 걸기

세계 역사에서 위대하고 위엄 있는 모든 순간은
열정이 승리를 거둔 순간이다.

랠프 왈도 에머슨

나라고 왜 못하겠어?

지금까지 살펴본 바와 같이 스킬을 향상시키려면 심층 연습이 필요하다. 그러나 심층 연습이 누워서 떡 먹기는 아니다. 에너지와 열정과 헌신적인 노력이 필요하다. 한마디로 말해서 동기를 부여하는 연료가 필요한 법인데, 그것이 바로 탤런트 코드의 두 번째 성분이다. 여기에서는 일명 '점화'라고 하는 과정을 통해 동기가 생성되고 유지되는 방식을 알아볼 것이다. 점화와 심층 연습이 함께 작용해서 스킬이 만들어진다. 연료 탱크와 엔진이 결합해서 자동차가 속력을 낼 수 있는 것과 같은 이치다. 점화가 에너지를 공급하는 반면 그 에너지를 이용해 시간이 지날수록 차차 앞으로 나아가게 해주는 것은 심층 연습이다. 즉, 심층 연습은 미엘린층을 겹겹이 감싸는 작용을 한다.

그동안 재능의 용광로를 방문할 때마다 수많은 열정을 발견했다. 무심코 바이올린을 들거나 축구공을 다루거나 연필을 날카롭게 깎는 모습 따위에서 숨길 수 없는 열정이 드러났다. 성당에서 미사를 보는 사람처럼 경건하게 기본적인 연습에 임하는 태도라든가, 존경이 담긴 주의 깊은 시선으로 코치의 행동을 따라가는 방식에서도 열정이 엿보였다. 그런 감정이 항상 반짝거리거나 행복하기만 한 것은 아니었다. 때로는 음침하고 강박적이었으며, 때로는 노부부 사이에 존재하는 차분하고 영구적인 사랑의 모습과도 비슷했다. 하지만 열정은 항상 그 자리에 머물면서 그들이 끊임없이 앞으로 나아갈 수 있도록 정서적인 연료를 제공했다.

재능의 용광로에서 만난 사람들에게 열정의 원천이 무엇이냐고 물었더니, 대부분 그 질문이 좀 우스꽝스럽다고 여기는 것 같았다. 마치 처음 산소로 숨 쉬는 법을 배운 게 언제냐는 질문을 받은 듯했다. 모두들 어깨를 으쓱하면서 이렇게 말하는 것이었다. "몰라요. 그냥 옛날부터 그랬어요."

이러한 반응을 접하면 나도 똑같이 어깨를 으쓱하면서, 그들의 불타오르는 의욕이 인간의 마음 깊은 곳에 있는 알 수 없는 무엇 때문일 거라고 생각해버리고 싶은 유혹을 느낀다. 그러나 그런 생각은 정확하지 않다. 열정이 점화되는 순간을 정확하게 꼭 집어낼 수 있는 경우도 많

연도	LPGA 투어의 한국 선수	WTA 100위권의 러시아 선수
1998	1	3
1999	2	5
2000	5	6
2001	5	8
2002	8	10
2003	12	11
2004	16	12
2005	24	15
2006	25	16
2007	33	15

기 때문이다.

한국 골프 선수의 예를 들어보자. 1998년 5월 18일 박세리라는 스무 살짜리 무명 선수가 맥도날드 LPGA 챔피언십에서 우승하면서 삽시간에 국민 영웅이 되었다. 이전에는 골프로 성공한 한국인이 없었기 때문이다. 10년이 지나자, 박세리와 같은 국적의 여자 선수들이 사실상 LPGA 투어를 점령해버렸다. 한국인 선수 마흔다섯 명이 LPGA 투어 우승컵의 3분의 1을 싹쓸이했다.

같은 해 여름에는 러시아 테니스 선수들에게 비슷한 순간이 찾아왔다. 열일곱 살짜리 안나 쿠르니코바가 윔블던 준결승에 올랐다. 그녀는 슈퍼모델 뺨치는 외모 덕분에 세계에서 가장 많이 다운로드 되는 운동선수라는 영예를 차지했다. 2004년이 되자 러시아 여자 선수는 주요 대회의 결승전에 주기적으로 등장했다. 2007년에는 10위권 안에 다섯 명이 있었고, 50위권 안에는 열두 명이 있었다. "젠장, 꼭 러시아 군대 같아요." 플로리다 브레든턴에 자기 이름을 딴 테니스 아카데미를 설립한 닉 볼레티에리Nick Bollettieri가 말한다. "무작정 계속 밀고 올라온다니까요."

다른 재능의 용광로도 똑같은 패턴을 따른다. 성공의 물꼬를 트는 돌파구가 한 번 뚫리고 나면, 어마어마하게 많은 인재가 정신없이 밀고 올라온다. 모든 경우에 주목할 점은 초기에는 증가 속도가 비교적 느리다는 사실이다. 처음에는 영향력이 약하다가 점진적으로 강해지기 때문이 아니라, 심층 연습에 많은 시간이 걸리기 때문이다(다시 한 번 말하지만, 대략 1만 시간이 필요하다). 이러한 집단에는 민들레 씨가 들판에 흩날리는 것과 같은 식으로 재능이 퍼져나간다. 한 번의 입김으로 씨가 날리면, 일정 시간이 지난 후에 수많은 꽃이 피어난다.

이러한 '성공의 돌파구와 재능의 만발'은 앞으로 새로운 재능의 용광로가 어느 곳에 등장할지 예측할 수 있다는 점에서 상당히 쓸모가 있다. 내 예상으로는 그중 하나가 베네수엘라의 클래식 음악가 집단이 될 것 같다. 신동으로 이름을 날렸던 구스타보 두다멜, 일명 엘 듀드El Dude는 스물여덟 살이 된 현재 로스앤젤레스 필하모닉의 음악감독이다. 그에 대한 이야기들은 대부분 이례적인 스킬이라든가 독특한 곱슬머리를 비롯한 외적인 매력을 언급한다.

그러나 베네수엘라가 '엘 시스테마El Sistema : 시스템'라는 저소득층 청소년을 위한 무료 음악 교육 프로그램을 통해 수많은 엘 듀드를 배출하고 있다는 사실은 거의 언급되지 않는다. 최근 집계된 자료에 따르면, 프

재능 있는 개인은 시스템에서 나온다

베네수엘라의 '엘 시스테마' 프로그램, 루마니아의 부쿠레슈티 국립연극영화학교 등의 경우에서 보듯이, 세계를 놀라게 하는 개인이나 작품 뒤에는 분명히 '재능의 용광로'가 숨어 있다.

로그램에 등록된 청소년은 약 30만 명에 달한다. 엘 시스테마 프로그램이 배출한 최고의 연주자들은 전 세계 유명 오케스트라에서 활동하거나, 다시 엘 시스테마의 교사로 영입되어 후진을 양성한다. 전체적으로 이 프로그램은 비슷한 성공을 거둔 베네수엘라의 야구 아카데미와 놀랄 만큼 닮아 있다.

또 다른 미래의 용광로는 중국의 소설가 집단이다. 『기다림』으로 전미도서상을 수상한 작가 하진은 마지안, 리이윤, 판우, 다이 시지에 등이 포함된 상당히 거대한 집단을 위해 성공의 물꼬를 트는 역할을 할 것으로 예상된다. 야오밍으로 점화된 중국 농구 선수 집단의 성공도 거의 동시에 이루어질 것이다.

마지막으로 영화를 좋아하는 사람들은 물밀듯 밀려올 루마니아 영화에 대해 마음의 준비를 해두는 것이 좋다. 이 뜻밖의 집단은 지난 3년 동안 칸 영화제의 주요 네 개 부문을 석권한 쾌거와 부쿠레슈티 국립연극영화학교의 혹독하기로 이름난 훈련 방식 덕분에 열렬히 점화되었다.

또 다른 예가 있다. 이 사례는 1954년 5월, 거센 바람이 부는 날에 시작되었다. 이날 로저 배니스터라는 이름의 깡마른 옥스퍼드 의대생은 세계 최초로 4분 안에 1.6킬로미터를 완주했다. 이미 잘 알려진 그의 위대한 업적을 대략 간추리면 다음과 같다. 그동안 생리학자들은 물론 운동선수들조차도 4분 안에 1.6킬로미터를 완주하는 것은 생리학적으로 도저히 불가능한 일이라고 생각했다. 배니스터는 1952년 올림픽에서 참담한 모습을 보여준 뒤, 체계적으로 이 장벽에 도전했다. 결국 몇 분의 1초 차이로 한계를 극복한 배니스터는 전 세계적으로 유명해졌고, 그의 명성은 오랫동안 지속되었다. 훗날 《스포츠 일러스트레이티드》는 배니스터가 20세기 스포츠 역사상 가장 위대한 성과를 이루어냈다고 칭송했다.

그러나 배니스터가 성공한 후 몇 주일이 지나 일어난 일은 잘 알려지지 않았다. 오스트레일리아의 육상 선수 존 랜디도 4분 장벽을 깬 것이다. 다음 시즌에는 몇몇 선수들이 역시 4분의 벽을 넘었다. 그러자 기록을 깨는 선수가 때로 생겨나기 시작했다. 3년 안에 무려 열일곱 명이 '20세기 스포츠 역사상 가장 위대한 성과'를 이루어냈다.

근본적인 것은 전혀 변하지 않았다. 트랙 상태, 훈련 방식, 유전자 등 모든 것이 똑같았다. 자신감이나 긍정적인 사고를 원인으로 본다면, 논점을 벗어나도 한참 벗어나는 것이다. 변화는 선수들 내면에서 나오지 않았다. 그들은 자신의 외부에 있는 무엇에 반응하고 있었다. 육상 선수 열일곱 명은 '나도 할 수 있다'는 메시지가 담긴 뚜렷한 신호를 받았다. 그러자 한때 넘을 수 없는 벽이었던 4분 기록은 그 즉시 디딤돌이 되었다.

점화는 바로 이런 식으로 작동한다. 심층 연습이 차갑고 의식적인 행동이라면, 점화는 뜨겁고 신비로운 폭발이며 각성이다. 심층 연습이 점증적으로 미엘린층을 감싸는 작용을 한다면, 점화는 번개처럼 번득이는 이미지와 감정에 힘입어 작동한다. 즉, 진화 과정에서 효율적으로 설계된 신경 프로그램이 인간의 정신에 대량 비축된 에너지와 집중력을 활용하여 그러한 이미지와 감정을 만들어낸다. 심층 연습이 비틀거리는 아기의 걸음마라면, 점화는 개개인의 정체성을 형성하는 신호와 무의식적인 힘들의 집합이다. 점화의 순간에 우리는 자기도 모르게 어떤 사람처럼 되고 싶다고 중얼거린다. 사람들은 대개 열정이 내적인 자질이라고 생각하는 경향이 있다. 하지만 재능의 용광로를 방문할수록, 애초의 열정은 외부 세계에서 시작된다는 것을 점점 더 확신하게 되었다. 재능의 용광로에서는 나비의 정확한 날갯짓 한 번 덕에, 인재들이 허리케인처럼 무서운 속도로 배출되고 있었다.

한국계 미국인이자 골프 선수인 크리스티나 김이 말한다. "텔레비전에서 박세리 선수를 본 기억이 나요. 그녀는 금발도 아니었고 눈이 파랗지도 않았어요. 우리는 같은 핏줄이었죠. 그때 저는 '저 사람이 할 수 있다면 나라고 왜 못하겠어?'라고 생각했죠."

스파르타크의 라리사 프레오브라젠스카야 코치도 점화의 불꽃이 튄 순간을 기억한다. "여자 아이들이 전부 다 포니테일 스타일로 머리를 묶고, 공을 치면서 툴툴거리기 시작했어요. 그 아이들 모두가 미래의 안나 쿠르니코바였죠."

점화는 참 이상한 개념이다. 의식하지 못하는 사이에, 대개 무의식적으로 불타오르기 때문이다. 그렇다고 해서 그 순간을 포착할 수 없다거나 이해할 수 없는 것은 아니며, 쓸모 있는 열기를 생산하지 못한다는 뜻도 아니다. 이제부터는 우리 뇌에 내장된 점화 시스템이 어떻게 작동하는지, 사소해 보이는 작은 암시들이 어떻게 스킬 습득 과정에 불을 지필 수 있는지 알아보려고 한다. 그리고 당사자들은 알아차리지 못했을지도 모르지만, 점화에 성공한 몇몇 장소를 탐방할 것이다. 더불어 사랑이란 감정도 여기에서 작동하고 있음을 보게 될 것이다. 먼저 점화 과정을 좀 더 자세히 살펴보기로 하자.

작지만 강력한 생각

1997년 게리 맥퍼슨은 태곳적부터 세상 모든 부모와 음악 선생을 혼란에 빠뜨려온 미스터리를 파헤치고 싶었다. 왜 똑같이 레슨을 받아도 어떤 아이들은 진도가 빠르고 어떤 아이들은 그렇지 않을까? 그는 무작위로 선택한 아이들 157명의 음악 학습을 연구하는 장기 프로젝트에 돌입했다(그가 클라리사의 클라리넷 연습을 촬영하게 된 것도 이 프로젝트의 일환이었다). 맥퍼슨 박사는 독특하게 포괄적인 방식으로 접근했다. 아이들이 다룰 악기를 결정하기도 전인 일고여덟 살 무렵부터 고등학교를 졸업할 때까지 줄기차게 따라다녔다. 그리고 상세한 인터뷰, 생물학적인 테스트, 연습 장면 녹화 등을 통해 진도를 측정했다.

처음 9개월 동안 지켜본 결과, 전형적으로 잡다한 양상이 나타났다. 일부 학생의 실력은 로켓처럼 빠르게 치솟았고, 몇몇은 거의 변동이 없었으며, 대부분은 그 중간에 속했다. 많은 사람이 직관적으로 음악적 적성의 분포 형태라고 생각하는 종형 곡선을 그리며 스킬이 흩어져 있었다. 문제는 이 곡선이 불가피한 형태냐는 점이었다. 무작위로 선택된 모집단의 구성원들이 스킬을 향상시키려고 노력할 때는 언제나 이런 종 모양 곡선이 나타나는 것일까? 혹시 아이 하나하나의 성공과 실패를 설명하고 예측할 수 있는 X 인자가 숨겨져 있는 것은 아닐까?

맥퍼슨 박사는 원인을 찾기 위해 데이터를 분석하기 시작했다. X 인자는 IQ일까? 아니었다. 그렇다면 청각적 감수성일까? 역시 아니었다. 수학적 능력이나 리듬감, 혹은 감각 운동 기능일까? 혹시 소득수준? 전부 다 아니었다.

맥퍼슨 박사는 새로운 요인을 실험했다. 첫 레슨이 시작되기 전에 아이들에게 본인이 선택한 악기를 얼마나 오래 배울 것 같으냐고 물었는데, 이 질문에 대한 아이들의 대답이 중요한 실마리인 듯 보였다.

맥퍼슨 박사가 말한다. "대개 처음에는 잘 모르겠다고 해요. 그런데 끈질기게 몇 번씩 물으면 결국 충실한 대답을 합니다. 레슨을 시작하기 전인데도 나름대로 생각이 있어요. 만약 아이들이 '오래 할 거예요. 저하고 잘 맞아요'라고 말한다면, 그렇게 말할 수 있는 무엇을 자기 환경에서 발견한 겁니다."

아이들은 악기를 얼마나 오래 배울 계획인지 묻는 질문에 '올해까지, 초등학교 졸업 때까지, 고등학교 졸업 때까지, 평생' 중에서 한 가지를 골라 대답했다. 그 결과를 '단기·중기·장기'의 세 가지 범주로 압축했다.

또한 맥퍼슨 박사는 아이들의 일주일간 연습량에 따라 '적음(매주 20분), 중간(매주 45분), 많음(매주 90분)'의 세 가지 범주로 분류했다. 그리고 아이들의 스킬을 측정한 다음, 수행 능력(연주 실력)과 학습 계획 및 주간 연습량을 비교했다. 결과적으로 그래프는 다음과 같았다.

맥퍼슨 박사는 그래프를 보고서 깜짝 놀랐다. "내 눈을 믿을 수가 없었어요."실력 향상은 결정적이었다. 그러나 적성이나 유전형질이 아니라, 학생이 레슨을 시작하기도 전에 품었던 작지만 강력한 생각이 결정했다. 차이는 압도적이었다. 연습량이 같을 때에도 장기 계획을 세운 그룹은 단기 계획을 세운 그룹보다 연주 실력이 40퍼센트 더 뛰어났다. 장기 그룹의 아이들은 일주일에 20분만 연습해도 한 시간 반 동안 연습한 단기 그룹보다 더 빨리 향상되었다. 장기 그룹의 아이들이 연습까지 많이 한 경우에는 향상 속도가 급격히 빨라졌다.

맥퍼슨 박사가 말한다. "본능적으로 우리는 새로운 스킬을 배우는 학생들이 빈 서판이라고 생각해요. 하지만 아이들이 첫 레슨에 임할 때 품은 생각이 교사의 역할이나 연습량보다도 훨씬 중요해 보여요. 그런 생각은 학생의 자기 인식과 관련이 있습니다. 초기의 어떤 시점에, '나

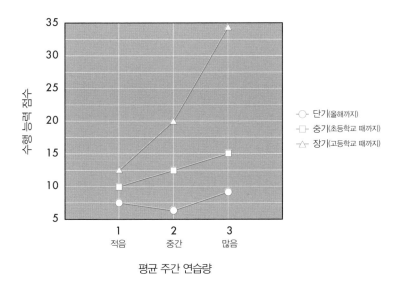

는 음악가'라는 생각이 표면화되는 구체적인 경험을 한 것이죠. 그런 생각은 언덕을 굴러 내려가는 눈덩이처럼 강력합니다."

맥퍼슨 박사는 그러한 눈덩이의 작용 원리를 입증하고자 클라리사의 예를 들었다. 클라리사가 놀랄 만큼 효율적인 연습을 하기 전날 레슨 시간에, 선생님은 〈금혼식 La Cinquantaine〉이라는 새로운 곡을 가르칠 계획이었다. 언제나 그렇듯이, 클라리사는 잘 따라오지 못했다. 맥이 풀린 선생님은 〈금혼식〉의 재즈 버전인 〈골든 웨딩〉을 연습하기로 결정했다. 그가 먼저 몇 소절을 연주했다. 아마 1분 정도 걸렸을 것이다. 그러나 그 1분으로 충분했다.

맥퍼슨 박사가 말한다. "클라리사의 선생님이 연주를 하는 동안, 무슨 일이 일어났어요. 클라리사는 재즈 버전에 압도당했어요. 넋을 잃었죠. 그 아이는 선생님이 연주하는 것을 보고 자기도 똑같이 연주하는 모습을 상상했어요. 아마 선생님이 꽤 근사하게 연주했던 모양이에요. 당시에는 그도 깨닫지 못했어요. 하지만 모든 것이 맞아떨어졌고, 갑자기 클라리사는 본인도 알지 못하는 사이에 불타오르기 시작했어요. 필사적으로 배우고 싶은 상태가 된 거죠."

여기서 맥퍼슨 박사가 설명하는 과정에 주목하자. 선생님의 연주는 클라리사가 강렬한 정서적 반응을 경험하도록 만들었다. 그것이 매혹인지 황홀경인지 일종의 사랑인지 모르겠지만, 그러한 반응은 곧바로 클라리사에게 연비 높은 동기의 연료를 공급했다. 한국 골프 선수와 러시아 테니스 선수에게 일어났던 일도 이와 똑같다. 그들의 경우에는 10년에 걸쳐 그러한 연료를 사용했고, 결국 각자의 분야를 정복해버렸다. 클라리사 역시 그러한 연료를 사용해서 한 달 치 연습을 6분 만에 해치웠다.

한국 골프 선수와 러시아 테니스 선수의 약진을 보여주는 표와 마찬가지로, 게리 맥퍼슨의 그래프는 적성에 관한 그림이 아니다. 그것은 점화에 관한 그림이다. 향상의 과정에 불을 붙인 것은 선천적인 능력이나 유전자가 아니라, 작고 순간적이지만 강력한 생각이었다. 그것은 아이들이 꿈꾸는 이상적인 자기 모습에 대한 비전이었다. 발전의 방향을 잡아주고 에너지를 공급하여 향상 속도를 높여주는 것으로, 외부 세계에서 흘러 들어온 비전이었다.

어쨌든 이 아이들은 날 때부터 음악가가 되고 싶어 하지는 않았다. 클라리사의 경우처럼, 그들의 욕구는 어떤 신호로 인해 발생했다. 그 신호는 가족이나 가정과 관련된 어떤 것일 수도 있고, 선생님이 한 말이나 행동일 수도 있고, 아이들이 짧은 인생에서 마주친 사람이나 이미지 집합일 수도 있다. 그러한 신호가 거의 무의식적인 강렬한 반응을 촉발시켰고, 이어서 '나도 저렇게 되고 싶어'라는 하나의 생각으로 구체화되었다. 아이들이 그런 생각을 하게 된 것은 논리적으로 당연한 귀결이 아니었다(청각, 리듬감, 수학적 능력 등은 아무런 상관이 없었다). 아마도 순전히 우연히 그런 생각이 들었을 것이다. 그러나 우연은 결과를 낳는다. 결과적으로 아이들은 점화되었고, 그 후 모든 것이 달라졌다.

메도마운트 음악학교에서 만난 열댓 명의 아이들에게 어쩌다 지금 악기를 연주하게 되었느냐고 물으면, 대부분 "그냥 옛날부터 좋았어요"라고 모호하게 답했다. 그러고 나서 부모님은 뭐 하시느냐고 물으면, 교향악단의 연주자라고 대답하는 것이었다. 요컨대 이 아이들은 세상에서 제일 사랑하는 사람이 클래식 음악을 연습하거나 연주하는 모습을 보면서 어린 시절의 수백 시간을 보냈다는 말이다. 맥퍼슨 박사의 관점으로 보자면, 이것은 훌륭한 점화다. 부모 이야기가 나와서 말인데, 메도마운트에는 부모가 음악의 천사 이름을 따서 가브리엘이란 이름을 지어준 학생이 세 명 있었다.

톰 소여는 친구들을 '점화'시켰다

강력하게 동기 부여된 상태는 생각해보면 약간 불합리한 측면이 있다. 나중에 더 크고 유리한 혜택을 얻으려고 현재의 안락을 포기해야 한다. "나는 X를 원한다"라고 말할 때, 이것은 말처럼 그렇게 단순한 문제가 아니다. 훨씬 더 복잡한 의미를 내포한다. 이를테면, "나는 나중에 X를 원하기 때문에 지금 열심히 Y를 해야 한다"라는 뜻을 품고 있다. 우리는 동기에 대해 이야기할 때, 마치 그것이 합리적인 인과관계를 따르는 것처럼 생각한다. 하지만 사실은 도박에 가까울 뿐 아니라 매우 불확실하다(나중에 혜택을 얻을 수 없으면 어쩔 텐가). 이러한 역설은 마크 트웨인의 소설 『톰 소여의 모험』의 한 장면에 분명히 드러나 있다.

톰 소여는 폴리 이모의 엄한 명령을 받아 울타리에 페인트칠을 하고 있다. 벤이라는 이웃집 아이가 어슬렁어슬렁 지나가다가 놀려 갈 계획을 이야기하며 약을 올린다.

톰 소여는 친구들을 어떻게 점화시켰을까

울타리 페인트칠에 동원된 친구들이 어리숙한 것일까? 소설 속 이야기이긴 하지만 우리 일상에서 이런 사례를 숱하게 찾아볼 수 있다. 중요한 것은 어떻게 열정적으로 참여하게 되는가다.

"야, 난 수영하러 가는 길이야. 너도 가고 싶지 않니? 하지만 일이 있어서 안 되겠구나."

톰은 벤을 가만히 바라보더니 말했다.

"일이라고?"

"왜, 그럼 일이 아니니?"

톰은 다시 페인트를 칠하면서 무심한 척 말했다.

"글쎄, 그럴 수도 있고 아닐 수도 있지. 어쨌든 톰 소여의 마음에는 꼭 든단 말씀이야."

"설마 그 일이 좋은 척하려는 건 아니겠지?"

톰은 솔을 부지런히 움직였다.

"좋은 척? 왜, 좋아서 하면 안 된다는 거니? 어린이가 울타리에 페인트를 칠할 기회가 어디 그리 흔한 줄 아니?"

상황은 새로운 국면에 접어든다. 야금야금 사과를 깎아 먹던 벤은 이제 꼼짝도 하지 않는다. 톰은 까다롭게 조금씩 솔을 움직이고는 약간 뒤로 물러나 다시 보고 또 군데군데 조금씩 페인트를 칠한다. 그러고는 또다시 꼼꼼하게 살펴본다. 벤은 그의 행동을 물끄러미 바라보는 사이에 점점 그 일을 하고 싶어졌고 빨려 들어갔다. 이윽고 그가 말한다.

"야, 톰, 나도 잠깐만 해보자."

톰은 당장이라도 시키고 싶지만 꾹 참는다.

"안 돼, 그럴 순 없을 것 같아. 이 울타리는 폴리 이모가 굉장히 신경을 쓰시거든. 너도 알다시피 길 바로 옆에 있잖아. 만약 뒷마당 쪽에 있었다면 나도 그렇고 폴리 이모도 그렇게까지 신경 쓰시지 않았을 거야. 암, 그렇고말고. 폴리 이모가 굉장히 신경 쓰시는 울타리란 말이지. 그래서 아주 신중하게 칠해야 해. 이걸 솜씨 좋게 칠할 수 있는 어린이는 1000명, 아니 2000명에 하나 있을까 말까 하다고."

우리는 이다음에 무슨 일이 일어나는지 알고 있다. 벤은 점화되고 의욕에 불타오른다. 게다가 이 의욕은 온 동네 아이들에게 전염되며, 톰은 자기를 대신해 울타리를 칠할 기회를 얻으려고 안달 난 친구들을 흐뭇하게 바라본다. 비록 소설 속 이야기이긴 하지만, 이 인용문은 사람들을 점화시키는 데 효과가 큰 신호에 대해 알려준다.

이런 일련의 이야기에서 느낄 것은 무엇인가. 문제는 이들의 공통점이 무엇이냐는 것이다. 먼저 점화는 '무엇'에 대한 반응으로 일어났다. 본인들은 자기 내면에서 발원했다고 '느꼈을지' 모르지만 실제로는 그렇지 않았다. 모든 경우에 점화는 이미지의 형태를 띤 신호에 대한 반응으로 일어났다. 핏줄이 같은 선배 골프 선수가 거둔 승리, 장벽을 허문 동료 육상 선수의 업적, 교사와 동일시하면서 음악가가 된다는 상상이 갑자기 근사해 보였을 때 초보 연주자가 느낀 신비로우면서도 생생한 감정 등이 그런 신호였다. 그런데 이런 신호들의 공통점은 무엇일까?

신호는 정체성 및 집단과 관련이 있다. 모든 신호는 깜박거리는 빨간 불과 비슷하다. 즉, 저기 저 사람들이 뭔가 끝내주게 대단한 일을 하고 있다는 암시를 보내는 것이다. 한마디로 모든 신호는 미래의 소속감에 대한 것이다.

미래의 소속감은 원초적 암시primal cue 중 하나다. 원초적 암시란 우리 뇌에 내장된 동기의 방아쇠를 잡아당겨서, 모든 에너지와 집중력을 원하는 목표에 쏟아붓게 만드는 단순하고 직접적인 신호다. 이런 개념은 일단 직관적으로 말이 된다. 어쨌든 우리 모두는 수준 높은 집단에 소속되고 싶은 욕망 때문에 동기를 느낀 적이 있을 테니 말이다. 그러나 흥미로운 것은 이 방아쇠가 얼마나 강력하고 무의식적일 수 있느냐는 점이다.

콜로라도 대학교의 제프리 코헨Geoffrey Cohen 박사는 이렇게 말한다. "우리는 지구상에서 가장 사회적인 동물입니다. 모든 일이 집단적인 노력과 협동에 달려 있죠. 우리가 어떤 집단에 소속된 정체성을 갖고 싶다는 암시를 느끼면, 마치 촉발 방아쇠hair trigger : 방아쇠의 장력이 매우 약해서 머리카락이 당기만 해도 발사될 정도로 민감한 방아쇠—옮긴이가 당겨지는 것 같아요. 전등 스위치가 켜지는 것과도 비슷하죠. 달성할 수 있는 능력은 이미 거기에 있어요. 하지만 그 능력에 투입되는 에너지가 최고조에 달합니다."

코헨 박사는 인간의 선택·동기·목표를 소리 없이 통제하는 무의식적 메커니즘에 대해 연구하는 심리학자다. 이 분야의 연구자는 점점 늘어나고 있는데, 공식적인 명칭은 '자동성 연구'라고 한다. 그러나 우리

식으로 말하자면, 코헨 박사와 동료들은 카센터에서 일하는 점화 장치 수리공인 셈이다. 그들은 동기와 그 동기를 소리 없이 활성화하는 주변 환경의 신호들이 어떻게 연결되어 있는지를 연구한다. 이 연결 관계는 의식적으로 느낄 수 없지만 매우 중요하다. 자동성 전문가들은 아주 기초적인 진실을 자주 강조하는데, 그 진실이란 바로 우리의 동기 회로가 전혀 새롭지 않다는 점이다. 사실 우리 뇌의 동기 회로는 대부분 수백만 년 전부터 존재했으며, '파충류 뇌'라고 불리는 정신 영역에 위치해 있다.인간의 기본적인 본능과 욕망은 인류의 선조가 파충류였을 때부터 결정되었다고 해서, 그러한 본능과 욕망을 관장하는 뇌 부분을 흔히 '파충류 뇌'라고 부른다—옮긴이.

1980년대 중반, 자동성 연구 분야를 개척한 예일 대학교의 심리학자 존 바그John Bargh는 말한다. "우리는 항상 목표를 추구하고 동기를 제공받습니다. 모두 의식에 선행하는 차원의 일이죠. 그럴 때마다 우리 뇌는 현재의 에너지를 어디에 투입하면 좋을지 끊임없이 암시를 찾으려고 합니다. 우리는 암시로 가득 찬 바다를 헤엄치면서, 그런 암시에 계속 반응합니다. 하지만 바닷속 물고기처럼 깨닫지 못할 뿐이죠."

나는 여러 재능의 용광로에서 관찰한 이상스러운 패턴에 대해 바그 교수에게 물어보았다. 희한하게도 재능의 용광로는 허름하고 변변치 못한 곳인 경우가 많았다. 마술을 부려서 내가 방문한 재능의 용광로를 모두 하나로 합칠 수 있다면, 그것은 아마 거대한 판자촌처럼 보일 것이다. 임시로 대충 지은 건물에 쭈글쭈글한 지붕, 페인트칠이 벗겨진 벽, 울퉁불퉁한 마당에는 잡초가 무성하다. 너무나 많은 용광로가 약속이라도 한 듯 이런 심란한 분위기를 공유하고 있는지라, 제2차 세계대전의 폭격에서 살아남은 곳들이 아닐까 의심될 정도다. 다 쓰러져가는 낡아빠진 인큐베이터의 상태와 그곳에서 배출되는 번듯한 인재들 사이에 무슨 연결 고리가 있는 것 같았다. 바그 교수의 견해에 따르면 확실히 관계가 있었다. 그는 곧바로 이유를 설명해주었다.

"사람은 편안하고 쾌적한 환경에 있으면, 자연스럽게 노력을 중단합니다. 뭐 하러 노력을 하겠습니까? 하지만 뭔가 힘든 상황이라는 신호를 받으면, 즉각 동기가 생깁니다. 근사하고 깔끔한 테니스 아카데미는 지금 당장 화려한 미래를 제공합니다. 그러니 당연히 동기가 사라지죠. 어쩔 수 없는 일이에요."

바그 교수와 동료들은 일명 '스크루지 법칙'이라고 하는 이론을 내놓았다. 우리의 무의식은 에너지가 잔뜩 비축된 금고를 가지고 있는 인색한 부자다. 금고문을 열라는 직접적인 탄원은 거의 먹히지 않는다. 스크루지가 그렇게 쉬이 속을 리 없다. 그러나 원초적 암시들이 제대로 맞아떨어지면, 다시 말해 스크루지가 원초적 암시 유령들의 잇따른 방문을 받으면, 자물쇠가 딸깍 돌아가면서 에너지의 금고문이 훌렁 열린다. 난데없이 크리스마스가 찾아오는 것이다.

몇 년 전 자동성을 연구하는 그렉 월튼Greg Walton 교수가 동기의 폭발 원리를 실험한 적이 있다. 그는 예일 대학교 신입생들에게 무작위로 섞은 잡지 기사를 읽으라고 주었다. 그중에는 네이선 잭슨이라는 학생이 일인칭 시점으로 쓴 한 쪽짜리 글도 들어 있었다. 잭슨의 이야기는 간단했다. 그는 무엇을 전공할지 결정하지 못한 채 대학에 왔는데, 어쩌다 수학을 좋아하게 되었고 현재는 수학을 전공으로 택해 재미있게 공

156
THE TALENT CODE

부하고 있다는 내용이었다. 잭슨의 글에는 고향, 출신 학교, 생일 따위의 간단한 신상 정보가 포함되었다. 다른 기사들과 마찬가지로 잭슨의 글도 한 번 읽고 잊어버릴 만한 것이었다. 한 가지 사소한 부분만 빼고는 분명 그랬다. 학생 절반에게는 네이선 잭슨의 생일과 학생 본인의 생일을 일치시킨 기사를 주었다. 월튼 교수는 학생들이 기사를 다 읽은 후에 수학에 대해 어떤 태도를 보이는지, 그리고 잘 풀리지 않는 수학 문제를 해결하려고 얼마나 오래 고민하는지 검사했다.

결과적으로 생일이 일치하는 그룹이 수학에 대해 상당히 더 긍정적인 태도를 보였으며, 잘 풀리지 않는 수학 문제를 해결하려고 무려 65퍼센트 더 오랜 시간 매달리는 것으로 나타났다. 더구나 학생들 자신은 아무런 의식적인 변화도 느끼지 못했다. 월튼 교수의 표현에 따르면, 우연히 생일이 같다는 사실은 그들의 '의식 아래' 있었다.

월튼 교수가 말한다. "그들은 방에 혼자 앉아서 시험을 치렀어요. 방문은 닫았죠. 사회적으로 고립된 거예요. 하지만 생일의 일치는 학생들에게 의미 있는 사실이었습니다. 그들은 혼자가 아니었어요. 수학에 대한 애정과 관심이 그들의 일부가 되었죠. 본인도 이유를 알지 못했지만, 갑자기 나 혼자가 아니라 '우리'가 된 거예요."

계속해서 월튼 교수가 말한다. "이러한 사건들이 사소하고 간접적이기 때문에 오히려 강력한 것일지도 모른다는 생각이 들어요. 똑같은 정보를 학생들에게 대놓고 말했다면, 그래서 그들이 알아차렸다면, 효과가 덜했을 겁니다. 전략적으로 일어나는 일이 아니에요. 의식적으로 생각하지 않기 때문에, 당연히 유익할 거란 예상도 하지 못하죠. 완전히 자동적으로 일어나는 일입니다."

심층 연습의 개념적인 모델이 천천히 절연되는 회로라면, 점화의 개념 모델은 고전압 발전소에 연결된 촉발 방아쇠다. 따라서 점화 회로는 단순한 인과if/then의 원리를 전제로 하여 설계된다. 여기서 결과then 부분은 항상 똑같다. 즉, '그들처럼 하라'는 것이다. 닮고 싶은 사람이 있는가? 그들처럼 하라. 잘나가는 집단에 속하고 싶은가? 그들처럼 하라. 존 바그의 연구 팀은 월튼 교수가 했던 것처럼 마술처럼 신기해 보이는 실험을 여러 차례 실시했다. 연구 팀은 피험자가 알아차리지 못하는 상태에서 동기와 노력을 조작하기 위해, 여러 가지 환경적 암시를 사용하여 무의식을 건드렸다(이를테면 십자말풀이에 영감을 주는 단어들을 숨겨놓는 방법을 썼다).

바그 교수의 연구 팀은 그런 방식이 효과적인 이유를 설명할 수 있는 데이터를 무수히 갖고 있었다. 예를 들어 의식은 1초에 40개 정보밖에 처리하지 못하는 반면, 무의식은 1초에 1100만 개 정보를 처리할 수 있다고 한다. 이러한 불균형을 고려할 때, 정신적인 활동을 무의식에 위임하는 것이 효율적일 뿐 아니라 심지어 필수적이라는 결론이 나온다. 그리고 무의식을 움직이는 것이 어째서 그렇게 효과적일 수 있는지를 이해하는 데도 도움이 된다.

이와 같이 심리학자나 마케터 혹은 타인의 행동에 영향을 미치고 싶어 하는 사람들의 적극적인 조작에 의해 무의식에 암시가 전달되면, 또는 단지 사람들이 살아가는 과정에서 발생하는 환경적 요인들로 인해 무의식에 암시가 전달되면, 당겨진 방아쇠는 몹시 뜻밖의 결과를 낳을 수도 있다. 이러한 현상의 예로, 1970년대 롱아일랜드의 임상 심리학자인 마빈 아이젠스타트Marvin Eisenstadt의 연구를 들 수 있다. 그는 『브리태니커 백과사전』에 반 쪽 이상 등재된 유명인을 골라, 부모의 생존 여부를 조사해보았다. 아이젠스타트는 그들의 동기 따위에는 관심이 없었다. 사실 그는 어린 시절에 부모 중 한쪽 혹은 양쪽 모두 잃은 경우와 천재성 및 정신병이 어떤 관계가 있는지 연구하고 있었다. 동기에 관심이 없던 그였지만 피험자 573명의 사례를 수집한 결과, 부모의 생존 여부와 동기 사이에 밀접한 관계가 있음을 훌륭히 입증해냈다. 그가 수집한 사례에는 호머에서 존 F. 케네디에 이르기까지 작가, 과학자, 정치인, 작곡가, 군인, 철학자, 탐험가 등 다양한 위인이 포함되었다.

수많은 성공한 사람 중에서, 부모를 잃은 고아는 한둘이 아니었다. 어린 시절에 부모 중 한쪽을 잃은 정치인으로는 율리우스 카이사르(부친/15세), 나폴레옹(부친/15세), 영국 총리 열다섯 명, 워싱턴(부친/11세), 제퍼슨(부친/14세), 링컨(모친/9세), 레닌(부친/15세), 히틀러(부친/13세), 간디(부친/15세), 스탈린(부친/11세), 빌 클린턴(부친/유아기) 등이 있다.

과학자와 예술가로는 코페르니쿠스(부친/10세), 뉴턴(부친/출생 전), 다윈(모친/8세), 단테(모친/6세), 미켈란젤로(모친/6세), 바흐(부모/9세), 헨델(부친/11세), 도스토예프스키(모친/15세), 키츠(부모/각 8세와 14세), 바이런(부친/3세), 에머슨(부친/8세), 멜빌(부친/12세), 워즈워스(부모/각 13세와 7세), 니체(부친/4세), 샬롯·에밀리·앤 브론테(모친/각 5·3·1세), 버지니아 울프(모친/13세), 마크 트웨인(부친/11세) 등이 있다.

성공한 사람들이 처음으로 부모를 잃는 경험을 한 나이는 평균

13.9세였으며, 통제군에 속한 평범한 사람들의 경우는 평균 19.6세였다. 결국 이 리스트는 1978년 한 프랑스 연구자가 제기한 "고아들이 세계를 지배하는가?"라는 문제를 정당화할 수 있는 충분한 근거를 제공해준다. 물론 이 리스트는 이혼이나 질병 등 기타 이유로 부모와 관계가 끊긴 경우는 제외한다. 그런 사례들을 나열하기만 해도 책 한 권을 채우고도 남을 것이다. 상실감이 점화를 유발하는 방식을 가장 명확하게 보여주는 예는 작곡가이자 프로듀서인 퀸시 존스다. 그의 어머니는 정신분열증을 앓았다. 그는 이렇게 말했다. "어머니가 있다고 느껴본 적이 없어요. 나는 벽장 속에 틀어박혀 중얼거리곤 했죠. '나한테 어머니가 없다면 그런 건 없어도 돼. 음악과 창작을 어머니로 삼을 거야.' 음악은 한 번도 나를 슬프게 하지 않았어요. 단 한 번도요."

이와 같은 경우, 세계적으로 성공한 사람들의 능력을 유전자로 설명하려는 태도는 완전히 무의미하다. 리스트에 포함된 사람들은 염색체와 아무 상관 없는 인생의 사건을 공유함으로써 연결되어 있기 때문이다. 부모를 잃는 경험을 동기의 방아쇠가 당겨지는 신호라고 본다면, 연결 관계는 훨씬 더 명확해진다. 부모를 잃는 것은 더 이상 안전하지 않다는 원초적 암시다. 군이 심리학자가 아니더라도 안전하지 못한 상태를 느낄 때 본능적으로 에너지가 비축되는 원리를 이해하기는 어렵지 않다. 또한 다윈 이론 전문가가 아니더라도, 그러한 반응의 진화 과정을 이해할 수 있다. 이러한 암시는 아이가 세계와 맺는 관계를 변화시키고, 정체성을 재확립하고, 사고의 방향을 설정해주고, 에너지를 공급하여 인생의 갖가지 위험과 가능성에 대처할 수 있도록 한다. 아이젠스타트는 이러한 반응을 가리켜 "막대한 보상 에너지의 출발점"이라고 표현했다. 또한 심리학자인 키스 시몬턴 Keith Simonton 은 『천재의 기원 Origins of Genius』에서 부모를 잃는 경험에 대해 이렇게 말했다.

"그런 불운한 사건은 성공을 향해 가는 과정에서 부딪히는 수많은 장애물과 좌절감을 극복할 수 있을 만큼 강인한 인격이 형성되도록 자양분을 공급한다."

여기서 한 단계 더 나아가 아이젠스타트의 리스트에 포함된 저명한 과학자, 예술가, 작가 들이 '심층 연습 1만 시간'의 조건을 충족했다고 가정한다면, 점화의 메커니즘은 훨씬 더 뚜렷해진다. 어린 나이에 부모를 잃은 경험만으로 재능이 생긴 것은 아니었다. 그것은 안전하지 않다는 것을 암시하는 원초적인 신호일 뿐이었다. 그 신호가 태곳적부터 존재해온 자기 보호 본능의 스위치를 작동시켰고, 그 결과 그들은 수많은 시간과 에너지를 쏟아부어 오랜 세월에 걸쳐 한 걸음 한 걸음, 한 겹 한 겹 스킬을 습득했다.

이런 식으로 볼 때 아이젠스타트의 리스트에 있는 유명한 사람들은 평범한 사람들과 다른 특별한 재능을 타고난 것이 아니라, 우리 모두를 지배하는 보편적인 원칙이 논리적으로 확장된 경우라 해야 할 것이다. 그 원칙은 다음과 같다. 첫째, 재능은 심층 연습을 필요로 한다. 둘째, 심층 연습은 어마어마한 양의 에너지를 필요로 한다. 셋째, 특정한 신호는 막대한 에너지가 분출되도록 방아쇠를 잡아당긴다. 그리고 아마 조지 바조키스 박사도 동의할 테지만, 성공한 사람들은 평균적으로 10대 초·중반에 그러한 신호를 받는다. 청소년기는 핵심적인 뇌 발달이 이루어지는 시기로, 정보처리 과정에서 미엘린을 특히 더 잘 받아들인다.

물론 부모의 죽음이나 부재가 항상 재능이나 성공을 낳는 것은 아니다. 똑같은 사건이 아이를 망칠 수도 있고(아이젠스타트가 연구한 정신병과의 관계 참조), 부모가 아이를 학대한 경우에는 그들의 죽음이 아이의 인생을 개선할 수도 있다. 아이젠스타트의 리스트가 강조하는 요점은 확률이다. 즉, 일반적으로 어린 나이에 부모를 잃은 사람들은 막대한 보상 에너지를 사용하여 미엘린층을 두껍게 만들고 스킬을 향상시킬 기회와 수단 및 동기를 더 많이 가진다. 그들이 그런 에너지를 사용해 존레넌이 되느냐 존 윌크스 부스링컨 대통령을 죽인 암살범—옮긴이가 되느냐는 운과 상황에 따라 달라지는 문제다.

점화의 두 번째 예는 우리 집에서 관찰한 것이다. 우리 여섯 식구 중에 제일 어린 아이는 딸 조이인데, 여섯 살이라는 나이에 비해 굉장히 잽싸다. 그 아이가 발을 놀리는 속도는 천부적 재능의 소산인 듯 보인다. 그러나 새롭게 미엘린에 대해 알게 된 나는 조이의 발이 빠른 이유 중에 선천적인 능력으로 인한 부분이 얼마큼이고, 막내로 살아가야 하는 현실 때문에 부여된 동기와 연습으로 인한 부분이 얼마큼인지 알고 싶어졌다.

먼저 친구들의 아이를 대상으로 매우 비과학적인 설문 조사를 해보았다. 일정한 패턴이 보이는 것 같았다. 가족 중 나이가 어릴수록 발이 빠른 경우가 많았다. 이후 표본 집단을 좀 더 확대했더니 실험은 점점 더 흥미로워졌다. 다음은 100미터 달리기 종목에서 세계 기록을 세운 선수들의 출생 순서를 나열한 것이다. 첫 번째가 가장 최근에 수립된 세계 기록이고, 뒤로 갈수록 오래된 기록이다.

1. **우사인 볼트**(Usain Bolt) : 세 아이 중 둘째

2. **아사파 포웰**(Asafa Powell) : 여섯 아이 중 막내

3. **저스틴 개틀린**(Justin Gatlin) : 네 아이 중 막내

4. **모리스 그린**(Maurice Greene) : 네 아이 중 막내

5. **도노반 베일리**(Donovan Bailey) : 세 아이 중 막내

6. **르로이 버렐**(Leroy Burrell) : 다섯 아이 중 넷째

7. **칼 루이스**(Carl Lewis) : 네 아이 중 셋째

8. **르로이 버렐**

9. **칼 루이스**

10. **칼빈 스미스**(Calvin Smith) : 여덟 아이 중 여섯째

표본 집단의 크기가 작긴 하지만 패턴은 명확하다. 리스트에 있는 선수 여덟 명 중에 첫째는 아예 없다. 그나마 둘째도 한 명뿐이다. 역사상 가장 빠른 사람들은 평균 4.6명의 형제자매 가운데 네 번째로 태어났다. 이와 마찬가지로, 미국프로풋볼연맹NFL 러싱 야드rushing yardage : 공을 직접 들고 뛰어서 친진시킨 거리 ─ 옮긴이 기록 10위 안에 드는 러닝백들도 비슷한 패턴을 보인다. 그들은 평균 4.4명의 형제자매 가운데 3.2번째로 태어났다.

이러한 패턴은 아무래도 좀 이상한 것 같다. 왜냐하면 속도는 천부적인 재능처럼 보이기 때문이다. 아니 그렇게 느껴진다. 그러나 이러한

패턴은 속도가 순전히 천부적인 재능이 아니라 심층 연습을 필요로 하는, 특정 신호에 의해 점화되는 스킬임을 보여준다. 이러한 경우, 막내들이 받는 신호는 아마 "왜 그렇게 굼뜨니? 어서 따라와!"라는 메시지일 것이다. 대부분의 가정에서 아이들은 어린 시절 내내 수천 번까지는 아닐지 몰라도 수백 번 이런 신호를 주고받는다. 나이가 많고 몸집이 큰 아이들이 보내는 신호를 받는 작고 어린 아이들은, 유전자가 거의 동일한 언니·오빠·누나·형이 경험하기 어려운 강한 신호에 치열하게 반응한다(미엘린의 핵심이 자극 속도라는 점을 기억하자. 즉, 미엘린층이 두꺼울수록 근육을 더 빨리 활성화할 수 있다. 이것은 특히 단거리 주자에게 편리한 특징이다).

대가족에서 늦게 태어난 사람은 자동적으로 발이 빨라진다는 얘기가 아니다. 어릴 때 부모를 잃었다고 자동적으로 영국 총리가 되지 않는 것처럼 말이다. 하지만 다른 모든 재능과 마찬가지로, 빠르다는 것 또한 유전자를 초월하는 여러 가지 핵심적인 요소들이 합쳐진 결과다. 그러한 요소들은 동기 부여 신호에 대한 무의식적인 강렬한 반응과 직결되어 있다. 이 반응이 미엘린층을 두껍게 만드는 심층 연습의 에너지를 제공하는 것이다. 게리 맥퍼슨이 연구한 어린 연주자, 한국 골프 선수, 러시아 테니스 선수, 아이젠스타트의 리스트에 포함된 유명 인사, 그리고 우리 딸 조이 등 이 모든 사람이 가진 재능은 단지 타고났기 때문이 아니라, 알 수 없는 어느 순간 그들 주변의 이미지와 신호들에 힘입어 작지만 강력한 어떤 생각에 사로잡혔기 때문이다. 그 작은 불꽃이 그들을 타오르게 만들었다.

나는 운이 좋은 사람이야

미래의 소속감과 안전은 강력한 원초적 암시다. 그러나 이러한 암시는 단지 재능을 점화하는 데만 유용한 것이 아니다. 1980년대 초, 로버타 자바라스Roberta Tzavaras라는 젊은 바이올린 교사는 할렘의 공립 초등학교 세 곳에서 클래식 음악을 가르치게 되었다. 문제는 바이올린 수보다 학생 수가 훨씬 많았다는 것이다. 자바라스 선생은 문제를 해결하는 한편, 평소 생각대로 모든 아이가 바이올린을 배울 수 있는 능력이 있음을 입증하기 위해서 추첨을 하기로 결정했다. 맨 처음 당첨되어 바이올린을 배우기 시작한 아이들은 놀랄 만큼 빠른 진전을 보였다. 두 번째 반도 그랬고, 세 번째 반도 그랬다. 프로그램은 점점 발전했고, 나중에는 오퍼스 118 할렘 현악기 연주 센터Opus 118 Harlem Center for Strings라는 정식 이름도 갖게 되었다. 자바라스 선생과 아이들은 카네기 홀과 링컨 센터에서 연주했고 〈오프라 윈프리 쇼〉에도 출연했다. 그들의 성공은 1999년에 만들어진 할리우드 영화 〈뮤직 오브 하트〉에 영감을 주었다.

자연스럽게 다른 공립학교들도 각자 나름대로 오퍼스 118 프로그램을 개발하기 시작했다. 그중에서 할렘의 워들리 예술학교Wadleigh Secondary School of the Performing and Visual Arts와 브루클린 플랫부시의 PS 233을 예로 들어보자. 두 바이올린 프로그램을 비교하는 것은 꽤 효과적이다. 거의 동시에 시작한 데다가 우연찮게도 할렘 예술학교Harlem School for the Arts의 데이비드 버넷David Burnett이라는 교사가 두 곳 모두에서 가르쳤기 때문이다. 그리고 한 프로그램은 성공했고 다른 프로그램은 성공하지 못했다는 점에서도 비교할 만한 가치가 있다.

어떤 프로그램이 성공했는지를 예상하기는 너무나 쉬워 보일지도 모른다. 워들리는 PS 233보다 유리한 점이 한두 가지가 아니었다. 예술적인 측면을 강조한 커리큘럼, 예술 교육의 가치에 대한 신념을 표출하기 위해 아이들을 등록시켰던 열성적인 학부모, 음악에 진정한 관심이 있어 보이는 학생들, 새로 지은 훌륭한 강당, 원하는 모든 학생을 위해 바이올린을 구입할 수 있는 예산 등이 있었다. 반면 PS 233은 전형적인 도심지의 공립학교였다. 학생들은 바이올린이나 예술 자체에 특별한 관심이 없었다. 게다가 프로그램을 후원하는 재단은 바이올린을 50대만 구입해주었고, 그나마도 대부분 너무 작았다. 버넷 선생은 프로그램에 참여할 학생을 정하려고 오퍼스 118식으로 추첨을 할 수밖에 없었다. 프로그램이 시작된 후, 결과는 이미 정해져 있는 듯 보였다. 당연히 워들리는 성공하고 PS 233은 실패할 것으로 예측되었다.

1년이 지나서 보니, 삐걱거리는 것은 워들리 프로그램이었고 PS 233은 점점 자리를 잡아가고 있었다. 워들리 프로그램은 규율 문제 때문에 골치를 앓았지만, PS 233의 아이들은 얌전했다. 워들리의 학생들은 잘하는 아이를 괴롭혔고 바이올린을 배우지 못하게 방해했다. PS 233의 학생들은 스스로 연습을 했고 서서히 실력이 나아졌다. 버넷 선생은 어떻게 된 일이냐고 누가 물어도, 그저 워들리 프로그램은 실패했다고 대답할 수밖에 없었다.

왜 그랬을까? 내 생각에 한 가지 실마리는 오퍼스 118의 이야기를 다룬 다큐멘터리 영화 〈작은 기적 Small Wonders〉에서 찾을 수 있을 것 같

나. 영화 초반부에 자바라스 선생이 1학년 학급에 들어와 바이올린 연주를 들려준 다음 이야기하는 장면이 나온다. 그녀는 운이 따라준다면 언젠가 아이들이 똑같이 될 수 있는 사람들에 대해 말해준다. 그리고 그녀가 추첨 방식에 대해 설명하자 흥분한 아이들이 여기저기서 웅성거린다. 아이들은 너도나도 신청서를 달라고 아우성이다. 그리고 집에 돌아가 부모님에게 신청서를 보여준다. 한 주, 또 한 주가 지날수록 기대감이 쌓인다.

드디어 자바라스 선생이 당첨된 신청서 뭉치를 들고 교실에 들어온다. 숨죽이고 집중한 아이들 앞에서 당첨자의 이름을 발표한다. 이름이 호명된 아이들은 마치 전기 충격을 받은 것처럼 반응한다. 춤을 추고 소리를 지른다. 기쁨을 못 이겨 마구 팔을 휘젓는다. 부모님에게 신나는 소식을 전하려고 집으로 달려간다. 엄마 아빠, 당첨되었어요! 아이들은 아직 A 트레인의 A 스트링도 모른다. 하지만 그런 건 조금도 중요하지 않다. 맥퍼슨 박사의 연구에 등장한 아이들처럼 이 아이들도 점화되었다.

재능이 전 세계 아이들에게 무작위로 뿌려지는 선물이라면, 당연히 워들리 프로그램이 성공할 거라고 예상할 수 있을 것이다. 그러나 재능이 원초적 암시에 의해 점화되는 어떤 과정이라면, PS 233이 성공한 이유는 간단하다. 유전적인 측면에서, 두 학교가 성공할 확률은 동일했다. 단지 다른 점이 있다면 워들리의 학생들은 팔꿈치로 슬쩍 찌르는 정도의 동기를 제공받았지만, PS 233의 학생들은 희소성과 소속감이라는 원초적 암시에 의해 점화되었다는 사실이다. 각 경우에 아이들은

5. 원초적 암시 걸기

유사한 환경에서 전혀 다른 능력의 차이가 발생하는 이유
동일한 프로그램을 적용했을 때, 왜 어떤 집단은 성공하고 어떤 집단은 실패하는가. PS 233의 아이들이 보여주듯이 '암시'라는 요소는 집단적인 능력을 발휘하는 데에서도 결정적이다.

다른 누구라도 그럴 만한 방식으로 똑같이 반응했을 뿐이다.

이제 처음에 제기했던 질문으로 돌아가 보자. 톰 소여는 어떻게 벤이 울타리에 페인트칠을 하도록 설득할 수 있었을까? 그가 마치 서커스 칼을 던지는 사람처럼 빠르고 정확하게 원초적 암시를 보냈기 때문이다. 톰은 몇 마디 말로 독점성("어쨌든 톰 소여의 마음에는 꼭 든단 말씀이야", "이걸 솜씨 좋게 칠할 수 있는 어린이는 1000명, 아니 2000명에 하나 있을까 말까 하다고")과 희소성("어린이가 울타리에 페인트를 칠할 기회가 어디 그리 흔한 줄 아니?", "이 울타리는 폴리 이모가 굉장히 신경을 쓰시거든")이라는 과녁을 정확히 명중시켰다. 그리고 톰의 행동과 몸짓도 똑같은 메시지를 반복해서 전달했다. 그는 벤을 가만히 바라보았고, 까다롭게 조금씩 솔을 움직이고는 약간 뒤로 물러나 다시 보고 또 군데군데 조금씩 페인트를 칠했다. 그리고 또다시 꼼꼼하게 살펴보았다. 그는 마치 굉장히 중요한 일을 하는 것처럼 행동했다.

톰이 신호를 한두 개만 보냈거나 중간에 쉬면서 띄엄띄엄 보냈더라면, 이런 암시도 아무 효과가 없었을 것이다. 벤의 방아쇠는 당겨지지 않은 채 그대로 있었을 것이다. 하지만 여러 가지 암시가 복합적으로 벤의 점화 스위치를 차례차례 강타하자, 동기 에너지가 가득 비축된 그의 금고문이 활짝 열렸다.

사람들은 대개 톰 소여 이야기의 이 대목을 솜씨 좋은 사기의 일종으로 간주한다. 영리한 톰 소여가 어수룩한 촌뜨기들을 속여서 따분한 일을 하게 만들었다고 보는 것이다. 그러나 원초적 암시의 심리학은 이 야기를 약간 다른 식으로 보게 해준다. 벤이 생각 없는 얼간이라서 톰의 신호가 먹힌 것이 아니었다(실제로 생각 없는 얼간이라면 그냥 어깨를 으쓱 하고 수영하러 갔을 것이다). 톰의 신호가 먹혔던 이유는 마크 트웨인이 설명했듯이, 벤이 "그의 행동을 물끄러미 바라보고 있는 사이에 점점 그 일을 하고 싶어졌고 빨려 들어갔기" 때문이다.

벤은 톰 소여가 하는 일에서 뭔가 매력적인 것을 보았고, 주의 깊은 아이가 점화되었을 때 보이는 반응을 보였다. 그것은 한국이나 러시아의 주의 깊은 아이들이 보였던 반응과 다르지 않다. 혹은 언니들이 자기보다 빨리 달리는 것을 본 우리 집 막내 조이의 반응과도 같다. 점화는 일반적인 규칙을 따르지 않는다. 규칙을 따르도록 설계되지 않았기 때문이다. 점화는 우리가 선택한(혹은 운명이 우리를 위해 선택한) 목표를 달성하는 데 필요한 에너지를 공급하기 위해서만 작동할 뿐이다.

6장

◆

특별함은 전염된다

하나의 다윗이 수많은 다윗을 낳는다.

큐라소 리틀 야구단의 실험

펜실베이니아 윌리엄스포트에서는 매년 8월에 리틀리그 월드 시리즈 LLWS가 열린다. 그때마다 큐라소에서 온 열두어 살짜리 소년들은 다윗과 골리앗의 싸움을 생생하게 재연한다. 사실 엄밀하게 말하자면, 다윗과 골리앗 열다섯 명의 싸움이라고 해야 옳을 것이다. 불을 뿜는 덩치 큰 괴물들이 장악하게 마련인 열여섯 개 팀 대항 토너먼트에서, 어찌된 일인지 규격 미달의 이름 없는 아이들이 승승장구하고 있다. 이들은 카리브해의 작고 외딴섬에서 왔으며 하나같이 꼬챙이처럼 말랐다. 이 세계적인 대회에 2년 연속 출전하기만 해도 주목할 만한 성과인데, 큐라소 소년들은 8년 동안 여섯 번 준결승전에 진출했고 2004년에는 우승했으며 2005년에는 2위를 차지했다. 정말이지 큐라소는 작지만 무서운 섬이었다.

큐라소 소년들이 하나같이 사랑스럽고 겸손하며 호감 가는 성격이라는 사실도 인상적이지만, 그들이 이룬 성과에 비하면 아무것도 아니다. 게다가 이 아이들은 변변한 시설이 거의 없는 곳에서 훈련을 했는데도 내로라하는 팀들을 보란 듯이 이겼다(섬 전체에 리틀리그 공식 야구장은 두 곳뿐이며, 너덜너덜한 어망으로 만든 배팅 연습장이 한 군데 있다). 더구나 큐라소의 야구 시즌은 5개월 동안만 지속된다. 연습은 일주일에 세 번이고 게임은 주말에만 한다. 베네수엘라를 비롯한 다른 지역에서 연중 내내 게임을 하는 것과는 매우 대조적이다. 나는 2007년 시리즈 기간에 윌리엄스포트에서 큐라소 선수들을 만났다. 어린 선수들은 일본 팀이 아침 먹기 전에 연습하는 모습을 보고 어안이 벙벙해졌다(영문을 모르는 한 아이가 내게 물었다. "쟤들은 왜 저러는 거예요?").

이러한 마이너들의 이야기에서 가장 매력적인 요소는 성공의 원인을 점화의 한순간과 연결할 수 있다는 점이다. 이런 순간은 두 번 있었는데, 각각 약 3초 동안 지속되었다. 두 번 다 1996년 10월 20일 애틀랜타 브레이브스와 뉴욕 양키스 간의 월드 시리즈 개막전이 열리는 양키 스타디움에서 일어났다. 다른 점화의 순간들도 대개 그렇지만, 이 순간 역시 거의 전적으로 우연히 빚어진 작품이었다. 한마디로 둥근 배트가 둥근 공을 만날 때 접촉하는 우표 크기만 한 면적에서 무슨 일이 벌어지느냐에 따라 상황이 달라질 수 있는 문제였다. 양쪽으로 3밀리미터만 벗어났어도, 그리고 역사가 정해진 지침에 따라 움직이는 것이라면, 큐라소의 기적은 일어나지 않았을 것이다.

양키 스타디움의 상황은 별 볼 일 없었다. 2회 초, 양 팀 다 점수가 없었고 브레이브스 주자는 1루에 있었다. 큐라소 출신의 앤드루 존스라는 열아홉 살짜리 무명 신인이 배트를 흔들면서 타석에 섰다. 그는 통통한 얼굴을 찡그리며 보일 듯 말 듯 모나리자의 미소를 지었다. 존스는 시즌 초 마이너리그의 A 레벨에서 시작했는데, 겨우 두 달 전에 메이저리그로 올라왔다. 뉴욕 양키스의 에이스 앤디 페티트는 투우사처럼 음침한 표정으로 그를 쏘아보았다. 페티트는 존스보다 두어 살 많을 뿐이었지만, 이런 구도에서 상황은 명백했다. 누가 봐도 예리하고 노련한 베테랑과 순진한 초보의 대결이었다.

페티트는 풀카운트까지 몰고 갔다. 그러고 나서 그의 장기인 까다로운 슬라이더를 던졌다. 그는 초보들 대부분이 이런 상황에서 속아 넘어가는 대로 존스를 처리할 생각이었다. 즉, 헷갈리게 해서 공을 치게 만든 다음 땅볼로 병살을 잡는 것이었다. 그러나 존스는 여느 초보들과 달랐다. 존스는 슬라이더의 스핀을 알아보고 좌측 관중석의 10열 너머로 홈런을 쳐버렸다. 존스가 환하게 웃으며 베이스를 밟는 동안 5만 6000여 팬들은 할 말을 잃었다.

누구도 따라 하기 어려운 특별한 일이었다. 그런데 그 일이 한 번 더 일어났다. 다음 회에 존스는 볼넷으로 진루했고, 다음번 타석에 섰을 때는 역시 풀카운트를 맞아 훨씬 더 위력적인 홈런을 날렸다. 이번에도 좌측 관중석이었다. 텔레비전 아나운서들은 마치 어려운 수학 방정식을 푸는 것처럼 숨이 막혀 말을 더듬었다. 월드 시리즈에 양키 스타디움을 더하고, 거기다 무명의 10대를 더하면 두 번의 연속 홈런이 나오는 건가? 곧이어 핵폭발 같은 언론의 관심이 뒤따랐다. 그들은 존스의 천부적인 재능에 환호했고, 그를 로베르토 클레멘테_{푸에르토리코 출신의 야구 선수로 17년간 메이저리그에서 활동했다—옮긴이}나 미키 맨틀_{뉴욕 양키스 소속으로 18년간 메이저리그에서 활동했으며 야구 명예의 전당에 올랐다—옮긴이}에 비유했으며, 심지어 다빈치를 들먹이기도 했다.

사람들은 존스의 손목이 이 세상 것이라고는 도저히 믿어지지 않을 정도로 재빠르며 신이 주신 선물이라고 경탄했다. 사실 그의 재빠른 손목은 하늘에서 내려온 선물이 아니었다. 존스는 두 살 때부터 아버지 헨리 존스의 코치를 받아 배트를 휘둘렀다. 좀 더 커서는 일주일에 세 번 쇠망치를 휘둘렀고, 속도와 힘을 기르려고 손목을 둥글게 돌리는 연습을 했다. 나중에 존스는 이렇게 말했다. "아버지가 야구를 가르쳐주셨어요. 그때 죽어라 노력하는 법을 배웠죠." 무엇보다 텔레비전 화면에서 반짝거리던 존스의 수줍은 미소는 전 세계 사람들에게 충격을 주었다.

그러나 이 모든 것도 존스의 고향을 뒤흔든 대지진에 비할 수는 없었다. 큐라소에 리틀리그를 만든 프랭크 쿠리엘_{Frank Curiel}은 존스가 홈런을 쳤을 때 들은 소리를 기억한다. "무시무시할 정도로 엄청난 소리였어요. 폭죽에, 함성에, 너 나 할 것 없이 고함을 지르고, 모든 사람이 잠에서 깼죠." 몇 주일 후 여진이 있었다. 리틀리그 등록자 명단에 새로운 아이들 400명이 등장한 것이다. 그들은 아마 큐라소 시절의 앤드루 존스가 최고 선수 축에 끼지 못했다는 사실을 알았기 때문에, 더 강한 동기가 생겼을지도 모른다. 열다섯 살 때 존스는 3루에서 외야로 포지션을 바꾸었다. 더 많이 놀고 싶어서였다.

하지만 기이할 정도로 많은 사람이 열렬한 관심을 보였음에도, 큐라소에 재능의 꽃이 만발하기까지는 시간이 걸렸다. 러시아 테니스 선수와 한국 골프 선수의 경우와 마찬가지였다. 존스가 홈런을 친 후 5년이 지난 2001년이 되어서야 큐라소 리틀리거들은 LLWS가 열리는 윌리엄스포트의 하워드 제이 라마드 스타디움에 입성할 수 있었다. 대회 관계자들은 큐라소 팀이 요행히 올라온 것이라고 생각했다. 그동안 큐라소는 1980년에 딱 한 번 LLWS에 출전했다. 그때 LLWS 해설위원인 크리스토퍼 다운스는 이렇게 말했다. "볼수록 참 안쓰러운 팀이에요." 그러나 존스가 홈런을 친 후에 야구를 시작한 아이들이 절반을 차지한 큐라소 팀이 결승전에 올라왔을 때, 사람들은 깜짝 놀랐다. 비록 2대 1로 도쿄 팀에 패했지만, 그동안 착착 진행되어온 골리앗을 쓰러뜨리려는 다윗의 계획이 드디어 세상에 모습을 드러낸 것이었다.

모든 재능의 용광로가 다 그렇지만, 큐라소의 성공이 오로지 점화를 일으킨 원초적 암시 때문에만 가능했던 것은 아니다. 규율이 잘 잡힌 문화, 최고 수준의 코칭스태프, 뒷바라지를 잘해준 부모들, 국가적 자존심, 게임에 대한 열정, 그리고 당연히 심층 연습이 있었다(사실 앤드루 존스의 훈련 스타일은 예외적인 게 아니라 일반적인 규칙이었다).

큐라소는 또 다른 이유로도 흥미롭다. 큐라소에서 서쪽으로 얼마쯤

가면 아루바 섬이 나온다. 아루바는 거의 모든 면에서 큐라소와 비슷하다. 혈통과 언어가 같고, 둘 다 네덜란드 문화의 영향을 받았으며, 야구를 사랑하는 점도 똑같다. 깃발조차도 거의 판박이다. 아루바의 리틀리그 팀도 경쟁력이 있다. 최근까지는 큐라소보다 잘나갔고, 심지어 1996년 한때 앤드루 존스보다 더 유망한 선수였던 메이저리거 시드니 폰슨을 배출하기도 했다. 존스가 애틀랜타 브레이브스 전에서 성공을 거두었을 때처럼, 폰슨이 일찌감치 볼티모어 오리올스를 상대로 성공을 거두었을 때도 아루바 리틀리그에 흥분과 참여의 불똥이 튀었다. 두 섬은 꼭 쌍둥이 같았다. 심지어 동기 부여의 방식까지 똑같았다. 그러나 큐라소는 점화되었지만 아루바는 그렇지 못했다. 왜 그랬을까?

한 가지 추측 가능한 답은 다른 재능의 용광로처럼, 큐라소가 매우 중요하면서도 까다로운 일을 용케 해냈다는 점이다. 요컨대 동기 부여의 불꽃이 계속 타오르도록 유지하는 것이 관건이다. 스크루지에게 금고문을 열라고 설득하는 것과 그가 날이면 날마다 크리스마스 거위를 사게 만드는 것은 다른 문제다. 상당 부분 운이 작용했지만, 큐라소는 지속적인 점화의 이론 및 실제를 자연스럽게 보여주는 좋은 사례다.

시스티나 성당 효과

점화는 장담할 수가 없다. 인재들의 꽃을 피우려면 성공의 물꼬를 트는 돌파구가 필요한 법이지만, 그냥 막혀버리는 돌파구도 수없이 많다.

독일의 테니스 선수 보리스 베커는 열일곱 살 때 윔블던에서 우승했다. 그러나 게르만 선수들의 성공에 아무런 영향을 주지 못했다. 미겔 데 세르반테스는 『돈키호테』로 셰익스피어 시대의 독자를 사로잡았지만, 고향 에스파냐에는 이렇다 할 영향을 미치지 못했다. 〈절규〉의 화가 에드바르 뭉크 또한 노르웨이 표현주의자 집단에 별 도움이 안 된 유일한 성공 사례로 남아 있다. 이와 비슷한 여러 사례를 보다 보면 흥미로운 질문이 떠오른다. 왜 어떤 돌파구는 미래의 인재를 점화하는 데 성공하고, 어떤 돌파구는 성공하지 못하는가?

그 이유는 원초적 암시 하나만으로 재능의 용광로가 만들어지지 않기 때문이다. 점화가 몇 주, 몇 달, 심지어 몇 년 동안 지속되면서 스킬을 향상시키려면 복잡한 신호들(사람, 이미지, 생각 등)이 합쳐져야 한다. 재능의 용광로와 원초적 암시의 관계는 라스베이거스와 네온사인의 관계와 같다. 즉, 원초적 암시라는 네온사인이 끊임없이 반짝거리려면, 동기가 계속 불타오를 수 있게 하는 정확한 신호들이 있어야 한다.

피렌체의 젊은 미켈란젤로가 경험했을 법한 어느 오후의 풍경을 상상해보자. 그는 30분 정도 천천히 걸으면서 위대한 예술가 열댓 명의 작업실에 두루 들를 것이다. 예술가들의 작업실은 전혀 조용하지 않다. 스승의 감독하에 도제와 기능공이 조금이라도 좋은 일을 맡으려고 경쟁하면서, 주문받은 작업을 처리하고 도면을 그리고 새로운 테크닉을 시험하느라 바쁘다. 마치 시끌벅적한 벌집을 연상케 한다. 미켈란젤로는 도나텔로의 〈성 마르코〉 조각상이나 기베르티의 〈천국의 문〉, 스승인 기를란다요를 비롯하여 마사초, 조토, 치마부에 등의 예술가가 제작한 당대 최고의 작품들을 접했을 것이다. 그 모든 것이 그리 넓지 않은 구역 안에 농축되어 있었고, 일상생활의 일부였다. 그 모든 반짝거리는 신호는 동기에 에너지를 공급하는 하나의 메시지, '그들처럼 하라'로 통합되었다.

혹은 셰익스피어 시대 런던의 머메이드 선술집에서 일어남직한 일을 상상해보자. 강 건너 글로브 시어터를 마주 보고 있는 이곳에서는 당대 최고의 작가인 크리스토퍼 말로, 벤 존슨, 존 던, 월터 롤리 경 등이 모여서 글쓰기에 대한 이야기를 하고 재치를 겨룬다. 또는 플라톤, 아리스토텔레스 등이 논쟁하며 가르침을 주고받았던 아테네의 아카데미와 라이시움 Lyceum : 고대 아테네에서 철학이나 과학을 가르쳤던 학원—옮긴이을 상상해보자. 아니면 사람들로 붐비는 브라질 상파울루의 거리를 떠올려도 좋다. 어느 날 나는 상파울루 시내를 걷다가 축구와 관련된 신호가 몇 개나 눈에 띄는지 세어보았다. 하이라이트 장면을 보여주는 텔레비전, 옥외광고물, 엿들은 대화, 풋살 경기 네 번, 길거리에서 저글링을 하던 아이들 다섯 명……. 쉰이 넘어가자 몇 개를 세었는지 잊어버렸다.

큐라소 섬의 윌렘스테드에 있는 프랭크 쿠리엘 야구장은 고대 그리스와 별로 비슷해 보이지 않는다. 움푹 팬 알루미늄 외야석과 홈 플레이트 뒤쪽으로 판잣집 같은 매점이 보였고, 내가 구경하러 간 날에는 콜라를 마시며 서 있는 학부모도 몇몇 있었다. 아이들은 워밍업을 하거나 공을 던지고 받는 연습을 하며 경기를 준비하고 있었고, 장난치며 노는 애들도 있었다. 어느 동네에서나 흔히 볼 수 있는 야구장 풍경이었다. 아니 약간 더 낡고 약간 더 북적거리는 야구장이었다.

그러나 그런 겉모습은 위장일 뿐이다. 좀 더 자세히 관찰하기 시작하자 우글거리는 원초적 암시들이 보였다. 첫 번째 신호는 180센티미터가 훌쩍 넘는 키에 깨끗한 꽃무늬 셔츠를 입고, 듀워스 스카치위스키 브랜드—옮긴이와 레드불이 가득 담긴 빨간 컵을 든 남자였다. 예순여덟 살인 그는 큐라소에 리틀리그를 설립한 장본인이었다. 운동장 및 조명 시설 관리, 경기 일정 편성, 매점 운영, 트로피 보관 등을 도맡아 하는 이 작은 왕국의 선량한 지배자, 프랭크 쿠리엘이다. 그는 열대의 돈 콜레오네 마리오 푸조의 소설 『대부』의 주인공—옮긴이였다. 심지어 쉰 목소리로 속삭이는 말투까지 비슷했다. 쿠리엘 코치는 야구장을 구경시켜주면서 45년 전 큐라소에 처음으로 리틀리그를 만들게 된 사연을 요약해서 들려주었다. 그는 푸에르토리코에서 위대한 클레멘테가 경기하는 모습을 보고 리그를 만들기로 결심했다. 매사추세츠 스프링필드 칼리지에 들어가서 체육교육을 전공했고, 큐라소의 스포츠 및 레크리에이션 에이전시에 일자리를 구했다. 그는 야구 할 아이들을 모집하려고 윌렘스테드 주변 동네를 열심히 돌아다녔다.

"그 아이들을 데리고 야구를 시작했습니다. 그러고 나서 그 아이들의 아이들이 야구를 했고요. 이제는 그 아이들의 아이들이 야구를 합니다. 나는 걔들을 다 알죠."

헌신적인 코치를 묘사할 때 흔히 '운동장에서 산다'는 표현을 사용하는데 쿠리엘 코치에게는 그 말이 비유가 아니다. 그는 홈 플레이트 바로 뒤에 강철 토대를 깔고 얼기설기 지은 판잣집에 산다. 가로 3미터, 세로 4미터 크기에 양철 지붕을 얹었다. 쇠사슬로 연결해놓은 울타리 덕분에, 파울볼이 수프 그릇 안에 빠지는 불상사를 가까스로 면한다. 방 안에는 각종 트로피, 명판, 운동 장비, 사진 등이 어지럽게 가득 차 있어 몇 안 되는 가구 중 하나인 침대와 텔레비전의 영역까지 침범할 지경이다.

쿠리엘 코치는 갈퀴로 운동장을 청소하거나 조명을 수리하거나 콜라를 파는 틈틈이, 항상 아이들에게서 눈을 떼지 않고 노련하게 통제한다. 그는 섬의 야구 역사상 가장 빛나는 순간을 포착한 사진들을 포치 _{본체 앞에 튀어나와 있는 지붕 딸린 현관 ― 옮긴이}에 붙여서 '명예의 전당'을 꾸며놓았다. 때로는 밤에 포치 앞에 텔레비전을 내놓고 아이들과 함께 메이저리그 경기를 보기도 한다. 앤드루 존스의 홈런 장면을 녹화한 지지직거리는 비디오테이프도 자주 보여준다.

쿠리엘 코치는 위엄 있는 시선으로 자신의 왕국을 둘러본다. "야구를 하려면 세 가지가 필요합니다." 그는 성호를 긋듯이 가슴 언저리를 만지면서 말한다. "가슴, 머리, 배짱이죠. 두 가지만 있어도 야구를 할 수는 있지만 절대로 위대해지지는 못합니다. 위대해지려면 세 가지가 다 있어야 해요."

우리는 운동장 주변을 걸었다. 쿠리엘 코치는 3루 근처에서 걸음을 멈추고 땅볼을 처리하고 있는 소년의 동작을 교정해주었다. 그는 현지어인 파피아멘토어로 침을 튀기며 말한다. 마치 레게 음반을 뒤로 빠르게 돌릴 때 나는 소리 같다. 쿠리엘 코치는 소년에게 공 앞으로 움직이라고 말하고 있었다. "이렇게 해야지." 그는 듀워스 컵을 내려놓고 가상의 공을 국자로 푸는 시늉을 하며 베이스 쪽으로 던지는 시범을 보였

큐라소 섬의 위대한 실험

큐라소의 리틀 야구단이 보여주는 것은 '신화'가 아니다. 오랫동안 반복되어온 집단적인 재능의 법칙이 재현되었을 뿐이다.

다. "이렇게 하라고. 알았니?" 소년은 잘 보고 고개를 끄덕인 다음 그대로 한다.

포수 뒤쪽의 시멘트 테이블에는 작은 헤드셋을 낀 남자 둘이 앉아 이야기를 나누고 있다. 그들은 손수 만든 장비를 사용해 매주 라디오 중계를 한다. 그 옆에는 빨간 야구 모자를 쓴 남자가 서 있다. 그의 이름은 페르민 코로넬Fermin Coronel, 세인트루이스 카디널스의 스카우트 담당자다. 섬에는 코로넬 말고도 메이저리그 스카우트 담당자 몇이 더 살고 있다. 그리고 무심해 보이는 겉모습과 달리 야구 전술과 역사에 대해 놀라운 내공을 갖춘 학부모들이 여기저기에 앉아 있다. "쟤 좀 보세요. 체인지업 속구를 던지는 듯 보이지만 실제로는 훨씬 느린 공 — 옮긴이 이 훌륭해요." 한 선수의 어머니인 50대 여성이 한 말이다. 또 다른 남자는 열한 살짜리 아들이 개인적으로 훈련하는 방식을 귀띔해준다. 그의 아들은 일주일에 세 번 조깅을 하고 아령을 사용해 근력을 기른다고 한다. "자이어 저젠스가 했던 것과 똑같은 방법이죠." 그가 말한 저젠스는 애틀랜타 브레이브스에서 좋은 평가를 받고 있는 2년차 투수다. 그런데 자세히 보니 마침 저젠스의 아버지도 포수 옆에 서 있다.

그리고 아이들이 있다. 느슨한 계급제도의 맨 꼭대기를 차지하고 있는 10대 후반 아이들은 주니어리그 볼로 게임을 하고 코치를 보조한다. 이 아이들 중 상당수는 윌리엄스포트에 가본 적이 있고, 낡은 LLWS 모자를 명예 훈장처럼 늘 쓰고 다닌다. 그다음에는 LLWS를 접한 지 얼마 안 된 수많은 아이들이 있는데, 애들의 주요 관심사는 제트기 여행과 플라즈마 텔레비전, 메이저리그 스타를 만나는 것, ESPN에

출연하는 것 등이다. 그리고 올해 올스타 팀에 끼려고 열심히 노력하는 아이들이 있다(가장 진지한 부류다). 마지막으로 새끼 고양이처럼 잽싸고 눈치 빠르게 꾀를 부리기도 하고, 열심히 훈련에 참여하기도 하는 너덧 살짜리들이 몇 있다.

프랭크 쿠리엘 야구장은 운동장이라기보다 창문에 가깝다. 아이들은 이 창문을 통해 단계별로 명확히 구분된 천국의 영역을 볼 수 있다. 중세 시대 그림에 흔히 묘사된 광경처럼 말이다. 먼저 리그 전체 선수들 중에서 올스타 팀이 추려진다(일단 여기 끼고 봐야 한다). 그다음에는 화려한 유명세가 기다리고 있는 윌리엄스포트가 있다(여기도 끼고 봐야 한다). 그리고 나면 마침내 스카우트 담당자와 계약을 하고 메이저리그로 가는 것이다. 프랭크 쿠리엘 야구장에서 훈련하는 아이들에게 이런 과정은 피상적인 꿈이나 겉만 번지르르한 홍보 포스터가 아니다. 실질적으로 오를 수 있는 선택의 사닥다리다. 그것은 지지직거리는 라디오 중계방송, 수많은 트로피, 스카우트 담당자의 고급 선글라스 등이 암시하는 뚜렷한 가능성이다(야구장에서 조금 떨어진 어느 집 앞에 근사한 SUV 차량이 서 있는 것을 보았다. 누가 사는 집일까? 앤드루 존스의 엄마가 사는 집이었다!). 야구장에 서 있는 여섯 살짜리 소년은 동기의 측면에서 보자면, 시스티나 대성당 안에 있는 것과 같다. 천국의 증거가 바로 여기에 있다. 그저 눈을 크게 뜨기만 하면 그것이 보인다.

큐라소에 머물던 어느 날 밤, 나는 필버트 르웰린Philbert Llewellyn을 태우고 윌렘스테드 주변에서 운전을 하는 중이었다. 큐라소 리틀리그와 관련된 사람들이 대개 그렇듯이, 르웰린도 직업이 여러 개였다. 코치이자 라디오 방송 해설자인 그는 경찰서의 부서장이기도 했다. 저녁 8시 무렵, 르웰린의 휴대전화가 울렸다. 당연히 경찰서에서 온 전화일 거라고 생각했다. 하지만 전화를 건 사람은 그가 가르치는 아이들이었다. 두 아이는 애매한 야구 규칙을 놓고 옥신각신하다가 내기를 걸었는데, 누가 이겼는지 확인하는 데 르웰린이 필요했던 것이다. 그는 단박에 판결을 내려주었다(2루 주자가 플라이 타구를 이용해 3루로 가더라도, 타자의 희생은 인정되지 않는다. 득점이 되었을 때만 희생 플라이가 인정된다). 그는 전화를 끊고 미안하다는 듯 미소를 지어 보였다. "이런 일이 잦아요."

나도 리틀리그 코치 일을 시작한 지 어언 10년이 넘었다. 그래서 훈련 일정이나 유니폼 번호, 피자 파티에 대해 알고 싶어 하는 아이들의 전화를 받은 적이 있다. 아내에게 반해서 어떻게 한 번 말을 걸어볼까 싶어 전화하는 선수들도 가끔 있었다. 그러나 헷갈리는 희생 플라이 규칙 때문에 논쟁하는 선수들의 전화는 아직까지 받은 적이 없다.

"얘들은 야구 생각만 해요." 르웰린은 경찰답게 어깨를 으쓱하며 말했다. "머릿속에서 항상 야구 생각이 맴돌아요."

아까 제기했던 질문으로 다시 돌아가보자. 왜 큐라소는 재능의 용광로가 될 수 있었고, 아루바는 될 수 없었을까? 유전자·문화·동기 부여의 불꽃이 동일한데도, 왜 아루바는 점화되지 못했는가? 이미 지적한 요소들 외에, 아마 두 섬에 점화의 불꽃을 지핀 선수들의 운도 관련이 있을 것이다. 앞날이 창창했던 아루바의 투수 시드니 폰슨은 알코올중독자가 되었다. 그는 체중이 불어났고 여러 팀을 전전하는 신세가 되었으며, 2004년 크리스마스에는 폭행 혐의로 체포되어 27시간 분노 제어 프로그램에 참여하라는 명령을 받았다. 반면 앤드루 존스는 다섯 번 올스타 멤버로 선정되었고, 골드 글러브 중견수로는 열 번 선정되었다.

그러나 가장 중요한 이유는 큐라소에 앤드루 존스가 지핀 점화의 불꽃을 계속 밝게 유지할 수 있는 요소들이 있었다는 점일 것이다. 존스의 성공이 전달한 메시지가 신뢰할 만한 원초적 암시들로 변환되고 증폭되었기 때문에, 큐라소가 인재를 배출할 수 있었다. 프랭크 쿠리엘 야구장은 겉보기엔 그냥 낡아빠진 야구장이다. 하지만 실제로는 강력한 신호와 이미지를 꾸준히 전송하는 50만 와트짜리 안테나다. 안테나를 통과한 메시지는 짜릿한 속삭임이 되어 아이들의 귓가를 간질인다. "얘, 너도 할 수 있어"라고.

어떤 말이 능력을 점화시킬까

지금까지 우리는 점화 스위치의 본질에 대해 두 가지를 배웠다. 첫째, 이 스위치는 켜지거나 켜지지 않거나 둘 중 하나다. 둘째, 특정한 신호나 원초적 암시로 스위치를 켤 수 있다. 그렇다면 이제 우리가 가장 많이 사용하는 신호인 '말'이 점화 스위치를 켜는 원리를 자세히 알아보기로 하자.

동기의 심리학에 정통한 사람들이 흔히 그렇듯이, 스킵 엥블롬도 평범한 인물은 아니다. 캘리포니아 산타모니카의 서핑 용품점 주인인 그는 덩치가 크고 동작이 느리며 자유로운 사람이다. 기억할지 모르겠지만, 그는 스케이트보드 팀 Z보이스가 탄생하는 데 큰 역할을 한 사람이다. 웅얼거리며 말하는 스타일과 쾌활한 성격이 인상적이다.

두 가지만 제외하고 그는 오랜 세월 동안 변한 것이 없다. 첫째, 한때 텁수룩했던 머리털은 이제 부처처럼 반짝거리는 대머리로 바뀌었다. 둘째, 그는 되는대로 시작했던 Z보이스가 1975년 그 유명한 델마르Del Mar 스케이트보드 대회에서 우승할 만큼 발전하기까지 자신이 한 역할에 대해 새로운 깨달음을 얻었다. 화면을 보며 그가 생생하게 설명해주는 이야기를 듣고 있자니 그가 얻은 깨달음이 마음 깊이 전해지는 듯했다. 이야기의 시간적 배경은 1970년대 초, 어설퍼 보이는 아이 몇이 학교가 끝난 후 엥블롬의 가게에 와서 어슬렁거리기 시작한다.

"처음에는 쟤들을 보고 아무 말도 하지 않았어요. 물건을 훔치거나 이상한 짓을 하지 않는지 감시할 생각이었는데, 괜찮은 애들이라는 걸 알고 나서는 그냥 내버려두었어요. 다른 사람들 같으면 얼른 쫓아냈죠. 하지만 괜찮은 애들이었어요. 나는 아버지 없이 자랐기 때문에 그런 애들을 잘 알아요. 쟤들을 보면 왠지 내가 떠오르는 거예요. 뭔 말인지 알아요?" 엥블롬은 대화 도중에 특유의 웅얼거리는 말투로 "뭔 말인지 알아요?"라고 자주 물었다. "그렇게 우리는 같이 어울리기 시작했어요. 많이는 아니었지만 해변에 가서 서핑도 하고, 먹을 것을 주기도 했죠. 알고 보니 쟤들은 끝내주게 훌륭한 서퍼였어요. 그중 몇몇은 특히 훌륭했죠. 그래서 우린 대회에 나가기로 했어요."

"대회가 열리는 토요일이군요. 저 녀석은, 뭔가 될 놈이었어요. 뭔 말이지 알아요? 정말이지 대단한 물건이었죠. 프로나 뭐 그런 쪽으로 나갈 놈이었어요. 이때 나는 코치나 마찬가지인 입장이라서, 우리 팀에서 제일 작은 녀석인 제이 애덤스를 내보내기로 결정했어요. 예선에서 아까 그 물건이랑 맞붙게 됐죠. 제이는 열세 살이었어요. 나는 제이가 할 수 있다고 생각했어요. 하지만 제이는 그렇게 생각하지 않았죠. 걔는 꿈에도 생각지 못했어요. 이제 나갈 준비를 하며 서 있군요. 사람들이 모여들고 있어요. 제이와 그 대단한 녀석이 맞붙게 된 걸 알고는 엄청 흥분하는군요. '와, 말도 안 돼'라고 말하는 사람들도 있어요. 바로 저때 내가 그 녀석한테로 갔죠. 제이가 들을 수 있도록 말했어요. '걱정마, 친구. 자넨 어차피 안 돼'라고요."

"이제 제이가 나가서 그 녀석을 뭉개버려요. 뭔가 될 놈이었던 녀석을 제이가 이긴 거라고요. 저 순간에 모든 것이 변했어요. 다른 애들도 이 장면을 봤고 환호했죠. 그때부터 우리는 잘하기 시작했어요. 애들이 뭔가 느낀 거예요. 애들은 그 느낌을 바다에서 살렸고, 스케이트보드를 시작하고 나서는 길거리에서 살려냈어요. 그거 알아요? 그 아이디어도 제이가 낸 거예요. 스케이트보드 팀을 만들자고 그 애가 그랬어요."

"스케이트보드를 시작하고 나서는 완전히 체계적으로 했어요. 하루에 두 시간씩, 일주일에 나흘간 연습했죠. 당장 만족할 순 없었어요. 결국 문제는 훈련이죠. 계속 반복하는 거예요. 그래서 말은 별로 안 했어요. 그냥 부드럽게 '잘했다, 이 녀석'이라고 하거나 '멋진데'라고만 했죠. 때로는 좀 끌어올리려고 미끼를 던지기도 했어요. 왜 있잖아요, '지난주에 누가 그 트릭에 성공했다더라' 하는 식이죠. 그러면 애들은 자기도 해내려고 미친 듯이 연습하는 거예요. 뭔 말인지 알아요? 애들은 성공한 사람들 틈에 끼고 싶어 했어요."

"우리가 델마르 대회에 나타났을 때, 사람들은 그게 뭐 대단히 놀랄 일인 것처럼 호들갑을 떨었어요. 하지만 우리 애들은 어떻게 될지 정확히 알고 있었죠. 왜냐하면 자기가 얼마나 잘하는지 확실히 알았고, 훈련을 충분히 했으니까요. 실제로 알기 때문에 그랬던 거예요. 내가 할 수 있다고 말해줘서가 아니에요. 그래도 애들이 거기에 도달할 수 있도록 도와주긴 했죠. 그건 분명해요."

엥블롬은 잠시 말을 끊고 깊이 생각하더니 새겨들을 이야기를 들려준다.

"중요한 건 이거예요. 애들이 좀 더 예민하게 느낄 수 있도록, 어릴 때 격려를 많이 해줘야 돼요. 애들에게 무슨 말을 할 때는 제대로 알고서 말해야 돼요. 특히 시작하는 아이에게 말할 때는 무진장 신중해야 하죠. 뭔 말인지 알아요? 실력 향상이란 건 사실 자신감 향상이에요. 애들은 먼저 자신감이 있어야 해요. 그래야 실력이 생겨요. 그리고 일단 불이 켜지면 꽤 오랫동안 밝게 유지되죠."

어떤 면에서 보면 엥블롬이 한 일이 별로 없다. 그와 아이들의 의사소통은 웅얼거리는 몇 마디 말로 이루어졌다. 그런 말들은 중요한 순간에 구체적인 도전 과제를 제시하기도 하고("걱정 마, 친구. 자넨 어차피 안 돼", "지난주에 누가 그 트릭에 성공했다더라"), 아이들의 노력을 격려하기도 했다("잘했다, 이 녀석", "멋진데"). 엥블롬의 지도와 구체적인 '말' 신호가 없었다면 Z보이스는 성공하기는커녕 탄생할 수도 없었을 것이다. 무심코 던진 몇 마디 말은 사소해 보였지만, 아이들의 동기와 노력 수준을 새로운 차원으로 끌어올리는 데 도움이 되었다.

캐럴 드웩 Carol Dweck 박사의 이론에 따르면, 엥블롬이 말로 주었던 암시는 아무리 작은 것일지라도 제대로 된 신호였다. 드웩 박사는 스탠퍼드 대학교의 사회심리학자로, 지난 30년 동안 '동기'를 연구해왔다. 동물의 동기에서 시작한 그녀는 좀 더 복잡한 유기체인 초등학생과 고등학생으로 영역을 넓히면서, 이 분야에 인상적일 만큼 다양한 길을 개척했다. 그녀의 연구 중에서 동기와 언어의 관계에 대한 부분은 특히 놀랍다. 드웩 박사는 이렇게 말한다. "독자적인 상태에서 우리는 꽤 정적인 체계에 따라 사고합니다. 그러나 명확한 암시, 다시 말해 불꽃을 지피는 메시지를 받으면 '피융' 하고 반응을 보이죠."

이러한 과정은 드웩 박사가 뉴욕의 5학년생 400명을 대상으로 실시한 실험에서 명확히 드러난다. 이 실험은 「공주와 완두콩」 우화의 과학 버전이라 할 만하다. 실험의 목표는 칭찬 한마디 같은 작은 신호가 노력과 실력 향상에 얼마큼 영향을 미칠 수 있는지, 그리고 어떤 종류의 신호가 가장 효과적인지를 알아보는 것이었다.

먼저 드웩 박사는 모든 아이에게 상당히 쉬운 문제로 구성된 시험지를 나눠주었다. 그리고 아이들이 문제를 다 푼 후에, 점수와 함께 칭찬 한마디를 덧붙여서 돌려주었다. 절반은 지능에 대한 칭찬을 받았고("똑똑한걸"), 나머지 절반은 노력에 대한 칭찬을 받았다("애썼구나").

아이들은 두 번째 시험을 치렀다. 이번에는 어려운 시험과 쉬운 시험 중에서 고를 수 있는 선택권을 주었다. 노력에 대한 칭찬을 받은 아이들은 90퍼센트가 어려운 시험을 선택했다. 반면 지능에 대한 칭찬을 받은 아이들은 대부분이 쉬운 시험을 선택했다. 왜 그랬을까? 드웩 박사는 이렇게 기록했다. "아이들의 지능을 칭찬하는 것은 지능이 문제의 핵심이라고 말하는 것과 같다. 똑똑해 보이는 게 중요하니까 실수를 하는 위험을 무릅쓰지 말라는 메시지를 보내는 셈이다."

세 번째 시험은 똑같이 다 어려웠다. 잘 본 아이가 하나도 없었다. 그런데 노력에 대한 칭찬을 받은 아이들과 지능에 대한 칭찬을 받은 아이들의 반응은 완전히 달랐다. 드웩 박사는 이렇게 말한다.

"노력에 대한 칭찬을 받은 아이들은 답을 찾으려고 애쓰고 전략을 실험하면서 깊이 파고들었습니다. 나중에는 그 과정이 좋았다고 말하더군요. 그러나 지능에 대한 칭찬을 받은 아이들은 어려운 시험을 싫어했습니다. 시험이 어렵다는 것을 자신이 똑똑하지 않다는 증거로 받아들였으니까요."

그러고 나서 다시 처음 시험과 똑같은 난이도의 시험을 치르게 했다. 노력에 대한 칭찬을 받은 아이들은 처음 점수보다 30퍼센트 향상되었지만, 지능에 대한 칭찬을 받은 아이들의 점수는 20퍼센트 하락했다. 모든 것이 칭찬 한마디 때문이었다. 드웩 박사는 실험 결과를 보고 몹시 놀라서 다섯 번이나 실험을 반복했다. 그때마다 결과는 똑같았다.

드웩 박사가 말한다. "인간은 무엇이 가치 있는 것인지를 알려주는 메시지에 민감하게 반응하면서 자신을 맞추려고 합니다. 사람들은 끊임없이 주변을 둘러보면서 '이 상황에서 나는 누구지? 이 구조 안에서 나는 뭐지?' 하며 이해하려고 노력하는 것 같아요. 바로 그렇기 때문에 명확한 메시지를 받으면, 불꽃이 점화되는 겁니다."

드웩 박사의 연구와 일치하는 결과는 곳곳에서 발견할 수 있었다. 모든 용광로에서 선천적인 재능이나 지능보다 노력이나 점진적인 발전의 가치를 긍정하는 언어를 사용했다. 예를 들어, 스파르타크에서는 테니스를 '친다play'라고 말하지 않는다. 그들은 '보로시야borot'sya', 즉 '싸우다fight' 혹은 '끈질기게 노력하다struggle'라는 뜻의 동사를 더 선호했다. 한국 골프 선수들이 가장 많이 받는 가르침은 '연습만이 살길'이라는 것이다(나이키 식으로 말하자면 "just do it" 하라는 가르침이다). 큐라소에서 아홉 살이나 열 살 정도 된 아이들은 리틀 앤트 리그Little Ant League인 리가 브라밍가Liga Vraminga에서 야구를 한다. 그들의 표어는 '프로그레사progresa', 즉 '한 걸음씩 전진하라'는 것이다. 브라질 축구 선수들은 나이에 따라 우유병 레벨(5~6세), 기저귀 레벨(7~8세), 고무젖꼭지 레벨(9~10세)로 분류된다. 20세 이하 국가 대표 팀은 아스피란테스Aspirantes, 즉 '희망의 팀'이라고 불린다(에밀리오 미란다 박사는 웃으면서 말했다. "영국의 유소년 팀은 '예비군'이라고 불리죠. 뭘 예비한다는 거죠?").

모든 재능의 용광로에서 항상 칭찬만 했던 것은 아니다. 반드시 칭찬받을 일을 했을 때만 칭찬을 했다. 이것은 드웩 박사의 연구 결과와도 정확히 들어맞는 부분이다. 그녀는 칭찬을 많이 할수록 동기부여의 힘이 무조건 커지는 것이 아니라 오히려 줄어들 수도 있다는 점을 지적한다. "제 연구는 칭찬하는 말 한마디가 미칠 수 있는 영향을 보여주었을 뿐입니다. 그것은 명확한 암시에 대한 연구예요."

동기 부여의 언어라고 하면 흔히 더 높은 곳에 도달하도록 자극하는 그런 종류의 언어라고 생각한다. 꿈과 희망의 언어, "네가 최고야!"라는 식의 전체적으로 긍정하는 언어 말이다. 이러한 언어도 나름대로 역할을 하긴 한다. 그러나 드웩 박사의 연구와 재능의 용광로를 참조하면, 그런 식으로 동기를 유발하는 언어가 사람들을 점화시키지 못함을 분명히 확인할 수 있다. 오히려 그 반대다. 그런 언어는 사람들을 끌어올리는 것이 아니라 끌어내리는 결과를 낸다. 끈질긴 노력의 가치를 긍정하는 듯 보이지만 실제로는 초보적인 수준의 노력을 격려하기 때문이다. 드웩 박사의 연구는 "와, 애 많이 썼나 보구나" 또는 "잘했다, 이녀석" 같은 간단한 말이 텅 빈 칭찬보다 훨씬 더 동기 부여에 효과적임을 보여준다.

이러한 결론은 미엘린의 관점에서도 일맥상통한다. 노력을 칭찬하는 것은 생물학적 현실을 반영하기 때문에 효과적이다. 사실 스킬 회로를 설계한다는 건 쉬운 일이 아니다. 심층 연습은 철저하고 진지한 노력과 열정을 필요로 한다. 테니스를 시작하자마자 제대로 치는 play 사람은 없다. 끈질기게 노력하고 struggle 싸울수록 fight, 집중력이 좋아지고 서서히 발전한다. 우리는 비틀거리는 아기의 걸음마를 통해 배운다. 노력을 강조하는 언어는 학습 경험의 본질을 직접적으로 언급하기 때문에 효과적이다. 그리고 점화에 관한 한, 그보다 더 강력한 것은 없다.

엥블롬이 말한다. "내가 대학을 세웠더라면, 아마 꽤 성공했을 거예요. 뭔 말인지 알아요? 내가 가르치는 아이들의 80퍼센트 혹은 85퍼센트가 사업이나 운동으로 성공하거나 백만장자가 될 거라는 말입니다. 하버드도 못하는 일이죠."

◆

7장

디테일 하나하나가
전체를 바꾼다

교육은 들통을 채우는 것이 아니다.
불을 붙이는 것이다.

윌리엄 B. 예이츠

고물 자동차 같은 학교가 움직이다

큐라소, 러시아, 한국 등지에서 재능의 용광로는 벼락을 맞은 것처럼 점화되었다. 즉, 어떤 스타 한 사람이 마술 같은 승리를 거두면서 성공의 돌파구가 되었기 때문이다. 그것을 예견하거나 계획할 수 있었던 사람은 아무도 없었다. 그런데 벼락 말고 다른 형태로 점화되는 경우도 있다. 어쨌든 이 경우에도 동기와 재능의 꽃은 활짝 만발한다. 이런 종류의 점화는 일상생활에서 자주 일어나는데, 그것이 예기치 못한 장소에서 생생하게 일어난 사례를 발견하게 되었다. 바로 도심지의 공립학교다.

1993년 겨울, 마이크 파인버그 Mike Feinberg와 데이브 레빈 Dave Levin은 죽을 쑤고 있었다. 20대 초반에 룸메이트였던 두 사람은 휴스턴 공립학교의 2년차 교사들이었고, 둘 다 TFA Teach for America 회원이었다. TFA는 설립된 지 얼마 안 된 비영리단체로, 대학을 갓 졸업한 회원들이 2년 동안 저소득층 지역의 공립학교에서 자원 봉사하는 프로그램을 운영했다. 파인버그와 레빈의 첫해는 험난했다(자동차 타이어가 터졌고 수업 시간은 어수선했다). 2년째는 좀 더 나빴다. 뭔가 개혁하려고 애썼지만 무능한 관료들, 도움 안 되는 학부모들, 제멋대로 구는 아이들, 완고한 규정 등 지금까지 발명된 것 중에서 가장 환상적인 좌절 기계(미국 공립학교 시스템)의 무딘 톱니바퀴들 때문에 도무지 어찌해볼 도리가 없었다. 레빈은 학교에 그만 나오라는 말을 들은 터였고, 더 깊이 파고들고 싶었던 파인버그는 법학대학원에 들어갈 생각을 하며 심사숙고하는 중이었다. 그래서 그들은 긴긴 겨울날을 지저분한 아파트에서 빈둥거리며 이 세상 모든 20대가 해온 유서 깊은 활동에 빠져 들었다. 투덜대며 맥주를 마시고, 종일 〈스타 트렉〉만 보았다는 얘기다. 나중에 파인버그는 당시의 정신 상태를 한마디로 이렇게 표현했다. "인생이 거지 같으니 죽어버린들 어떠냐는 식이었어요."

그 긴 겨울의 어느 날 밤, 실패한 X세대 두 사람에게 갑자기 별난 아이디어가 떠올랐다. 지금 생각해도 요상한 일이었다(그즈음 들었던 강연에서 영감을 얻었을지도 모르고, 어쩌면 맥주의 영향일지도 모른다). 그들은 제도와 싸우기를 그만두고, 자기들만의 학교를 세우기로 결심했다. 두 사람은 커피포트에 물을 올리고 U2의 음반을 반복해 들으면서 새벽 5시까지 교육 헌장을 만들었다. 헌장에는 그들이 세울 학교의 주요 방침, 즉 수업 시간 연장, 실력 있는 교사 채용, 학부모의 협조, 행정적 지원 등 네 가지가 명시되었다. 카페인이 효험을 보이기 시작했음이 분명하다. 두 사람은 이 프로젝트에 커크 선장〈스타 트렉〉에 나오는 우주선 엔터프라이즈호의 선장 —옮긴이이 꿈꾸었을 법한 웅대한 이름을 붙였기 때문이다. 그 이름도 거창한 '아는 게 힘 프로그램KIPP : Knowledge Is Power Program'은 이렇게 탄생했다.

KIPP처럼 미숙하고 모호한 아이디어는 등장하더라도 금세 증발해 버리기 일쑤다. 그러나 때마침 텍사스 주정부가 기본적인 기준을 충족하는 대안학교에 자금을 지원하는 법안을 통과시켰다. 그로부터 몇 달이 지난 후, 예전 같으면 생각조차 할 수 없었을 상황이 벌어졌다. 신출내기 교사 둘과 그들이 커피를 엎질러가며 만든 교육 헌장이 드디어 일을 내고 말았다. 교육위원회는 파인버그와 레빈에게 학교 하나를 지어줄 정도로 미치지는 않았지만, 그 대신 가르시아 초등학교 구석에 붙은 교실 하나를 내주었다. 이곳에서 그들은 이상주의자의 여행을 계속하기 위한 다음 단계로 나아갈 수 있었다. 그들을 기다리고 있는 것은 다름 아닌 시행착오였다.

대안학교들은 대부분 발도르프, 몬테소리, 피아제 같은 건전한 교육 이론을 토대로 삼았다. 하지만 시간이 부족했던 파인버그와 레빈은 부치 캐시디영화 〈내일을 향해 쏴라〉에 나오는 은행 강도 —옮긴이의 원칙을 따랐다. 다시 말해, 필요한 것을 훔치기로 했다는 뜻이다. 파인버그와 레빈은 그들이 속한 학군에서 유능한 교사를 찾아내 데려오고 수업 계획, 교수법, 운영 방침, 시간표, 학칙 등 훗날 사람들이 '혁신적'이라고 칭송하게 될 모든 것을 닥치는 대로 훔쳤다. 그러나 당시에는 혁신을 염두에 두기는 커녕 정전된 틈을 타 가게를 터는 도둑처럼 뻔뻔했을 뿐이다. 파인버그 가 말한다. "아직 정착되지 않은 좋은 아이디어란 아이디어는 죄다 가져왔어요. 주방의 싱크대 말고는 전부 다 가져왔죠. 하지만 곧 다시 들어가 싱크대마저도 가져왔어요."

파인버그와 레빈은 그러한 훔친 잡동사니를 가지고 고물 차를 조립했다. 이 고물 차는 '꾸준한 노력(수업 시간 연장, 교복 착용, 엄격한 상벌 제도)'이라는 케케묵은 엔진이 '혁신 기법(랩을 활용한 구구단 암기, 집에서도 질문할 수 있도록 교사의 전화번호 공개 등)'이라는 외장에 들어가 있는 형태였다. 파인버그와 레빈은 로스앤젤레스의 유명한 교사인 레이프 에스퀴스Rafe Esquith로부터 슬쩍한 슬로건 "공부는 열심히, 행동은 바르게Work Hard, Be Nice"를 벽에 써 붙였다. 그리고 먼 곳에 있는 목표를 향해 고물 차의 운전대를 틀었다. 그들의 목표는 무슨 수를 써서라도 아이들을 대학에 보내는 것이었다.

파인버그가 말한다. "처음부터 우리는 대학이 유일한 해결책이라는 점을 분명히 밝혔어요. 도심지의 공립학교 시스템을 접해보면 현실이 얼마나 엉망진창인지, 또 태어난 지역이 어떻게 성공과 실패의 가능성을 결정하는지를 깨닫게 됩니다. 대학은 세상으로 나가는 문입니다."

그해 봄과 여름에 파인버그와 레빈은 실험에 참가할 아이들을 모집하기 시작했다. 인근 지역에서 집중적으로 캠페인을 벌인 결과, 마침내 쉰 명을 구할 수 있었다. 학부모 대부분은 파인버그와 레빈처럼 현재 시스템에 좌절한 상태였다. 빌붙어 있는 작은 교실에서 KIPP의 첫 수업이 시작되었을 때, 대학은 가당치도 않아 보였다. 학생들의 실력은 평균에 한참 못 미쳤고, 이전 해에 영어 및 수학 학력평가시험에 합격한 아이들은 전체의 53퍼센트에 불과했다. 교실은 비좁았다. 교실을 빌려준 가르시아 초등학교는 줄기차게 못마땅한 기색을 드러냈다. 연장된 수업 시간은 모두에게 부담스러웠다(현장에 따르면 정규 수업은 아침 7시 30분부터 오후 5시까지이고, 격주 목요일마다 보충수업을 하게 되어 있다).

그런데 이상한 일이 일어났다. 손가락으로 살짝 건드리기만 해도 폭삭 무너질 것 같던 고물 차가 그해 가을 어느 순간부터 콜록콜록, 탁탁 소리를 내며 움직이기 시작했다. 파인버그와 레빈은 예상했을지 모르지만 다른 사람들은 모두 깜짝 놀랐다. KIPP의 학생들은 성실하게 슬로건을 실천했다. 그들은 행동을 바르게 했고 열심히 공부했다. 그냥 열심히 한 것이 아니라 무진장 열심히 했다. 첫해 연말에는 전체 학생 중 90퍼센트가 학력평가시험에 합격했다.

용기를 얻은 파인버그와 레빈은 계속 정진했다. 처음 몇 해 동안은 유목민처럼 가르쳤다. 파인버그는 휴스턴에 머물렀지만 레빈은 브롱크스로 이사했다. 그들은 수업할 공간을 얻으려고 동분서주했고, 트레일러에서 가르쳤으며, 사용하지 않는 방을 얻어 교실로 쓰기도 했다. 그들은 해마다 더 좋은 아이디어를 더 많이 훔쳤고, 실패한 아이디어는 가차 없이 버렸다. 그리고 해가 갈수록 KIPP의 성적은 쑥쑥 올라갔다. 1999년 학력평가시험 결과, 휴스턴과 브롱크스의 KIPP 학교는 두 지역의 다른 공립학교들보다 우수한 성적을 기록했다. 그러나 고물 차는 아직 시원한 속도를 내지 못하고, 천천히 운동장을 도는 중이었다.

소문은 빨랐다. KIPP 이야기가 〈60분 60 Minutes〉에 보도된 후, 의류 브랜드 갭의 설립자인 도널드 피셔와 도리스 피셔가 KIPP에 1500만 달러를 기부했다. 이어서 젊은 교사 수십 명, 아니 수백 명이 독자적으로 KIPP 학교를 세우기 시작했다(이들 중 상당수는 TFA 회원이다. TFA 프로그램은 매년 새로운 교사 2900명을 파견하고 있으며, 2008년에는 10퍼센트를 조지타운·예일·하버드 졸업생으로 영입할 정도로 큰 성공을 거두었다). 2008년에는 로스앤젤레스에서 뉴욕까지 KIPP 학교가 66군데 새로 생겼고, 학생 1만 6000명이 등록했다.

현재 각 도시의 KIPP 학교는 매우 우수한 학생을 배출하고 있으며, 가장 결정적인 성과는 KIPP 학생의 80퍼센트가 대학에 간다는 점이다. 파인버그와 레빈은 지금도 휴스턴과 브롱크스에서 5학년 아이들을 가르치고 있다. 게다가 두 지역의 KIPP 학교를 감독하며 KIPP 전국 이사회 일도 보고 있다. 하버드 대학교 산하 공립학교개선협의회 회원인 제이슨 스나입스는 두 사람의 성공을 앤드루 존스의 용어로 요약해서 표현했다. "KIPP는 대단한 홈런을 쳤어요."

KIPP 이야기를 어쩌다 병 안에 번개를 담는 데 성공한 심성 고운 낙오자들의 독특한 사례로 볼 수도 있을 것이다. 그게 다라면, 이 이야기에 관심을 가질 이유가 더는 없다. 그러나 다른 측면에서 보면 이것은 순수한 점화의 예다. 월드 시리즈 홈런 같은 신기한 성공의 돌파구 없이, 독자적으로 재능의 용광로를 만들어낸 기술과 과학의 생생한 예다. 그렇기 때문에 우리는 이 고물 차가 도대체 어떻게 움직인 것인지 살펴보기 위해, 후드를 열고 그 안을 들여다볼 필요가 있다.

캘리포니아의 특이한 개학식

대부분의 학교에서 새로운 학년의 첫날은 마라톤의 초반부나 격렬한 전쟁 초기의 사소한 접전에 비유되곤 한다. 하지만 캘리포니아 산호세의 KIPP 학교인 하트우드 아카데미 Heartwood Academy에서는 개학식 날이 마치 브로드웨이 공연의 개막일 같다. 대본, 타이밍, 교사들이 연기할 플롯라인, 초조한 관중, 커튼이 올라가기 전의 10분, 쇼를 앞둔 무대 뒤의 혼잡함까지 똑같다. 학생들이 마당에 모여드는 동안, 교실 안에서는 한바탕 야단법석이 벌어진다.

"좋아요, 여러분. 절도 있게 재빨리 나가는 겁니다." 세바 알리 Sehba Ali 교장이 교사 열다섯 명에게 말한다. "먼저 박수로 아이들을 환영한 다음, 대학 이야기를 하고 교사를 소개할 거예요. 마지막에는 '바른 행동' 이야기로 마무리하고요. 모두 알아들었죠?"

152센티미터의 아담한 키에 서른두 살인 세바 알리 교장은 부드러우면서도 확고한 권위를 풍긴다. 마치 오드리 헵번과 에르빈 롬멜 제2차 세계대전 중에 활약했던 독일의 육군 원수 옮긴이을 섞어놓은 것 같다. 알리 교장은 똑같은 말을 반복할 필요가 없다. 오늘의 행사 및 활동은 모두 대본에 기록되어 있기 때문이다. 교사들은 이미 며칠 전부터 대본을 자세히 검토했다. 이를테면 아이들을 똑바로 줄 세우기 위해 꼬박 한 시간 동안 정확한 발의 배치와 신체 간격을 거듭 확인했다. 알리 교장의 말에 따르면, 지금쯤은 오늘 행사의 리허설 및 연습이 완벽하게 끝난 상태다.

마당에는 이른 아침의 햇살 속에 KIPP 신입생 140명과 가족들이 서 있다. 아이들은 신경이 곤두선 듯하고, 부모들은 아이를 안심시키려고 안아주며 미소를 짓고 있지만 역시 초조함이 엿보인다. 대부분 히스패닉이고 동양인과 흑인도 약간 섞여 있다. 이들은 산호세 지역에 밀집된 임대료가 싼 목조 단층집이나 정부에서 보조하는 아파트에 사는 사람들이다. KIPP 학교 대부분이 그렇듯이, 하트우드 아카데미도 2004년 알리 교장이 집집마다 돌아다니며 캠페인을 벌인 덕분에 소규모로 겨우 시작할 수 있었다. 알리 교장은 부모들에게 공립학교에 대한 생각과 대안학교에 관심이 있는지를 물었다(인근 지역에서 알리 교장은 '질문이 많은 여자'로 알려져 있었다). 첫해에는 5학년생 75명이 모였다. 그 후 150명이 추가되었고 두 학년이 더 생겼으며, 현재는 대기자 명단까지 있다.

이 모든 사실이 지금 마당에 감도는 짜릿한 흥분의 분위기를 설명해 준다. 돌이킬 수 없는 출발의 느낌이 공기에 가득 퍼져 있다. 아이들은 마치 신세계로 떠나는 커다란 배에 승선한 것 같다. KIPP 하트우드 학생 대부분은 근처에 있는 학교를 다니다가 옮겨 왔지만, 전부 다 그런 것은 아니다. 캘리포니아 프리몬트에 살고 있는 라사 나라야난은 한 시간 동안 차를 운전해서 아들을 데려왔다. 인터넷 컨설팅 회사에서 제법 괜찮은 보수를 받고 있는 그녀는 프리몬트 지역의 공립학교도 탄탄하다고 말했다. 하지만 그녀는 아들 아지트를 100퍼센트 확실하게 대학에 보내고 싶었기 때문에 KIPP에 왔다.

나라야난이 말한다. "여기서 어떤 식으로 가르치는지 얘기를 많이 들었어요. 우리 아이한테도 그런 교육을 시키고 싶어요."

아침 8시 정각이 되자, 알리 교장과 교사들이 마당으로 걸어 나온다. 알리 교장이 먼저 박수를 다섯 번 치고, 다른 교사들도 따라서 박수를 친다. 아이들은 침묵을 지키고 있다. 부모들은 본능적으로 아이에게서 멀어진다.

"안녕하세요." 알리 교장이 큰 소리로 말한다.

아이들은 웅얼거린다.

"안녕하세요." 알리 교장이 다시 말한다.

"안녕하세요." 몇몇 아이가 인사를 한다.

알리 교장은 고개를 갸웃거리더니 실망한 표정을 짓는다. 그리고 다시 기대를 품고 말한다. "안녕하세요."

롤리타 잭슨Lolita Jackson 선생이 앞장서서 시범을 보인다.

"안녕하세요, 알리 교장 선생님."

그제야 아이들은 이해한다. 알리 교장이 다시 재촉하자, 아이들은 일제히 말한다. "안녕하세요, 알리 교장 선생님."

알리 교장은 환영 인사를 한 다음, 각 학년이 소속될 새 반의 이름을 알려준다. 5학년은 2015반, 6학년은 2014반에 들어간다. 숫자는 아이들이 대학을 졸업하게 될 연도를 나타낸다. 이제 알리 교장은 KIPP 셔츠로 갈아입고 돌아온 아이들에게 줄을 맞춰 서라고 지시한다. 아이들은 마당에 페인트칠 한 선을 따라 정확하게 줄을 맞춘다. 시선은 앞을 향하고 손은 아래로, 간격은 자로 잰 듯 일정하다.

"KIPP에서는 바로 이렇게 줄을 서는 겁니다." 알리 교장이 말하면 보조 교사가 에스파냐어로 통역한다. "모두 이해했나요?"

"네, 알리 교장 선생님." 아이들은 에스파냐어 통역을 듣자마자 한 목소리로 대답한다.

아이들이 자기 이름을 소개하면, 3공 노트가 주어지고 박자가 딱딱 맞는 칭찬 박수를 받는다. 배낭과 물병과 코트는 부모들이 가져간다. 아이들에게 필요한 것은 아무것도 없다. KIPP 교사들이 줄 사이로 왔다 갔다 하며 3공 노트가 왼손에 반듯하게 쥐어져 있는지, 두 발이 나란히 놓이고 손은 쫙 펴져 있는지, 셔츠를 바지 속에 잘 집어넣었는지 등을 확인한다. 교사들은 미소를 지으라고 말하지만 아무도 웃지 않는다. 알리 교장은 줄 사이로 걷다가 한 소년 앞에 멈춘다. 그리고 노트가 쥐어진 각도를 20도 정도 틀어 교정해준다.

이것이 KIPP의 문화다. 걷는 법, 말하는 법, 앉는 법, 시선을 처리하는 법 등이 다 정해져 있다. 아이들은 10센티미터 혹은 30센티미터 거리에서 말할 때 목소리와 학급 전체 앞에서 말할 때 목소리를 따로 익혀야 하고, 책상에 앉을 때에는 시선을 앞으로 향하고 손에 아무것도 쥐지 말고 똑바로 앉아야 한다. 선생님이나 친구가 말할 때에는 어깨를 마주한 채 고개를 들고 시선을 맞춘 다음 '주목'해야 한다. 심지어 화장실에서 볼일 보는 방법까지도 정해져 있다. KIPP 교사들은 학교 주위에 일부러 쓰레기를 버린 다음 누가 줍는지 살펴본다. 그리고 다른 학생들 앞에서 그 아이를 칭찬한다.

파인버그가 말한다. "디테일 하나하나가 다 중요합니다. 모든 행동이 주위에 있는 다른 것들과 연결되어 있어요."

신입생은 줄 서기를 배운 후 교실로 간다. 교실에서도 미리 표시된 선을 따라 줄을 맞춰 바닥에 앉는다. 책상은 없다. 왜냐하면 학생들이 아직 책상을 받을 만한 일을 안 했기 때문이다. 아이들은 노트를 펴고 수학 문제가 있는 쪽을 편다. 지금은 KIPP의 아침 행사인 '침묵 학습' 시간이다. 성당에서처럼 쥐 죽은 듯한 침묵 속에서 30분을 보낸다(처음에는 몇 명이 속닥대거나 낄낄거리지만 곧바로 완전한 고요가 자리 잡는다). 침묵의 시간이 끝난 후, 알리 교장이 교실 앞으로 걸어 나가 다시 한 번 환영 인사를 한다.

"지금 나를 주목하고 있는 여러분과 우리 모두는 한 팀이자 가족입니다. 우리의 목표는 한 사람도 빠짐없이 대학에 가는 것입니다."

알리 교장은 잠시 멈추고, 자기가 내뱉은 말이 교실 전체에 가라앉을 때까지 기다린다. 그러고는 다시 천천히 "대학에 가는 것"이란 말을 반복한다. 마치 목사가 "천국에 가는 것"이라고 말하는 태도와 흡사하다. "우리가 어디에 갈 거라고요?" 그녀가 묻는다.

"대학요." 자신 없는 대답이 돌아온다.

알리 교장은 안 들린다는 듯이 손을 말아 귀에 댄다.

"대학요!" 아이들이 크게 외친다.

알리 교장은 행복한 미소를 지어 보였다가, 이내 다시 진지해진다.

"솔직히 말하겠어요. 여러분이 할 수 없다고 생각하는 사람들이 많습니다. 왜냐하면 여러분 집에 돈이 없으니까요. 여러분이 남미 사람 혹은 베트남 사람이니까요. 그러나 KIPP는 여러분을 믿습니다. 여러분이 열심히 공부하고 행동을 바르게 하면 대학에 갈 수 있고, 성공한 인생을 살게 될 거예요. 여러분은 특별한 사람이 될 겁니다. 왜냐하면 여기서는 모든 사람이 굉장히 열심히 노력할 뿐 아니라 그 대가로 총명해질 수 있기 때문입니다."

"여러분은 실수를 할 겁니다. 망치기도 할 거예요. 아마 우리도 그럴 거예요. 하지만 여러분은 모두 바른 행동을 하게 될 겁니다. 왜냐하면 KIPP에서는 그냥 주어지는 게 하나도 없으니까요. 무엇이든지 노력해서 얻어야 해요. 무엇이든지요."

"지금 여러분은 바닥에 앉아 있어요. 불편한가요? 책상이 있으면 좋겠어요? 그렇다면 노력해서 책상을 얻어야 해요. 여러분이 잘 주목하면, 박수를 잘 치면, KIPP 학생답게 행동하면 책상을 가질 수 있어요."

알리 교장의 짙은 갈색 눈은 시선을 맞출 사람을 찾는 듯 방을 수색한다. 학생들은 긴장하고 흥분한 기색이 역력하지만, 철저히 집중한 표정으로 그녀를 바라본다. 나 같은 외부인에게 이런 훈련은 좀 지나쳐 보인다. 그럼에도 결과는 숨길 수 없다. 아이들이 반응을 보이고 참여하고 있다.

알리 교장이 계속해서 말한다. "우리는 여러분을 지켜보고 있습니다. 여기서는 무엇이든지 노력해서 얻어야 합니다. 알겠어요?"

아이들이 고개를 끄덕인다.

"내가 알겠느냐고 물으면 '네, 알겠습니다, 알리 교장 선생님'이라고 대답해요." 알리 교장이 말한다.

알리 교장은 방 안을 둘러본다. 그녀의 눈은 기대감으로 반짝반짝

빛난다. 그리고 다시 시도한다. "알겠어요?"

140명의 목소리가 말한다. "네, 알겠습니다, 알리 교장 선생님."

KIPP 학생들이 개학식에서 받은 원초적 암시를 분류한다면 아마 세 가지로 나눌 수 있을 것이다.

1. 나는 이 집단에 속한다.
2. 이 집단은 이상하고 위험하며 새로운 세계에 속해 있다.
3. 이 새로운 세계는 산처럼 생겼는데 그 꼭대기에는 대학이 있다.

이 세 가지 신호는 조금 특이해 보일지도 모른다. 하지만 실제로는 브라질의 어린 축구 선수나 러시아의 테니스 선수가 받은 원초적 암시와 동일하다. 대학이란 단어를 호나우지뉴나 쿠르니코바 같은 단어로 대체한다면 말이다. 자연 발생적인 동경의 인물이 없는 KIPP에서는 차선책을 택한다. KIPP는 자기들만의 상파울루, 즉 새로운 동기와 행동의 패턴을 창조할 수 있을 만큼 한결같고 설득력 있는 풍부한 신호들로 가득 찬 세계를 만들어낸다. 다시 말해 그것은 타이밍·연속성·플롯에 대한 스티븐 스필버그와 같은 고집이다. 큐라소의 프랭크 쿠리엘 야구장처럼 KIPP의 물리적인 환경도 신호를 방출한다. 복제된 톰 소여 같은 KIPP의 교사들이 신속하고 명확하게 신호를 발사한다. 파인버그가 즐겨 말하듯이, "모든 것이 모든 것"이다. 무슨 뜬구름 잡는 소리냐고 할지 모르지만, 그가 정말로 말하고 싶은 것은 KIPP의 응집성에 대한 고집이다.

바닥에 표시된 선, 교사의 시선, 노트를 쥐는 각도 등 끊임없이 소속 감과 정체성에 대한 신호를 보내는 KIPP 고유의 방식에 그런 고집이 드러나 있다. 'KIPP에서 배우는 우리는 킵스터_{KIPPster : 주류 문화나 조직 생활을 거부하고 대안적인 방식을 추구하는 사람을 뜻하는 말인 힙스터와 운을 맞춘 말— 옮긴이}'라는 한마디 속에 KIPP의 소속감과 정체성이 집약되어 있다. KIPP에서는 "제자리에, 준비, 출발!"이라고 말하는 대신, "제자리에, 준비, 킵프!"라고 말한다. 학생들끼리는 서로 '팀메이트'라고 부른다. KIPP 교사들은 농담 반 진담 반으로 이 모든 과정을 '킵노시스_{KIPP-nosis : 최면을 뜻하는 hypnosis와 운을 맞춘 말—옮긴이}'라고 부른다.

사회 과목을 가르치는 마이클 만_{Michael Mann} 선생이 말한다. "처음 구경하러 왔을 때가 기억나요. 그때는 정말 극단적이라고 생각했죠. 우스꽝스러워 보였어요. 노트를 어떻게 쥐든 무슨 상관이란 말이에요? 하지만 디테일을 강조하는 것이 실제로 학업 성적을 향상시키는 데 결정적인 역할을 합니다. 규칙은 학생들이 꼼꼼함과 정확성을 연습하는 수단이니까요. 이런 걸 경험해본 적이 있는 아이들은 많지 않죠."

KIPP 학교에서 풍기는 단정하고 질서 정연한 분위기는 훈련 중심적 접근법의 효능을 강조해준다. 이러한 접근법을 뒷받침하는 연구도 있다. 2005년 심리학자인 마틴 셀리그만_{Martin Seligman}과 앤절라 더크워스_{Angela Duckworth}는 8학년생 164명을 대상으로 IQ 등 몇 가지 매개변수를 조사했고, 더불어 자율 행동을 측정하기 위한 다섯 가지 테스트를 실시했다. 결과적으로 학생들의 성적을 예측하는 데는 IQ보다 자율 행동 측정법이 두 배 더 정확한 것으로 드러났다. 학교 성적은 이른바 선천적인 자질보다 행동 패턴에 더 많이 좌우되는 것으로 보인다.

파인버그가 말한다. "지금까지 아이들은 오랫동안 특정한 방식으로 행동해왔습니다. 문화는 믿을 수 없을 만큼 강한 힘입니다. 아이들의 행동에 영향을 미치려면 자기 자신을 보는 방식을 바꾸게 하는 수밖에 없습니다. 제삼자에게는 좀 심해 보일지 모르지만, 반드시 필요한 일입니다."

KIPP가 바른 행동을 가르치는 방법 중에 '학교 멈추기'라는 것이 있다. 비유적인 표현이 아니다. 누군가 중요한 규칙을 위반하면 실제로 모든 수업이 중단된다. 그리고 교사와 학생들이 회의를 열어 방금 무슨 일이 일어났는지, 그리고 어떻게 해결할 것인지를 토론한다. 내가 방문하기 몇 주 전만 해도 학교가 멈춘 적이 있다고 한다. 6학년생 하나가 어떤 여학생을 코끼리라고 부르면서 놀렸기 때문이다. 그 이전에는 한 학생이 교사를 보고 눈알을 굴렸기 때문에 학교가 멈추었다. 상식적으로 생각할 때, 한 학생이 급우를 코끼리라고 부르며 놀렸다고 해서 혹은 교사를 보고 눈알을 굴렸다고 해서 학교를 멈춘다는 것은 엄청난 시간 낭비다(내가 가르치는 곳에서 그랬다가는 영원히 학교 문을 닫아야 할지도 모른다). 그러나 확실히 효과가 있다. 거대한 링크 트레이너인 KIPP는 바른 행동을 심층 연습하기 위한 환경이다. 눈알 한번 굴렸다고 학교를 멈추는 것은 비효율적인 일이 아니다. 오히려 집단의 우선순위를 강조하고, 잘못을 찾아내 교정하고, KIPP에서 중요시하는 행동 회로를 설계하기 위한 가장 능률적인 방법이다. 놀랄 일도 아니지만, 도요타는 조립 라인에 똑같은 아이디어를 적용하여 엄청난 성공을 거두었다. 적어도 심층 연습의 관점에서는 이 방법이 효과적이다.

KIPP에서 앤드루 존스의 홈런에 버금가는 가장 중요한 신호는 당연히 대학이다. 혹은 KIPP에서 늘 하는 식으로 말하자면 "대학!"이다. 대학이 환히 빛나는 천국까지는 아닐지 몰라도, 적어도 그것은 KIPP의 아이들이 하루에도 수백 번씩 마음속에 떠올리는 '성령'이다. 모든 교실에는 교사가 나온 학교 이름이 붙어 있다. 아이들은 '버클리'에서 수학을 배우고, 'USC'에서 사회를 배우고, 특수 아동은 '코넬 대학원'에서 공부를 한다.

KIPP 학교의 교사들은 어떤 대화를 하든지 간에 슬며시 대학 이야기를 끼워 넣는 비상한 재주가 있다. 그들은 모든 학생이 언제든 황금빛 해변으로 갈 수 있다는 전제하에 말을 한다. 사회 수업을 참관할 때 일어난 일이다. 한 학생이 숙제에 이름을 쓰지 않고 제출했다. 교사는 즉시 수업을 중단했다. 사회 교사는 물었다. "대학 교수가 얼마나 많은 과제물을 받는지 아니? 그중에서 네 과제물이 어느 것인지 알아내려고 시간을 낭비할 교수가 있을 것 같으니? 잘 생각해봐라." 영어 교사 레슬리 아이즐러는 이렇게 말했다. "아마 우리는 다른 학교 사람들이 '음' 소리를 내는 횟수만큼 '대학'을 입에 올릴 겁니다."

이런 눈부신 생각을 현실로 만들기 위해서, KIPP 학생들은 입학하자마자 대학을 견학하러 다니기 시작한다. KIPP 하트우드의 5학년생은 USC · UCLA · 스탠퍼드 같은 캘리포니아 소재 대학교를 구경하러 간다. 7학년생은 동부로 날아가서 예일 · 컬럼비아 · 브라운 대학교의 캠퍼스를 거닐어본다. 때로는 그곳에서 KIPP를 졸업한 선배를 만나

이야기를 듣기도 한다.

알리 교장이 말한다. "지금 당장은 대학이라는 게 모호한 개념일 뿐이에요. 그러다가 5학년 말쯤 견학을 다녀오면, 자기들끼리 대학 이야기를 하는 소리가 들려요. '음, 나는 버클리가 좋더라. 하지만 캘 폴리Cal Poly : 캘리포니아 주립 공과 대학교가 나한테 더 맞는 것 같아.' 이런 이야기를 할 때쯤이면 뭔가 제대로 맞아떨어지고 있는 거죠."

파인버그가 말한다. "KIPP에 처음 올 때 아이들의 인생은 지도 위의 점 한 개나 마찬가지예요. 점 한 개로는 아무것도 할 수가 없죠. 그런데 그 점을 다른 점, 어딘가에 있는 대학과 연결하면 선이 생겨요. 아이들이 그런 여행을 하고 돌아오면 태도가 싹 바뀌죠."

롤리타 잭슨의 수학 시간에는 점화가 매우 현실적으로 이루어진다. 50대 중반인 잭슨 선생은 몸집이 작은 여성인데, 커다란 귀걸이를 달랑거리면서 쾌활한 열정과 엄격함을 동시에 발산한다. 인근 지역의 공립학교에서 20년간 일했던 그녀는 점점 한계와 좌절감을 느꼈다고 한다. 그러던 어느 날 KIPP 하트우드 소식을 접했고, 망설임 없이 하트우드 아카데미에 합류했다. 그러고 얼마 안 있어 유능한 교사로 인정받기 시작했을 뿐 아니라 학생주임이 되었다.

알리 교장은 그녀의 능력이 마법처럼 신기하다면서 한마디로 말한다. "잭슨 선생님은 아무도 하지 않는 일들을 해요." 예를 들어, 매년 오리엔테이션 주간이 끝나면 첫 수업에 들어간 잭슨 선생은 불을 끄고 학생들에게 눈을 감으라고 말한다. 그리고 〈스타워즈〉 사운드트랙을 CD 플레이어에 넣은 다음 볼륨을 한껏 높인다. 위풍당당한 음악이 흘러나오면, 잭슨 선생은 마치 카운트다운에 들어간 우주선 선장처럼 교실을 성큼성큼 돌아다닌다.

"벨트를 맸나, 제군들?" 그녀가 묻는다. "준비됐나? 벨트를 단단히 조이길 바란다. 길이 험할 테니까. 고단하고 힘든 여행이 되겠지만 우리는 노력할 거고, 재미있는 수학도 배울 테니까 멋진 여행이 될 거다."

아이들은 가만히 앉아 있다. 음악이 아이들 머릿속에 울려 퍼진다.

잭슨 선생은 반복한다. "행복한 인생과 고생스러운 인생의 차이를 알고 싶은가? 원하는 바를 이룰 수 있는 지식과 힘을 소유한 인생과 소유하지 못한 인생의 차이를 알고 싶은가? 안전벨트를 꽉 매길 바란다. 지금부터 여행을 시작할 테니까."

스파르타크와 메도마운트처럼, KIPP 하트우드 역시 심층 연습의 요새다. 롤리타 잭슨을 비롯한 KIPP의 교사들은 뇌가 근육이라는 점을 학생들에게 끊임없이 상기시킨다. 즉, 머리를 많이 쓸수록 더 총명해진다는 사실을 반복해서 전달한다. 따라서 할 일이 너무나 많다. 매일 저녁 두 시간 숙제는 기본이다. 풀어야 할 연습 문제지는 수백 장이다. 하루는 강도 높은 침묵 학습의 연속이다. 파인버그는 이렇게 말한다. "다른 학교에서는 부드러운 방법이 효과가 있을지도 모릅니다. 하지만 우리에겐 말 그대로 낭비할 시간이 없습니다. 우리 아이들은 뒤처진 채 시작했습니다. 우리는 아이들이 가속도를 얻어 앞서가도록 만들어줘야 합니다. 풋볼 경기로 치면 4쿼터 같은 거죠. 우리는 터치다운을 당했어요. 지금 당장 공격을 시작해서 점수를 내야 합니다."

그러나 정말 놀라운 것은 KIPP 학생들이 얼마나 열심히 노력하느냐가 아니다. 그들이 그토록 빠르고 철저하게 KIPP의 정체성을 습득한다는 것이 훨씬 더 놀랍다.

KIPP 하트우드에 처음 갔을 때는 물론이고, 두 번째 갔을 때에도 아이들은 내게 다가와 말을 걸었다. 도와줄 일이 없느냐고 물었고, 무엇보다도 내가 어느 대학을 나왔는지 알고 싶어 했다. 그들과의 대화는 어딘지 모르게 정해진 각본처럼 느껴졌다. 지나치게 힘이 들어간 악수, 열정적으로 동의하는 끄덕거림, 극단적으로 예절 바른 태도 등이 그런 느낌을 주었다. 분명 다소 어색한 모습이었지만, 새로운 페르소나를 얻으려고 성실히 노력하고 있는 사람의 진실한 마음이 느껴졌다.

"저는 여기가 정말 좋아요." 머리를 짧게 깎은 6학년생 대니얼 마가나가 말했다. "특별한 대우를 받는 사람은 아무도 없어요. 예전에 다니던 학교에서는 제가 점점 엉망이 되는데도 그냥 내버려 두었어요. 열 문제 중에서 다섯 문제밖에 못 맞혀도 아무도 신경을 안 썼죠. 여기서는 열 문제를 다 맞힐 수 있어요."

아버지가 공사장 인부인 대니얼은 가족 중 최초로 대학에 가는 사람이 될 것이다. 어느 학교에 갈지는 아직 정하지 못했다. 캘리포니아에 있는 학교가 유력하다. 학비가 훨씬 저렴할 뿐 아니라 레이저 수술과 문예창작을 이중전공할 수 있는 큰 학교에 가고 싶기 때문이다. 그래서 대니얼은 버클리를 생각하고 있다. "하지만 달라질 수도 있죠." 그는 신중하게 말했다. "두고 봐야죠."

대니얼에게 KIPP에 오기 전에는 어땠냐고 물었더니 그는 진지하게 타일 바닥을 내려다보았다. 마치 고대 유적지를 들여다보고 있는 것 같았다. "달랐어요." 그가 마침내 입을 열었다. "학교를 좋아하지 않았던 것 같아요. 지루했어요. 예전에 다니던 학교에서는 머리를 25퍼센트밖에 사용하지 않았어요. 여기서는 100퍼센트 다 사용하죠."

그는 고대 유적지에 오래 관심을 두지 않았다. 곧 새로운 주제로 옮겨 가 우리 집 아이들의 나이를 물어보고 적당한 책을 추천해주었다. 내가 하고 있는 여행에 대해 묻기도 했다. 그러고 나서 시계를 보더니, 덕분에 즐거웠지만 아쉽게도 영어 수업에 들어가 봐야 한다면서 악수를 청했다. 그가 자리를 뜬 후, 혼자 남은 내 머릿속에는 한 가지 질문이 떠올랐다. 이 아이는 도대체 누구일까? 얼마큼이 원래 대니얼이고, 또 얼마큼이 KIPP에서의 경험에 따른 결과일까?

대니얼 마가나가 KIPP에 오지 않았더라도 야심만만하고 사려 깊고 공부 잘하는 아이가 되었을지 어떨지는 알 수 없다. 어쩌면 똑같이 그렇게 되었을지도 모른다. 혹은 KIPP를 졸업하고 나면 다시 옛날에 하던 대로 돌아갈지도 모른다. 그러나 나는 수많은 학생들 틈으로 사라지는 그 아이를 보면서 우리가 직관적으로 생각하는 성격의 개념이 KIPP 때문에 달라지고 있음을 깨달았다. 우리는 대개 좋은 성격은 뿌리가 깊어서 잘 바뀌지 않고 바깥으로 흘러나갈 뿐이며, 행동을 통해 드러나는 선천적인 특징이라고 생각한다. KIPP는 다르게 생각한다. 즉, 좋은 성격이란 바깥에서 안으로 흘러 들어오는 자질이며, 동기와 연습이 합쳐져 만들어진다고 생각한다.

이런 면에서 볼 때, KIPP의 체계는 확실히 미엘린의 원리를 바탕으로 한다. KIPP 학생들이 스스로 대학생이 된 모습을 상상할 때마다 엄청난 에너지가 투입된다. KIPP 학생들이 까다로운 규칙에 복종하려고 자신을 단련할 때마다 회로에 신호가 발사되고 절연되며 강화된다(자극의 통제 역시 다른 것들과 마찬가지로 회로의 형태를 띤다). 잘못된 행동을 교정하려고 학교 전체가 멈출 때마다 클라리사가 정지와 시작을 반복하며 〈골든 웨딩〉을 연습할 때처럼 스킬이 습득된다. 대니얼 마가나가 예의 바르고 자제할 줄 아는 아이가 된 것은 당연한 일이다. 그러한 자질을 심층 연습하도록 점화되었기 때문이다.

알리 교장은 말한다. "우리가 하는 일은 스위치를 켜는 것과 같아요. 굉장히 의도적인 일이죠. 무작위적인 게 아니에요. 우연은 개입되지 않아요. 디테일 하나하나를 정확히 목적에 맞추려면 우리가 하는 모든 일에 확신을 갖고 밀어붙여야 해요. 그러다 보면 뭔가 맞아떨어집니다. 학생 자신도 깨닫게 되죠. 그리고 일단 발동이 걸리면 다른 아이들도 깨닫게 됩니다. 아주 빠르게 전염되죠."

PART 3

MASTER COACHING
마스터 코칭의 힘

8장

◆

누가 위대한 사람들을 탄생시키나

"나는 재능 있는 사람들을 찾아 돌아다닌 적이 없어요."

로버트 랜스도르프(테니스 코치)

은행 강도들의 마스터 코치

20세기 초 미국의 은행 강도는 실력이 신통치 못했다. 텍사스의 뉴턴 형제 같은 갱단은 단순하고 늘 똑같은 계획대로 했다. 다시 말해, 훔칠 은행을 고르고 밤이 이슥해질 때까지 기다린 다음 다이너마이트와 니트로글리세린으로 금고문을 열었다(이 방법은 다루기에 까다롭다는 단점 외에도 재수 없으면 돈에 불이 붙을 수 있는 부작용이 있었다). 한동안은 이런 단순한 방법이 잘 먹혔다. 그런데 1920년대 초가 되자 은행들이 알람 시스템 및 콘크리트로 보강한 폭발 방지 금고를 도입하면서 강도들을 따돌

은행 강도에게도 탤런트 코드의 법칙은 적용된다

탤런트 코드의 장점은 모든 영역에서 동일한 작동 원리를 발견할 수 있다는 점이다. 은행 강도와 풋볼 선수가 각자의 영역에서 특별한 존재가 되는 방법은 유사하다. 특별한 지식, 타고난 적성이라는 것은 알리바이일 뿐이다.

리기 시작했다. 뉴턴 형제 같은 갱단은 곤란해졌다. 은행들은 새로운 안전 및 보안의 시대가 개막했다고 생각했다.

그러나 그런 시대는 열리지 않았다. 은행 강도의 실력이 향상되었기 때문이다. 새로운 강도들은 낮에 일을 벌였고, 때로는 경찰조차 감탄할 정도의 프로 정신을 발휘하여 철저한 시간 계획에 따라 작업했다. 마치 은행 강도가 갑자기 재능이 뛰어난 종으로 진화한 것 같았다. 1922년 12월 19일, 덴버 시내에서 그들의 능력이 마침내 입증되었다. 한 갱단이 정확히 90초 만에 연방 조폐청에서 20만 달러를 빼 갔다. 당시 은행 강도의 수준으로 볼 때 상당히 짭짤한 성과였다.

이러한 진화의 계기를 찾으려면 덴버 갱단의 리더, 허먼 램Herman Lamm '남작'의 이야기를 하지 않을 수 없다. 램은 현대 은행 강도 기술의 창시자이자 스승이었다. 1880년 무렵 독일에서 태어난 램은 프러시아 군대의 장교가 된다. 전해지는 바에 따르면, 그는 카드 게임을 하다가 속임수를 썼다는 이유로 군대에서 쫓겨난 뒤 미국으로 이주하여 사람들의 지갑을 쓱싹하거나 때로는 은행을 털어서 강도 인생에서 어느 정도 성공하게 되었다고 한다. 1917년 램은 유타의 한 감옥에서 2년째 복역하던 중 새로운 은행 강도 시스템을 고안했다. 아무 기술이 없던 이 분야에 군대의 원리를 적용한 것이다. 그는 은행 강도에게 중요한 것은 총이나 배짱이 아니라는 독특한 깨달음을 얻었다. 중요한 것은 테크닉이었다.

모든 은행 강도 계획에는 몇 주일간의 예비 작업이 필요하다. 램은 은행을 답사해서 청사진처럼 세밀한 지도를 작성하고, 때로는 기자인 척하며 은행 내부의 운영 상태를 탐문하는 등 일명 '케이싱casing' 기법을 선구적으로 도입한 사람이다. 램은 모든 팀원에게 확실한 역할을 정해주었다. 즉, 멤버들은 각각 망을 보거나 로비를 지키거나 금고실에 들어가거나 차를 운전하는 등의 역할을 맡았다. 램은 은행 대신 창고에서 리허설을 하기도 했다. 그는 까다롭게 시간 엄수를 고집했다. 정해진 시간이 되면 돈을 꺼냈든 꺼내지 못했든 즉시 은행을 떠났다. 램은 정확한 시간을 측정하려고 다양한 날씨 조건에서 탈출 경로를 점검했고, 자동차 계기판에 100미터 단위까지 표시된 상세한 지도를 붙여놓았다.

'램 남작의 테크닉'이라고 부르는 이 시스템은 매우 효과적이었다. 1919년부터 1930년까지 램은 미국 전역의 은행을 휩쓸며 수십만 달러를 긁어모았다. 1930년에 너무나도 가능성이 희박한 일들이 연거푸 일어나는 바람에 램 자신도 전혀 예상치 못한 방식으로 최후를 맞았다. 그의 팀은 인디애나 클린턴의 한 은행을 털고 탈출하는 중이었는데 갑자기 탈주 차량의 타이어에 구멍이 났다. 램과 다른 세 사람은 재빨리 다른 자동차를 훔쳤는데, 공교롭게도 이 차에는 시속 56킬로미터 이상 속력을 내지 못하게 방지하는 장치가 탑재되어 있었다. 그들은 세 번째 탈주 차량을 마련했지만 이번에는 라디에이터에서 냉각수가 누출되었다. 네 번째로 훔친 차에는 연료가 거의 없었다. 짧은 추격전 끝에 팀원 둘이 항복했고, 치밀하기 짝이 없었던 램과 그의 운전기사는 경찰의 총에 맞아 죽었다. 그가 죽은 후에는 존 딜링어John Dillinger에게 테크닉이 전수되었다. 오늘날까지도 활용되는 램의 시스템은 개념적인 장점 때문에만 성공한 것이 아니다. 그보다는 램 자신이 난도 높은 과제를 원활하게 완수하려고 효과적으로 아이디어를 변환하여 전달했기 때문이다. 그는 체계적으로 정확하게 가르치는 혁신적인 스승이었다. 그는 정보를 제공하면서 행동을 유도했다. 한마디로 램 남작은 '마스터 코치'였다.

지금까지 우리는 스킬이 심층 연습을 통해 세포가 증식하는 과정이라고 설명했다. 그리고 그러한 세포 증식 과정에서, 점화가 무의식적인 에너지를 공급하는 방식에 대해 살펴보았다. 이제 그러한 에너지를 종합해서 다른 사람의 재능을 끄집어내는 데 비상한 재주를 가진, 보기 드문 사람들을 만나볼 차례다.

마스터 코치가 어떤 사람인지 알아보기 전에, 먼저 어떤 사람이 마스터 코치가 아닌지부터 알아보자. 사람들 대부분은 마스터 코치라고 하면 위대한 리더를 떠올린다. 확고부동한 비전과 실전에서 검증된 지혜가 있으며 사람들의 의욕을 자극하는 존재감이 있어서 성공으로 가는 길을 거침없이 안내할 거라고 생각한다. 마치 배의 선장이나 교회의 목사처럼, 보통 사람들이 모르는 특별한 무엇을 알고 있고 그런 특별한 지식을 사용해 다른 사람들에게 영감을 주는 능력이 있을 거라고 생각한다. 이런 관점에서 보면 풋볼 코치 빈스 롬바르디Vince Lombardi : 슈퍼볼이 처음 열린 1967년부터 2년 연속 우승을 차지한 그린 베이 패커스 팀의 감독으로, 풋볼 역사상 최고의 명장으로 일컬어짐. 1970년에 사망한 이후 슈퍼볼 우승 트로피에 그의 이름이 붙여졌다―옮긴이의 능력은 조지 패튼제2차 세계대전 당시 연합군을 승리로 이끈 미국의 사령관―옮긴이이나 엘리자베스 1세 여왕의 능력과 별반 다르지 않다. 그러나 실제로 재능의 용광로를 방문해보면, 롬바르디나 패튼 장군, 엘리자베스 여왕과 비슷한 스타일의 코치는 거의 보이지 않는다.

그 대신 내가 만난 교사와 코치들은 조용하고 기질적으로 수줍은 편이었다. 그리고 대개 나이가 많았다. 30년 혹은 40년 동안 꾸준히 가르치는 일을 해온 사람들이 대부분이었다. 그들은 똑같은 종류의 시선, 즉 깊고 안정되고 흔들림 없는 시선을 갖고 있었다. 자기 말을 하기보다는 남의 말을 더 많이 들어주었고, 격려하거나 고무하는 말에 알레르기 반응을 보였다. 그들이 대부분의 시간에 하는 일은 정확히 목적에 맞는, 작고 구체적인 신호를 보내는 것이었다. 그들은 자신이 가르치는 학생을 아주 예민하게 관찰하면서 각자의 성격에 딱 맞는 맞춤 메시지를 전달했다. 그런 사람들을 열댓 명 정도 만나고 나자, 그들 모두가 은밀히 연관되어 있는 것이 아닌가 하는 의심이 들기 시작했다. 그들은 하나같이 한스 젠슨Hans Jensen과 비슷한, 재능의 조련사들이었다.

한스 젠슨은 시카고에 사는 첼로 교사다. 앞부분에서 언급했던 애디론댁 산맥에 자리 잡은 클래식 인재들의 은둔지, 메도마운트 음악학교에서 그를 만났다. 이전에는 한스 젠슨이란 이름을 들어본 적이 없었다. 그러나 내로라하는 뛰어난 스승들이 가득한 메도마운트에서 그는 특별한 사람으로 인정받고 있었다. 내가 그곳에 간 첫날 만난 두 학생은 그에게 레슨을 받으려고 온 가족이 시카고로 이사했다고 말했다. 클리블랜드 음악학교Cleveland Institute of Music의 교사인 멜리사 크라우트는 그를 가리켜 한마디로 '지구상에 존재하는 가장 뛰어난 첼로 선생'이라고 설명했다.

직접 만나본 한스 젠슨은 팔다리가 길고 에너지가 끓어 넘치는 50대 남자였다. 그는 커다란 둥근 안경을 통해 스쿠버다이버처럼 골똘한 시선으로 세상을 바라보았다. 메도마운트의 연습실에서 그를 발견했을 때, 그 골똘한 시선은 열여덟 살짜리 남학생을 향해 있었다. 학생은 드보르자크의 협주곡을 연주하고 있었다. 내 귀에는 나무랄 데 없이 훌륭한 연주로 들렸다. 빠르고 깔끔하고 음정은 완벽했다. 하지만 젠슨 선생은 만족하지 않았다. 그는 몇 발짝 옆에 서서 팔을 흔들며 강한 덴마크 억양으로 말했다. 일종의 퇴마술을 행하는 것처럼 보였다.

"지금, 지금이야!" 그가 외쳤다. "지금이 아니면 안 돼. 워어어어, 이렇게, 터빈처럼 말이야. 지금 하라니까. 지금 당장!"

학생은 첼로 목의 위아래를 획획 오르내리며 격렬하게 연주했다. 젠슨 선생은 가까이 몸을 굽혔다. "네 눈에 다 쓰여 있어. '제기랄, 이걸 해내야 해?'라고 생각하고 있잖아. 그런 생각 하지 마. 그냥 해. 지금 당장!"

학생은 눈을 감았다.

"그래그래." 젠슨 선생이 외쳤다. "옳지, 그렇게."

곡이 끝나자, 학생은 머리가 띵한 듯이 의자 뒤로 기댔다. 마치 놀이 기구에서 방금 내린 사람 같았다.

"그거야." 젠슨 선생이 말했다. "이 곡을 연주할 땐 바로 그 느낌으로 가는 거야."

학생은 감사 인사를 하고 첼로를 케이스에 넣은 다음 연습실에서 나갔다. 다음 학생인 휘트니 델포스가 들어왔다. 휴스턴에서 온 스무 살 휘트니는 깃을 세운 분홍색 라코스테 셔츠를 입고 있다. 그녀는 약간 일찍 온 덕분에, 조금 전 레슨의 마지막 부분을 지켜볼 수 있었다. 그리고 이제 자기 자리에 앉아 첼로 목을 잡는다. 약간 땀을 흘리고 있다.

젠슨 선생은 의자에 몸을 기대고 환하게 미소 지으며 학생의 긴장을 풀어주려고 노력한다. 그는 편안한 말투로 인사를 건넨다.

그녀도 얼마간 긴장이 풀린 듯 미소를 지어 보였다. 젠슨 선생은 연주를 시작하라고 말하고, 그녀가 바흐 협주곡 안으로 빠져 드는 동안 조용히 듣고 있었다. 연주는 불안했다. 음정 몇 개가 분명하지 않았고 빠른 악절에서는 리듬을 잃어버렸으며, 전체적으로 악기를 붙잡고 씨름하는 것 같았다. 연주를 하면서 선생을 흘끔거렸고 눈치를 봤다. 그가 조금 전에 했던 것처럼 팔을 흔들거나 소리를 지르길 기다리는 것 같았다. 그러나 젠슨 선생은 꼼짝도 하지 않았다. 30초 후 그는 부드럽게 학생의 활을 잡고 연주를 멈추게 했다. 그러고는 국가 기밀을 속삭이려는 듯 몸을 앞으로 굽혔다.

"가라앉혀야지sink." 그가 덴마크 억양을 물씬 풍기며 말했다.

"가라앉히다니요?" 그녀가 어리둥절한 표정으로 물었다.

젠슨 선생은 자기 대머리를 톡톡 두드렸다. 그제야 그녀는 이해했다. "생각하라고think." 그가 다시 말했다. "곡 전체를 생각하려무나. 생각을 하면 열 배는 더 좋아져. 활을 가지고 하는 연습은 다들 무진장 많이 하지. 넌 여기를 연습해야 돼." 그는 자기 머리를 가리켰다. "생각을 해라. 이건 비타민이야. 맛은 별로지만 너한테 좋은 거란다."

휘트니는 활을 내려놓고 눈을 감았다. 그리고 선생이 말한 대로 협주곡의 악절을 머릿속으로 상상했다. 그녀가 얼마 후 눈을 뜨자 젠슨 선생이 말했다. "마지막 악절을 상상하면서 비브라토를 사용했지, 그렇지?"

그녀의 입이 딱 벌어졌다. "어떻게 아셨어요?"

젠슨 선생은 미소를 지었다. "가끔 내가 사람들을 당황하게 만들곤 하지." 그가 말했다. "나한테 초능력이 있다고 믿는 사람들도 있다니까."

한스 젠슨의 음악 경력은 화려하다. 줄리아드 음대의 유명한 교수인 레너드 로즈와 채닝 로빈스에게서 배웠고, 코펜하겐 교향악단과 협연하기도 했으며, 국제 예술 경연 대회에서 우승한 적도 있다. 첼로에 대한 깊은 조예는 둘째가라면 서러울 정도다. 그러나 여기서 일어나는 일은 젠슨 선생의 경력이나 자격과 아무런 상관이 없다. 그것은 그의 '초능력', 다시 말해 학생들에게 필요한 것을 감지하고 그 필요를 채우기 위해 적절한 신호를 보낼 수 있는 능력과 관련이 있다.

젠슨 선생은 두 학생이 연습실로 들어오기 전까지 그들에 대해 아무것도 몰랐다. 알 필요도 없었다. 검사·진단·처방, 이 모두가 몇 초 만에 이루어졌다. 앞의 남학생에게는 감정이 필요했기 때문에, 구령을 외치며 치어리더로 돌변했다. 휘트니에게는 학습 전략이 필요했다. 그래서 젠슨 선생은 도를 가르치는 선사처럼 행동했다. 그는 어떻게 하라고 말하지 않고, 학생에게 필요한 것을 몸소 보여주었다. 몸짓과 어조와 리듬과 시선으로 목표를 전달했다. 신호들은 목적에 딱 맞았고 구체적이었으며 조금도 어긋남 없이 정확했다.

젠슨 선생의 레슨이 끝난 후, 나는 두 학생을 어떻게 생각하느냐고 물었다. 어느 쪽이 더 재능이 있는지, 어느 쪽이 더 가능성이 큰지 물었다. 그는 고심하는 듯 보였는데, 그런 모습이 나를 놀라게 했다. 당연히 남학생 쪽이 훨씬 더 낫다고 생각했기 때문이다. 하지만 지구상에 존재하는 최고의 첼로 선생은 나처럼 생각하지 않았다. "그건 말하기 어렵죠." 젠슨 선생이 공정하게 말했다. "나는 가르칠 때 학생들에게 모든 것을 줍니다. 그 후에 무슨 일이 일어날지 누가 알 수 있겠어요?"

놀랄 만큼 균형적이고 신랄하리만치 낭만적인 구석이 없는 이런 태도를 보고, 나는 왠지 익숙한 기분이 들었다. 가만히 생각해보니, 재능의 조련사는 일리노이 농촌에 사는 친척들과 비슷한 점이 많았다. 그들은 투박하고 잘 놀라지 않으며 용의주도한 사람들이다. 그들은 씨앗이나 비료 이야기라면 시시콜콜 몇 시간 동안이라도 떠들어댄다. 그러나 더 큰 문제, 즉 내년의 수확을 예측하거나 그들이 사랑해 마지않는 세인트루이스 카디널스 팀의 플레이오프 성적에 대해 이야기할 때는 어깨를 으쓱하며 이렇게 말할 뿐이다. "누가 알겠어?"

마스터 코치는 대통령이 아니다. 망망대해에서 우리를 인도하는 선장이나 복음을 전파하는 목사와도 다르다. 그들의 성격은 농부에 더 가깝다. 한스 젠슨 같은 코치들은 신중하게 심사숙고하여 재능을 경작하는 사람들이다. 그들은 현실적이고 절제할 줄 안다. 그들의 지식 체계는 광대하고 심오하다. 그 넓고 깊은 지식을 꾸준히 점증적으로 스킬 회로를 증식하는 일에 사용한다. 궁극적으로 그 과정은 그들이 통제할 수 없는 것이다. 젠슨 선생은 내 질문에 대답할 수 없었다. 처음부터 말이 되지 않는 질문이었기 때문이다. 작은 씨앗 두 개를 보고 어느 것이 더 크게 자랄지 미리 안다는 게 가능하겠는가? 그저 이렇게 말할 수 있을 뿐이다. "아직 이르죠. 어쨌든 둘 다 자랄 겁니다."

우든 코치의 비밀 커리큘럼

1970년에 교육심리학자 론 갈리모어Ron Gallimore와 롤런드 타르프Roland Tharp에게 꿈같은 기회가 주어졌다. 호놀룰루의 저소득층 지구에 있는 한 학교에서 실험적인 읽기 교육 프로그램을 기획 및 운영할 수 있는 기회를 얻은 것이다. 하와이 교육재단의 자금 지원을 받아 5~9세(K-3등급) 학생 120명을 모집했고, 카메하메하 조기 교육 프로젝트KEEP: Kamehameha Early Education Project라는 이름을 붙였다. 1972년에 학교 문을 연 갈리모어와 타르프는 최첨단 아이디어를 적용했다. 대개 교사의 '업무' 시간을 연장하는 전략과 관련된 것들이었다. 갈리모어와 타르프는 혁신적이고 성실했으며 의지가 결연했다. 그러나 별로 성공적이지는 못했다. 처음 2년 동안 KEEP의 성과는 계속 저조했다. 갈리모어는 당시를 이렇게 회상했다. "1974년 여름 무렵부터 우리의 방법론에 진지하게 의문을 제기하기 시작했어요."

　그해 여름 갈리모어와 타르프는 UCLA에서 강의 몇 개를 맡았다. 그러는 와중에도 정체된 프로젝트에 대한 고민은 계속되었다. 어느 날 오후 집 뒷마당에서 농구를 하던 갈리모어에게 좋은 아이디어가 떠올랐다. 최고로 훌륭한 선생을 찾아내서 그를 주도면밀하게 관찰한 다음, 그 결과를 KEEP에 적용해보자는 것이었다. 두 사람은 반사적으로 똑같은 선생을 떠올렸다. 게다가 우연찮게도 그는 UCLA 캠퍼스에 있는 사람이었다. 하지만 그들은 주저했다. 이 특별한 선생은 너무나 탁월하고 신망이 두터운 사람이라서, 그런 대가에게 실험용 쥐가 되어달라고 부탁한다는 것은 자칫하면 결례가 되거나 도저히 있을 수 없는 일 같았다. 그러나 잃을 것이 없었던 갈리모어와 타르프는 되거나 말거나 편지를 써보기로 했다. 그들은 폴리 파빌리온에 있는 그 유명인의 연구실로 편지를 보냈다. 수신인은 농구 코치인 존 우든John Wooden이었다.

존 우든을 좋은 농구 코치라고 설명하는 것은 에이브러햄 링컨을 충실한 국회의원이라고 설명하는 것처럼 뭔가 부족하다. 웨스트우드의 마법사로 알려진 존 우든은 원래 인디애나 작은 마을의 영어 교사였다. 그는 워즈워스를 즐겨 인용했고 기독교적 가치를 바탕으로 한 규율·윤리·협동심을 실천하며 살아왔다. 그가 코치가 된 후로 UCLA 농구 팀은 10년 동안 전국 챔피언십에 아홉 번 출전했다. 최근 3년 동안은 여든여덟 경기 연속 불패 기록을 세웠다. 이에 ESPN은 존 우든을 스포츠계 전체를 통틀어 가장 훌륭한 코치로 선정했다. 갈리모어와 타르프도 잘 알고 있었지만, 우든 코치는 오지랖 넓은 두 학자에게 자신을 염탐하라고 허락할 이유가 전혀 없었다. 그래서 존 우든이 승낙하는 답변을 보내왔을 때, 그들은 그저 놀란 정도가 아니었다.

몇 주 후 기대감에 들뜬 갈리모어와 타르프는 시즌 연습 첫날 마법사의 코칭 장면을 지켜보려고 폴리 파빌리온 코트 옆에 자리를 잡았다. UCLA 팀의 오랜 팬이었던 그들은 기대하는 바가 있었다. 더구나 두 사람은 운동선수 출신이었기 때문에 오랜 세월에 걸쳐 검증된 좋은 코칭 방법이 무엇인지 잘 알고 있었다. 그들은 칠판을 사용한 강의, 용기를 북돋우기 위한 일장 연설, 게으름뱅이는 코트를 돌게 하고 모범생은 치켜세우는 상벌 시스템 등을 기대했다.

연습이 시작되었다. 우든 코치는 긴 말을 하지 않았다. 칠판을 사용해 강의하지도 않았다. 코트를 도는 벌을 주거나 칭찬을 하지도 않았다. 전체적으로 그는 여느 평범한 코치처럼 말하거나 행동하지 않았다.

갈리모어가 말했다. "우리는 코칭이 뭔지 안다고 생각했어요. 하지만 우리의 예상은 완전히 빗나갔죠. 완전히요. 코칭에 대해 떠올렸던 것들을 하나도 볼 수 없었어요."

우든 코치는 5분에서 15분간 집중적으로 훈련을 시키면서, 불을 뿜듯 빠르게 말을 쏟아냈다. 흥미로운 점은 그가 하는 말의 내용이었다. 나중에 갈리모어와 타르프가 쓴 논문 「존 우든 농구 코치에게서 배우는 가르치는 요령 Basketball's John Wooden : What a Coach Can Teach a Teacher」에는 이런 대목이 나온다. "우든 코치가 가르칠 때 하는 말은 딱딱 끊어지는 짧은 말이었으며, 횟수가 굉장히 많았다. 강의나 장황한 설교는 없었다. 20초보다 오래 말하는 법은 거의 없었다."

우든 코치가 좀 길게 말한다 싶을 때는 이런 식이다.

"공을 부드럽게 잡아. 가로채려는 게 아니라 패스를 받는 거잖아."

"던지기 전에 드리블 좀 해라."

"패스는 절도 있게 해야지. 딱딱 끊으라고. 좋아, 리처드. 바로 그거야."

"세게, 밀어붙이면서, 빨리 걸어."

갈리모어와 타르프는 혼란스러웠다. 그들은 농구 코트에서 산상수훈을 읊는 모세를 기대했다. 그런데 이 남자는 눈코 뜰 새 없이 바쁜 전화교환원처럼 보였다. 두 사람은 약간 맥이 빠지는 기분이었다. 이것이 위대한 코칭이란 말인가?

갈리모어와 타르프는 연습을 계속 참관했다. 몇 주가 가고 몇 달이 지나자 작은 깨달음의 불씨가 반짝거리기 시작했다. 미드 시즌 컨퍼런스에서 3위로 시작한 UCLA 팀이 점차 기량이 향상되더니만 전국 챔피언십에서 10승을 챙기는 과정을 지켜보았기 때문일 수도 있다. 그러나 그보다는 그들이 공책에 기록하면서 수집한 데이터 때문이었다. 갈리모어와 타르프는 독립적인 티칭 행동을 하나하나 분리했고, 총 2326개의 부호로 나타냈다. 그중 칭찬은 6.9퍼센트에 불과했다. 불만의 표현도 6.6퍼센트뿐이었다. 75퍼센트가 순수한 정보였다. 즉, 무엇을 어떻게 하라거나, 혹은 언제 행동의 강도를 높이라고 지시하는 내용이 주를 이뤘다.

존 우든이 자주 사용하는 티칭 형태 중 하나는 3단계로 구성되었다. 그는 먼저 어떤 행동을 제대로 하는 법을 시범적으로 보여주고, 잘못된 예를 보여준 다음, 다시 제대로 하는 법을 보여주었다. 갈리모어와 타르프는 이 순서를 M+, M-, M+로 표시했다. 이 형태는 굉장히 자주 나타나서 아예 '우든 기법'이라고 이름을 붙였다. 갈리모어와 타르프는 이렇게 썼다. "우든 코치의 시범은 3초를 넘는 경우가 거의 없었다. 하지만 언제나 굉장히 명확했기 때문에 교과서의 그림처럼 기억 속에 각인되었다."

이러한 정보를 전달하느라 연습 속도가 느려지지는 않았다. 존 우든은 정보 전달과 더불어, 일명 '정신적·정서적 컨디셔닝' 기법을 결합했다. 결과적으로 선수들은 실제 경기에서보다 더 바쁘게 뛰어다녔다. 은퇴한 농구 선수 빌 월튼은 이렇게 말했다. "UCLA에서 했던 훈련은 쉴 틈이라곤 없었고 자극적이었고 엄청난 에너지가 필요했어요. 강도가 높은 데다 까다롭기까지 했죠." 우든 코치의 연습 방법이 자연스럽고 무계획적인 것처럼 보이지만, 사실은 전혀 그렇지 않다. 그는 매일 아침 두 시간 동안 조교들과 그날의 연습 계획을 짰다. 그런 다음 3행 5열짜리 표에 분 단위로 스케줄을 기록했다. 우든 코치는 이런 스케줄표를 전부 보관해놓고 매년 비교하거나 수정했다. 너무 사소해서 고려할 필요가 없는 일은 하나도 없었다(존 우든은 매년 초 신입생에게 물집이 생기지 않도록 양말 신는 법을 가르쳐주는 것으로 유명하다). 즉흥적으로 아무렇게나 흘러가는 것처럼 보였던 순간순간이 실은 대본처럼 체계적으로 구성된 것들이었다. 그가 충동적으로 내뱉는 것 같았던 말도 실은 계획적인 대사에 가까웠다.

갈리모어와 타르프는 이렇게 기록했다. "존 우든은 바쁘게 뛰어다니는 선수들과 똑같은 속도로, 그들의 사소한 행동 하나하나에 '즉각적인' 반응을 보였다. 그러나 그의 티칭은 절대로 임시변통이 아니었다. 그는 말 한마디를 하더라도 팀 전체와 개개인을 위한 구체적인 목표를 염두에 두고 말했다. 한마디로 우든 코치는 연습 시간을 알차게 구성된 농구 커리큘럼으로 만들었고, 학생들이 최대한 많이 배울 수 있도록 정확한 순간에 꼭 필요한 정보를 전달했다."

점차적으로 그림이 또렷해지기 시작했다. 존 우든이 훌륭한 코치인 이유는 칭찬이나 비판을 잘해서가 아니었고, 용기를 북돋우는 말을 잘해서도 아니었다. 그의 진정한 스킬은 선수들에게 정확히 목적에 맞는 정보를 개틀링 기관총처럼 빠른 속도로 발사할 수 있는 능력이었다. "이거야." "그게 아니고." "여기야." "거긴 아냐." 이런 단순한 말과 몸짓은 선수들에게 올바른 방법을 보여주는 짧고 날카로운 자극의 역할을 했다. 그는 실수를 찾아내어 교정하고 회로를 연마했다. 존 우든은 1인 링크 트레이너였다.

우든 코치는 미엘린에 대해 알지 못할지도 모른다. 하지만 모든 마스터 코치와 마찬가지로, 미엘린의 작동 방식을 제대로 이해하고 있었다. 우든 코치는 특정한 동작을 덩어리로 가르쳤다. 그는 이런 방법을 '전체와 부분 기법whole-part method'이라고 불렀다. 전체 동작을 가르친 다음, 그것을 분해해서 각각의 성분이 되는 행동을 다루는 방식이다. 그는 학습 법칙을 자기 나름대로 정의했다. 그가 정의한 학습은 설명·시범·모방·교정·반복으로 이루어진다. 그는 자서전인 『우든Wooden』에 이렇게 썼다. "빠르고 대단한 발전을 추구하지 마라. 날마다 조금씩 나아지려고 노력해라. 그것이 실력을 습득하는 유일한 길이다. 그렇게 얻은 실력은 오래 유지된다." 또한 존 우든의 제자였던 스웬 네이터Swen Nater와 갈리모어가 함께 쓴 『학생이 배우지 못했다면 제대로 가르친 게 아니다 You Havent Taught Until They Have Learned』에서는 이렇게 말했다. "자동적으로 될 때까지 반복하는 것이 얼마나 중요한지는 아무리 강조해도 지나치지 않다. 반복은 학습의 열쇠다."

사람들 대부분은 우든 코치의 성공이 사려 깊고 겸손한 인품과 남한테 용기를 주는 성격 덕분이라고 생각한다. 그러나 갈리모어와 타르프는 그가 교사로 성공한 까닭이 성품 자체보다는 그 성품을 바탕으로 개발된 훈련 방식, 즉 철저히 계획적으로 실수에 집중하면서 풍부한 정보를 전달하는 방식 때문이라는 점을 보여주었다. 실제로 처음에 우든 코치가 갈리모어와 타르프의 실험에 참여하기로 동의한 것도 그런 학습 방식에 대한 애정이 남달랐기 때문이었다. 나중에 우든 코치가 설명한 바에 따르면, 그는 실험에 참여한 경험을 이용해 자신이 개발한 코칭 방법의 결점을 개선하고 싶었다고 한다. 알고 보니 마법사의 비결은 르네상스 예술가 혹은 Z보이스가 발견한 진실과 똑같았다. 심층 연습을 많이 할수록 점점 향상된다는 것이 바로 그 비결이었다.

그해 가을, 갈리모어와 타르프는 KEEP로 돌아와 그동안 배운 것을 적용하기 시작했다. 이번에는 수업 계획과 풍부한 정보 전달에 초점을 맞추었다. 그들은 칭찬과 '우든 기법'을 결합했고, 시범을 보이고 설명했으며, 빠른 명령조의 말을 퍼부었다(이와 더불어 두 사람은 문화적인 접근법을 접목한 새로운 연구를 진행했다). 갈리모어가 말한다. "우리는 완전히 다시 시작했어요. '존 우든이라면 어떻게 할까?'라는 생각을 가지고 새롭게 접근하기 시작했죠."

그해 KEEP는 성과를 나타내기 시작했다. 학생들의 읽기 능력 점수가 올라갔고 독해력이 향상되었으며, 전국 평균보다 한참 뒤처져 있던 학력평가시험 점수도 곧 평균을 훨씬 넘어섰다. 1993년 갈리모어와 타르프의 KEEP는 교육 분야에서 가장 큰 영예라 할 수 있는 그라베마이어Grawemeyer 상을 받았다. 두 사람이 쓴 책『정신을 일깨우기Rousing Minds to Life』에는 KEEP가 성공하기까지의 과정이 잘 나타나 있다. 갈리모어가 말한다. "존 우든 때문에 KEEP가 성공했다고 쉽게 말할 수는 없죠. 많은 차원이 개입되어 있으니까요. 그렇지만 분명히 그는 많은 공을 인정받을 자격이 있습니다."

존 우든은 물론 탁월한 스승이지만 그의 여건이 일반적인 수준은 아니다. 선수들은 UCLA에 들어올 때부터 스킬이 뛰어난 상태였고 동기도 충분했다. 그리고 우든 코치는 활용할 수 있는 막대한 자원이 있었으며 여러 가지 지원도 받았다. 하지만 평범한 코치들의 경우는 어떨까? 학생들이 완전히 처음부터 시작하는 상황, 그러니까 그들에게 특별한 능력이 전혀 없고 회로가 아직 존재하지 않는 형편에서는 어떤 코칭 방법이 가장 효과적일까? 우리 주위에서 흔히 볼 수 있는 상황을 예로 들어보자. 좋은 피아노 선생을 만드는 것은 무엇일까?

사랑이 특별함을 만든다

상식적으로 생각해보자. 아이에게 새로운 스킬을 가르치려고 할 때, 되도록이면 존 우든과 비슷하면서 동시에 최고의 실력을 갖춘 교사를 구해줘야 할 것 같다. 그렇지 않은가?

사실 꼭 그럴 필요는 없다. 1980년대 초 시카고 대학교 벤자민 블룸 Benjamin Bloom의 연구 팀은 세계적인 수준의 피아니스트·수영 선수·테니스 챔피언·수학자·신경과학자·조각가 120명을 대상으로 설문 조사를 했다. 블룸 교수의 연구 팀은 다양한 변수를 포함시켰는데, 그 중에는 레슨이나 훈련을 처음 시작했을 때의 경험에 대한 질문이 있었다. 조사 결과, 세계적으로 유명한 인재들 상당수는 맨 처음에 평범한 선생에게 배우기 시작한 것으로 드러났다.

연구 팀은 피아노 거장들에게 세 가지 보기를 주면서 생애 첫 선생님을 평가해달라고 했다. 즉, '아주 훌륭한 교사(수준 높은 교육을 받았고, 대외적인 명성이 있는 전문 교육자)', '평균보다 훌륭한 교사(비교적 좋은 교육을 받았고, 동네 학원 선생님보다 음악적 지식이 풍부한 교사)', '평균 수준인 교사(전문성이 떨어지는 동네 학원 선생님)' 중에서 한 가지를 선택하도록 했다. 설문 조사에 참여한 성공한 피아니스트 스물한 명 중에서 생애 첫 선생님을 '아주 훌륭한 교사'로 평가한 경우는 두 명에 불과했다. 대다수는 '평균 수준인 교사(62퍼센트)' 혹은 '평균보다 훌륭한 교사(24퍼센트)'를 선택했다. 이 패턴은 수영 선수와 테니스 선수도 마찬가지였다. 신경과학자와 수학자의 경우는 대개 학교에서 처음 공부를 시작했다. 따라서 교사 선택에 있어 같은 변수의 영향을 받지 않았다. 반면 세계적인 조각가의 경우, 초기에는 아무런 교육도 받지 않았다.

피아니스트·테니스 선수·수영 선수 대부분이 그들의 생애 첫 선생님을 만난 계기는 어쩌다 같은 동네에 살았기 때문이었다. 처음에는 평범한 교사에게 배웠을지 몰라도, 얼마 후에는 좀 더 실력 있는 교사로 바꿨을 거라고 생각하는 사람이 있을지 모르겠다. 그러나 그런 경우는 많지 않아 보인다. 블룸 교수의 설문 조사에 참여한 대부분의 피아니스트는 첫 선생님에게 5~6년 동안 배웠다. 과학적인 관점에서 본다면 세계에서 가장 아름다운 백조들의 혈통을 추적했더니 헛간의 닭들이 나온 격이다. 연구 팀은 이렇게 표현했다. "생애 첫 교사는 대부분 지리적 근접성과 가용성에 따라 우연히 결정되었다."

우연이라고? 존 우든이나 한스 젠슨, 라리사 프레오브라젠스카야 같은 재능의 조련사들이 성공한 이유는 우연과 정반대인 스킬을 갖고 있기 때문이 아니었던가? 언뜻 보면 블룸 교수의 실험은 최고의 인재들이 교육을 초월한, 선천적인 재능을 타고났다고 주장하려는 것 같다. 그러나 이야기는 여기서 끝나지 않는다.

어떻게 보면 우리 가족이 사는 인구 5000명가량의 소도시도 음악적 재능의 용광로라고 할 만한 구석이 있다. 최고의 교육기관과 잘나가는 음악학교에서 학위를 받은 일류 교사도 여럿 있다. 그런데 아내와 나는 아이들의 피아노 선생님을 구하는 과정에서 완전히 뜻밖의 사람을 알게 되었다. 그녀는 작은 개울가 근처의 무너지기 일보 직전인 집에서 피아노를 가르치는 체구가 아담한 할머니인데, 이름은 메리 에퍼슨 Mary Epperson 이다. 에퍼슨은 여든여섯 살이고 키가 140센티미터도 안 된다. 백발 아래로, 호기심과 경이로움을 표현하기에 안성맞춤인 날카로운 검은 눈동자가 반짝거린다. 그녀의 목소리는 음악적이고, 몇몇 단어를 발음할 때에는 유쾌하면서도 진지하게 짧은 노래를 부르는 것처럼 들리기도 한다. 그녀는 시답잖은 소리를 하지 않는다. 이전에 나누었던 대화를 실타래처럼 마음에 품고, 그 수많은 실을 날카롭게 잡아당기면서 이야기를 한다. 그녀는 대화를 시작할 때마다 항상 "당신 이야기를 들려줘요"라고 한다.

메리 에퍼슨의 레슨은 다음과 같이 진행된다. 먼저 그녀는 굉장히 반가워하며 아이를 맞이한다. 얼굴이 크리스마스트리처럼 환해진다. 그녀는 아이를 붙잡고 앉아 서로의 일상생활에 대해 얼마간 이야기를 나눈다. 물론 그녀는 그동안 함께 나눈 이야기를 모두 기억하고 있다. 캠핑, 영어 시험, 새로 산 자전거 등 그녀는 아이가 말한 모든 것을 기억한다. 심각한 이야기를 할 때는 진지하게 고개를 끄덕이고, 우스운 이야기가 나오면 폭소를 터뜨린다. 그녀는 아이들을 작은 어른처럼 대한다. 때로는 신랄한 진실을 거침없이 말하기도 한다(한번은 메리 에퍼슨이 우리 아버지에게 악기를 연주해본 적이 있느냐고 물었다. 아버지는 피아노를 배우려고 했으나 재주가 없었다고 대답했다. 메리 에퍼슨은 상냥하지만 단호하게 "인내심이 없었단 말이로군요"라고 일침을 놓았다).

수업이 시작된다. 모든 면에서 평범하고 일상적이다. 아이는 곡을 연주하고 도중에 실수를 한다. 메리 에퍼슨은 개선할 점을 이야기하고 주의 사항을 상기시키고 악보 위에 스티커를 붙여준다. 그러나 감정의 측면에서는 뭔가 다른 일이 일어난다. 메리 에퍼슨은 아이와 상호작용을 할 때마다 극진한 관심을 기울이고 정서적으로 교감한다. 연주 자세가 좀 나아진 것 같으면 열렬히 칭찬한다. 잘못 연주하면 진심으로 안타까워하며 다시 해보라고 말한다(한 번이고 두 번이고 거듭 반복시키기도 한다). 제대로 연주하면 따스하게 한껏 기쁨을 표현한다. 수업이 끝나면 아이에게 호일에 싼 초콜릿을 준다. 아이는 허리 굽혀 인사하며, "가르쳐주셔서 감사합니다"라고 말한다. 메리 할머니도 허리를 굽히며 엄숙하게 대답한다. "잘 배워줘서 고마워요."

블룸 교수의 보고서에는 이른바 '평균' 수준인 생애 첫 교사에 대한 묘사가 나오는데, 나는 그것을 읽으며 자동적으로 메리 에퍼슨을 떠올렸다.

- 어린아이들과 굉장히 잘 지내는 분이었어요.
- 아주 친절하고 다정한 분이었죠.
- 어린이를 좋아하고 정말 다정하셨어요. 나도 그분을 좋아했어요.
- 아이들과 아주 잘 지내는 분이었고, 본능적으로 애들을 좋아하셨죠. 우리는 굉장히 좋은 관계였어요.
- 인내심이 무한한 분이었고, 심하게 밀어붙이지 않았어요.
- 허쉬 초콜릿과 악보에 붙일 금색별이 가득 들어 있는 커다란 바구니를 갖고 다니셨죠. 나는 선생님을 아주 좋아했어요.
- 레슨을 받으러 가는 건 몹시 신나는 일이었어요.

이 사람들은 평범한 교사가 아니다. 당연히 메리 에퍼슨도 평범하지 않다. 블룸 교수의 연구 팀이 깨달았듯이, 단지 겉으로만 평범해 보일 뿐이다. 교사의 능력에 관한 관습적인 기준으로 볼 때 눈에 띄는 사람들이 아니기 때문이다. 그들은 점화를 일으키고 그 불꽃이 계속 타오르도록 유지한다. 그들은 사랑을 가르친다. 연구 팀은 다음과 같이 결론을 내린다. "배움의 첫 단계에서 이런 식으로 가르침을 받은 학생은 자기도 모르게 흥미를 느끼고 사로잡히며 열중하게 된다. 그 후로 학생은 더 많은 정보와 전문적인 교육을 원하게 되고, 그러한 것들이 필요한 수준으로 발전한다."

피아노 치기를 좋아하기란 쉬운 일이 아니다. 피아노는 건반이 많고, 수많은 운지법을 익혀야 한다. 아이는 셀 수 없이 많은 실수를 한다. 그러나 메리 에퍼슨 같은 교사는 아이가 재미를 느껴서 피아노를 치고 싶어 하게 만드는 희귀한 능력이 있다. 연구 팀은 이렇게 표현했다. "아마도 이러한 교사의 가장 중요한 자질은 초기의 학습을 매우 즐겁고 보람 찬 활동으로 만들 수 있는 능력일 것이다. 그들은 생소한 분야로 입문하는 과정을 놀이와 같은 것으로 만든다. 시작 단계에서 학습은 게임이나 마찬가지다. 그들은 아이의 능력을 긍정적으로 강화하는 역할을 하고, 비판하는 경우는 매우 드물다. 그 대신 일정한 기준을 정해놓고 아이가 발전하기를 기대한다. 그런 과정은 상당 부분 인정과 칭찬을 통해 이루어진다."

만약 갈리모어와 타르프가 메리 에퍼슨의 작은 교실에서 연구를 진행했더라면, 아마 폴리 파빌리온 농구 코트에서 발견했던 것과 쌍벽을 이룰 만큼 풍부한 암시를 얻었을 것이다. 이것은 우연의 일치가 아니다. 존 우든은 재능의 메커니즘에서 심층 연습을 집중 활용한다. 그는 정보를 전달하는 언어를 사용하고 실수를 교정하고 회로를 연마한다. 한편 메리 에퍼슨은 정서적인 방아쇠를 당겨서 사랑과 동기의 연료 탱크를 가득 채우는 방식으로 점화를 일으킨다. 두 사람이 성공한 이유는 미엘린 회로를 설계하려면 심층 연습과 점화가 둘 다 필요하기 때문이다. 그들 자체가 탤런트 코드를 반영하는 거울이다.

마스터 코칭은 교사와 학생, 두 사람 사이에 언어와 몸짓과 표정을 사용해 두서없이 이루어지는 따뜻한 게임의 일부다. 이 과정을 좀 더 확실히 이해하기 위해 마스터 코치의 공통된 특징을 자세히 살펴보자.

◆

9장

버튼을 누르고 또 눌러라

스승의 영향력은 영원하다.
어디서 멈출지 알 수 없기 때문이다.

헨리 브룩스 애덤스

마스터 코치의 4가지 자질

위대한 티칭 역시 다른 것들과 마찬가지로 일종의 스킬이다. 마술을 부리는 듯 보이지만 실제로는 여러 가지 스킬의 조합이다. 현재 UCLA의 명예 교수인 론 갈리모어는 일목요연하게 교사의 스킬을 설명한다. "훌륭한 선생은 학생이 하는 말이나 행동 하나하나에 집중합니다. 그러한 집중력과 해당 분야에 대한 풍부한 지식이 바탕이 되어야 실력을 향상시키려는 학생의 비틀거림과 어설픈 노력을 파악할 수 있죠. 그뿐만 아니라 정확히 목적에 맞는 메시지를 전달할 수 있습니다."

이 문장의 핵심 단어는 지식 · 파악 · 전달이다. 갈리모어가 말하는 것, 혹은 한스 젠슨, 존 우든, 메리 에퍼슨이 보여주는 것은 우리의 논지와 다시 연결된다. 스킬은 신경 회로를 감싸고 있는 절연층이며, 그것은 특정한 신호에 반응할 때 두꺼워진다. 문자 그대로, 마스터 코치는 신경 회로가 증식할 수 있도록 연료를 공급하고 방향을 안내하는 신호 전달 시스템이다. 그들은 신호를 언제 발사하고 언제 말아야 하는지 분명하게 알려준다. 코칭은 친밀하고 긴 대화이며, 공통의 목표를 지향하는 연속적인 신호 및 반응이다.

마스터 코치가 갖고 있는 건 모든 사람과 의사소통할 수 있는 보편적인 지혜가 아니다. 그들의 진정한 스킬은 학생 개개인의 능력이 닿을락 말락 한 곳까지 끈질기게 밀어붙이도록 스위트 스팟을 찾아주고, 목적에 딱 들어맞는 신호가 반복적으로 발사되도록 정확한 암시를 보낼 수 있는 유연한 능력이다. 마스터 코치의 스킬은 아무리 복잡해 보이더라도 기본적으로 '네 가지 자질'로 이루어져 있다.

지식 매트릭스를 작동시킨다

재능의 용광로에서 만난 코치와 교사는 대개 나이가 많았다. 절반 이상이 60대 혹은 70대였다. 모두 수십 년 동안 코칭을 집중적으로 연구한 사람들이다. 이것은 우연의 일치가 아니라, 필요조건이다. 이 조건이 갖춰져야 스킬의 가장 필수적인 부분인 '매트릭스'가 형성되기 때문이다.

뛰어난 교사의 뚜렷한 특징인 매트릭스는 갈리모어가 만든 용어다. 이것은 교사가 학생의 노력에 창의적이고 효과적으로 반응할 수 있는 원천, 즉 구체적인 지식의 방대한 체계를 말한다. 갈리모어는 다음과 같이 설명한다. "훌륭한 교사는 항상 더 깊이 파고든다. 그들은 학생이 어디까지 할 수 있는지를 파악해 그곳으로 이끌 수 있는 역량이 있다. 매트릭스는 점점 더 깊이 확장된다. 훌륭한 교사는 다각도로 사고할 수 있기 때문에, 여러 요소를 연결할 수 있는 무한대의 가능성을 가지고 있다."

혹은 이렇게 표현할 수도 있겠다. 마스터 코치는 오랜 세월 학생을 가르치면서 미엘린층이 두툼하게 쌓인 티칭 회로를 갖게 된다. 그것은 학생의 현재 위치와 앞으로 가야 할 지점을 파악하기 위해 언제든지 사용할 수 있는 전문 지식과 전략 및 경험, 그리고 노련한 본능이 뒤섞인 신비로운 혼합체다. 한마디로 매트릭스는 마스터 코치의 킬러 애플리케이션_{자동차나 전화처럼 등장하자마자 경쟁 상품을 몰아내고 시장을 완전히 재편하는 제품이나 서비스를 일컫는 말─옮긴이}이다.

조금 후에 매트릭스의 작동 방식을 알아보겠지만 일단 처음부터 이런 심오한 지식 체계를 갖고 태어나는 사람은 없다는 점부터 짚고 넘어가자. 매트릭스 역시 다른 모든 스킬과 마찬가지로 점화와 심층 연습을 통해 확장된다. 전적으로 우연에 의해 마스터 코치가 될 수는 없다. 내가 만나본 코치들 중 상당수는 비슷한 인생 역정을 거쳤다. 그들은 한때 자기 분야에서 촉망받는 인재였지만 실패를 겪었고, 실패의 원인을 알아내려고 노력했다. 루이지애나 태생인 린다 셉티엔_{Linda Septien}이 좋

은 예다. 그녀는 텍사스 댈러스에 있는 셉티엔 보컬 스튜디오의 설립자
다 현재는 셉티엔 엔터테인먼트 그룹이 되었다 — 옮긴이.

셉티엔은 보기 좋게 그을린 피부에 활기찬 분위기를 풍기는 쉰네 살
의 여성이다. 그녀는 육상 선수처럼 몸에 딱 붙는 운동복을 즐겨 입고
금속광택이 나는 운동화를 신고 다닌다. 무엇보다 사람들 대부분이 낙
심할 만한 장애물도 대수롭지 않게 물리칠 수 있는 대범함을 타고났다.
그러한 대범함은 빠르고 직설적으로 중요한 단어를 강조하며 말하는
스타일이나 BMW를 운전하는 방식에서도 잘 드러난다(그녀는 작년에 열
일곱 번밖에 속도위반을 하지 않았다며 흐뭇해했다). 그뿐 아니라 그녀가 인생
의 달고 쓴 온갖 일을 받아들이는 방식에서도 대범한 면모를 엿볼 수
있었다. 셉티엔의 사무실에서 인터뷰를 하는 동안 그녀는 작년에 집이
불탄 이야기를 해주었다. 놀란 나는 얼마나 큰 불이었냐고 물었다.

"그때 나는 집에 없었어요. 나중에 이웃 사람들이 그러는데, 보트가
날아갈 정도로 큰 폭발이 있었다고 하더군요. 불을 끄는 데 소방차 여
섯 대가 필요했어요. 모든 것을 잃었죠. 피아노, 여권, 옷, 사진, 칫솔,
모든 게 깡그리 불타버렸어요. 내가 기르던 앵무새 클레오는 털이 그슬
렸는데 곧 멀쩡해졌죠. 그건 좀 유감이었어요. 걔는 정말이지 너무 시
끄럽거든요. 물건을 잃은 건 신경 안 써요. 하지만 시간을 잃는 게 싫었
어요. 시간은 정말로 소중하니까요. 작년에 집을 짓는 동안, 여섯 차례
나 이사를 했어요. 미치도록 괴로운 일이었죠. 그런데 그거 알아요?"

셉티엔은 솔직한 표정을 지으며 눈부시게 웃었다. "지금 사는 집이
훨씬 더 좋아요. 정말로 맘에 든답니다."

셉티엔은 음악 경력도 다시 설계했다. 20대 초반에 그녀는 뉴올리언스 교향악단과 순회 오페라 컴퍼니 등에서 앞날이 창창한 오페라 가수로 인정받았고, 댈러스 카우보이스의 유명한 플레이스키커풋볼 경기를 시작할 때와 필드골을 시도할 때, 터치다운 후 추가 득점을 얻으려고 할 때 공을 땅에 놓고 차는 선수—옮긴이인 라파엘 셉티엔과 결혼했다. 그러나 20대 후반이 되자, 오페라 경력은 엉망진창이 되었고 결혼 생활도 마찬가지 지경에 처했다. 1984년 남편과 별거 직전에 첫아이를 임신한 그녀는 팝 가수로 변신해 가스펠 음반을 녹음할 생각으로 내슈빌에 갔다. 셉티엔은 프로듀서들 앞에서 〈아임 어 미라클, 로드I'm a Miracle, Lord〉를 불렀다. 그녀는 오디션을 잘 보았다고 생각했다.

셉티엔은 당시를 회상한다. "아주 훌륭하게 불렀죠. 음정이 정확했어요. 노래를 마쳤는데, 프로듀서들이 아무 말 없이 가만히 앉아 있더군요. '내 노래를 듣고 할 말을 잃었나 봐. 잘하는 건 알아가지고' 하고 생각했죠.

셉티엔은 애처롭게 미소를 지었다. "그들이 진실을 말해주더군요. 내 노래가 형편없었대요. 끔찍했다는 거예요. 그들은 음정 같은 건 신경 안 썼어요. 감정을 중요시했죠. 나는 감정이나 열정은커녕 아무 사연도 없이 노래를 불렀어요. 클래식 가수였던 나는 남에게 노래를 전달하는 방법을 전혀 몰랐던 거예요."

"그때부터 얼마나 괴로웠는지, 이루 다 말할 수가 없어요. 나는 내가 너무나 훌륭하고 재능이 남다르다고 생각했거든요. 그런데 그들은 쓸모없는 가수라고 쌀쌀맞게 말하는 거예요. 그들이 옳았어요. 나는 쓸모가 없었어요. 정말 미칠 것만 같았죠. 하지만 동시에 강한 호기심을 느꼈어요. 어떻게 해야 잘하는 건지 진심으로 알고 싶었어요."

이후 몇 달 동안 셉티엔은 아기를 돌보는 틈틈이 유명한 팝 가수와 록 그룹을 연구했다. 주로 톰 존스, 롤링 스톤스, U2를 참조했다. 그녀는 그들이 노래하고 말하는 방식과 동작을 연구했다. 냅킨이나 팸플릿에 메모를 휘갈겼고, 발견한 내용을 두툼한 노트에 채워 넣었다. 그녀는 마치 의대생처럼, 대중음악 시스템을 체계적으로 해부하면서 접근했다. 톰 존스는 〈들라일라Delilah〉를 부를 때 어떻게 호흡을 조절했지? 보노는 감정을 전달하려고 어떤 동작을 사용했는가? 윌리 넬슨의 단순한 보컬에 그토록 정신없이 빨려 들어가는 이유가 뭘까? 그녀는 뮤지션뿐 아니라 관객도 관찰했다. "그들을 자극하는 것이 정확히 무엇인지 알아내기 위해서"였다.

셉티엔이 그토록 열심히 노력했건만, 몇 년이 지나도 가수로 재기할 희망은 보이지 않았다. 그녀는 부동산 매매, 상품 안내, 모델 일을 하거나 때때로 집에서 클래식 보컬 레슨을 하면서 생계를 이었다. "나는 좋은 선생님이 아니었어요. 댈러스 전화번호부의 목소리 광고에나 적당한 사람이었죠." 1990년대 초 데비 깁슨이나 티파니 같은 젊은 가수들이 성공하자 아이들은 클래식에 흥미를 잃기 시작했다. 그들은 팝 스타가 되고 싶어 했다. "안 될 거 뭐 있냐고 생각했어요. 팝 음악에 대해 알 만큼 알았으니까요. 단지 그걸 제대로 가르칠 방법을 알아내야 했을 뿐이죠."

처음에 셉티엔은 자기가 클래식 음악을 배운 것과 똑같은 식으로 팝 음악을 가르쳤다. 다시 말해, 보편적이고 원칙적인 테크닉을 가르쳤다. 그러나 효과가 없었다. "방법을 바꿨습니다. 아티스트에게 좀 더 집중하기 시작했죠. 훌륭한 선생은 학생 개개인에게 효과적인 요소를 찾아낸 다음, 그것을 팝 음악 전체에 효과적인 요소와 연결해야 해요. 그런 시스템은 없었어요. 그래서 직접 발명해야 했죠."

셉티엔은 노트에 기록한 내용을 연구했다. 그리고 몇 년 동안 고심한 끝에 클래식 음악 훈련의 엄격함과 구조를 팝 음악에 적용한 커리큘럼을 만들었다. 음계를 가르치려고 휘트니 휴스턴의 보컬을 분석했다. 횡격막 연습, 청각 훈련, 스캣 창법 가사 대신 무의미한 음절만으로 흥얼거리듯 리드미컬하게 부르는 방식 — 옮긴이 을 위한 프로그램도 개발했다. KIPP의 파인버그와 레빈처럼, 그녀도 항상 새로운 접근법을 실험하고 버리고 다시 시도하기를 반복했다. 그녀는 실습을 가장 중요시했기 때문에 학생들이 학교나 쇼핑몰 또는 번화가에서 노래할 수 있는 기회를 많이 만들었다. 학생들에게 직접 곡을 쓰라고 지시했고, 프로 작곡가를 초빙해 노래를 창작하는 법도 가르쳤다. 그녀의 지식 매트릭스는 수년에 걸쳐 계속 확장되었다. 1991년에는 확장 속도가 눈에 띄게 빨라졌다. 열한 살짜리 제시카 심슨이 셉티엔의 보컬 스튜디오에 레슨을 받으러 온 것이다.

셉티엔이 회상한다. "제시카는 〈어메이징 그레이스 Amazing Grace〉를 불렀어요. 친화력이 있는 데다 아주 다정한 아이였죠. 하지만 무대에 올라가기만 하면 심하게 수줍음을 탔어요. 목소리도 왕창 가다듬어야 했죠. 아름다운 목소리였지만 교회 성가대 냄새가 많이 났어요. 아버지가 목사였으니 그럴 만도 하죠. 비브라토가 엄청났어요." 셉티엔은 사무실 가득 목소리를 진동시키면서 비브라토 시범을 보여주었다.

"비브라토가 있는 목소리로는 팝 음악을 할 수 없습니다. 성대를 본적이 있어요? 분홍색 V자처럼 생겼죠. 성대는 기본적으로 근육이에요. 비브라토가 엄청나다는 건 제시카의 성대가 길게 늘어져 있다는 뜻이죠. 그래서 우리는 기타 줄 조이듯이 성대를 조이는 작업을 해야 했어요."

"제시카의 또 다른 문제는 느낌과 표정이 없고, 음악에 감정이입을 못하는 것이었어요. 내가 처음 시작했을 때랑 똑같았지요. 그래서 그걸 해결하려고 많은 노력을 해야 했죠. 몸짓, 동작, 관객과 교감하는 방식 등 뜯어고칠 게 한두 가지가 아니었어요. 특히 관객과 호흡을 맞추는 건 그 자체로 완전한 스킬이에요. 관객은 거대한 동물과 같아요. 그들을 통제하고, 감정을 주고받고, 좀 더 거친 숨을 몰아쉬도록 만들어야 해요. 놀라운 목소리를 타고난 아이는 얼마든지 있어요. 하지만 교감할 수 없다면 아무 소용 없죠. 제시카는 굉장히 열심히 하는 아이였어요. 정말로 열심히 파고들었어요."

비브라토를 고치는 데 2년이 걸렸다. 무대 기교를 배우는 데는 몇 년이 더 걸렸다. 심슨이 셉티엔과 같이 연습한 지 5년이 지났을 때, 열여섯 살이 된 제시카 심슨은 음반 계약을 체결했다. 3년 후에는 350만 장이 팔린 앨범 한 장과 플래티넘 싱글 〈아이 워너 러브 유 포에버I Wanna Love You Forever〉를 발표한 대형 가수로 발돋움했다. 사람들은 심슨을 가리켜 유망한 신인, 혹은 자고 나니 스타가 된 아이라며 치켜세웠다. 셉티엔은 그런 표현이 재미있다고 생각한다.

"사람들은 하나같이 교회 성가대에서 노래를 부르던 텍사스 소녀라고만 하더군요. 어처구니가 없죠. 그 아이는 가수가 되려고 엄청나게 노력했어요. 또 사람들은 켈리 클락슨(〈아메리칸 아이돌〉에서 우승해 가수가 됨)이 웨이트리스였다는 말을 허구한 날 들먹여요. 마치 전에는 한 번도 노래를 부른 적이 없다는 듯이요. 중요한 건 켈리 클락슨은 옛날에도 늘 노래를 불렀다는 겁니다. 우리가 잘 알아요. 켈리는 철저한 훈련을 받았고, 다른 사람들처럼 죽어라 노력했어요. 하늘에서 뚝 떨어진 게 아니에요. 제시카도 마찬가지고요. 이건 마술이 아니랍니다."

심슨 이후 꼬리에 꼬리를 무는 일들이 생겼다. 얼마 후 휴스턴 출신의 떠오르는 샛별 비욘세 놀스, 라이언 카브레라, 그리고 장차 〈아메리칸 아이돌〉 결승에 진출하게 될 사람들이 줄줄이 셉티엔의 스튜디오를 찾아왔다. 그녀의 작은 스튜디오는 스타 제조 공장으로 알려졌다. 내가 그곳을 방문했던 날에는 〈하이스쿨 뮤지컬High School Musical〉에미상을 수상한 디즈니 사의 텔레비전 영화 — 옮긴이과 〈바니와 친구들Barney and Friends〉아동용 텔레비전 프로그램으로, 보라색 티렉스 공룡인 바니가 주인공임 — 옮긴이에서 노래를 부른 아이들을 보았고, 리틀 크리스티나 아길레라들이 노래하는 것을 들었다. 셉티엔은 재무 상담사의 충고대로 학교를 확장할 자금 1억 달러를 마련하고자 투자자를 위한 로드쇼를 계획하고 있었다. 중요한 것은 이제 그녀의 매트릭스가 완성되었다는 점이다. 셉티엔은 이렇게 표현한다. "누가 저 문으로 들어오건 간에, 20초면 완전히 파악할 수 있어요."

가수가 되려고 셉티엔 밑에서 훈련을 받고 있는 전직 변호사 사라 알렉산더Sarah Alexander가 말한다. "셉티엔 선생님은 모든 것을 계산하시죠. 무슨 일이 생기든지 난처해하는 법이 없어요. 선생님은 제 성대의 상태를 항상 파악하고 계세요. 그리고 어떻게 하면 더 좋아질 수 있는지도 정확히 아시죠. 어떤 문제든지 선생님의 설명을 들으면 극복할 수 있는 것이 돼버려요. 작은 단계를 차근차근 밟아나가는 일을 아주 잘하는 분이에요."

기자처럼 수집하라

제일 먼저 눈에 띄는 것은 코치들의 눈이다. 그들의 눈은 대개 날카롭고 따뜻하며, 깜박거리지 않고 오랫동안 한곳을 응시한다. 실제로 몇몇 코치는 눈을 카메라처럼 만들기 위해 훈련했다고 말하기도 했다. 그들의 눈은 파나비전_{Panavision : 가장 많이 사용되는 와이드스크린 방식 — 옮긴이}과 똑같은 품질을 공유한다. 때로 친근한 시선을 보내기도 하지만, 그것은 개인적인 호감이라기보다 정보 수집과 관련이 있다. 다시 말해, 학생을 파악하려는 것이다.

1974년 갈리모어와 타르프는 우든 코치가 칭찬과 비판을 골고루 분배하지 않는다는 사실을 발견했다. 예컨대 어떤 선수는 칭찬을 많이 받았고, 어떤 선수는 비판을 많이 받았다. 게다가 그 이야기를 대놓고 했다. 우든 코치는 매년 시즌이 시작되기 전 첫 연습 시간에 이렇게 말한다. "나는 여러분을 똑같이 대하지 않을 거예요. 똑같이 대한다는 건 말도 안 됩니다. 여러분은 모두 다르니까요. 선하고 지혜로우신 하느님

마스터 코칭의 원칙을 이해하라
모든 천재 뒤에 위대한 스승이 있다는 것은 누구나 아는 사실이다. 그러나 위대한 스승을 만나는 것은 행운이 아니다. 가르치는 자나 가르침을 받는 자나 코칭 스킬의 핵심을 아는 것이 중요하다.

은 우리를 똑같이 만들지 않으셨어요. 만약 그랬다면, 맙소사, 세상은 정말로 지루했겠죠. 안 그래요? 여러분은 키도 다르고 몸무게도 다르고 배경, 지능, 재능 등 여러 가지 면에서 서로 다릅니다. 그렇기 때문에 여러분 모두는 자신에게 가장 잘 맞는 개별적인 취급을 받을 자격이 있어요. 그게 어떤 것인지는 내가 결정할 겁니다."

　내가 만난 거의 모든 마스터 코치는 존 우든의 규칙을 따랐다. 그들은 학생의 인생에 존재하는 큰 패턴에 맞춰서 효과적으로 의사소통하기 위해, 학생에 대해 많은 것을 알고 싶어 했다. 다음 장에 등장하는 풋볼 코치 톰 마르티네즈는 생생한 비유를 들어 이 과정을 설명한다.

"저는 이런 식으로 봐요. 사람들의 인생은 휘핑크림과 똥이 들어 있는 그릇 같은 거죠. 내가 할 일은 둘의 균형을 맞추는 겁니다. 어떤 아이의 인생에 똥이 많으면 크림을 약간 섞을 겁니다. 또 어떤 아이의 인생이 순수한 휘핑크림이라면 똥을 좀 섞어야겠죠."

거시적 차원에서는, 내가 만난 모든 코치가 마치 부정을 폭로하는 기자처럼 왕성한 호기심으로 새로운 학생에게 접근했다. 그들은 학생의 가족, 생활수준, 인간관계, 동기 등을 파악하려고 사생활의 세부적인 측면까지 모조리 알고 싶어 했다. 그리고 미시적 차원에서는, 학생이 코칭에 대해 보이는 반응을 끊임없이 확인하고 메시지가 제대로 흡수되고 있는지 수시로 검사했다. 결과적으로 자연스럽게 스피치의 리듬이 생겨났다. 코치는 하나의 정보 덩어리를 전달한 다음 잠시 멈추고, 가이거 계수기(방사능 측정기)의 바늘을 주시하듯이 뚫어지게 학생을 바라본다. 셉티엔은 이렇게 말했다. "항상 학생들을 점검해요. 무엇을 알아듣고 무엇을 못 알아듣는지 전부 다 알아야 하니까요."

갈리모어가 말한다. "좋은 코치는 다양한 차원을 이동하며 세심하게 귀를 기울입니다. 자신의 말과 행동을 도구 삼아, 학생들이 앞으로 나아가게 만들죠."

GPS가 있는가

테니스 코치인 로버트 랜스도르프가 말한다. "학생들에게 많은 정보를 주는 게 중요해요. 일단은 충격을 주고 그다음에는 더 많은 충격을 줘야 하죠."

'충격'은 아주 적절한 단어다. 대부분의 마스터 코치는 생생하고 분명한 말을 짧게 연속적으로 발사하듯이 내뱉으며 정보를 전달했다. 그들은 "~하면 어떻겠니?"라거나 "~한 것 같지 않니?"라거나 "~를 어떻게 생각하니?" 같은 표현은 전혀 사용하지 않고, 짧은 명령형으로 말했다. 가장 흔한 형태는 "이제 ~를 해봐"였고, 암시적으로 표현할 때에는 "~해야지"라고 말했다. 고압적인 어조로 지시하는 경우는 거의 없었다. 그 대신 객관적이고 긴급한 어조로 할 말을 전달했다. 마치 미로 같은 도시의 거리를 휘젓고 다닐 때 GPS 장치에서 들리는 명령처럼, 거부하면 큰일 날 것 같은 느낌을 주었다.

예를 들어보자. 다음은 린다 셉티엔이 열한 살짜리 소녀 케이시 린치와 함께 〈미러 미러Mirror Mirror〉라는 노래를 연습하는 3분 동안의 대화를 옮긴 것이다. 글로 옮겨놓으면 독백처럼 읽히지만, 다른 코칭과 마찬가지로 실제로는 대화였다. 케이시는 노래를 불렀고 셉티엔은 말을 했을 뿐이다.

케이시 (노래한다)

린다 좋아. 이건 댄스곡이야. 예쁜 노래가 아냐. 강한 발라드도 아냐. 흐름이 빠르잖아. 그러니까 빨리 해. 트럼펫처럼 불러.

케이시 (노래한다)

린다 한 소절이 끝날 때마다 스캣을 추가해. 나처럼 해봐. '그가 신경

쓰는 걸 알잖아아아아.'

케이시 (노래한다)

린다 끝 부분은 서서히 소리를 줄여. 풍선에서 바람이 빠질 때처럼.

케이시 (노래한다)

린다 횡격막을 사용해. 인상 쓰지 말고. 소리를 또렷이 내려면 혀에 바짝 힘을 줘.

케이시 (노래한다)

린다 스캣을 할 때는 뺨을 뒤로 당겨. 좀 더, 좀 더, 옳지, 그렇게.

케이시 (노래한다)

린다 하품하는 근육을 사용해. 힘없는 근육을 사용하고 있잖아. 옳지, 그렇게.

케이시 (노래한다)

린다 잘했다. 하지만 넌 더 잘할 수 있어.

케이시 (고개를 끄덕이며)네, 네.

린다 이제부터 많이, 많이, 아주 많이 연습하면 돼.

케이시 알겠습니다.

이것이 바로 셉티엔의 GPS가 작동하는 방식이다. 그녀는 실시간으로 생생한 명령을 연속 발사하면서 학생의 스킬 회로를 자극했고, 그 회로를 올바른 방향으로 유도했다. 케이시가 노래하는 3분 동안 셉티엔은 다음과 같은 신호를 보냈다.

1. 노래 전체의 목표와 감정("이건 댄스곡이야", "트럼펫처럼 불러")

2. 특정 부분의 목표와 감정("풍선에서 바람이 빠질 때처럼", "알잖아아아아")

3. 특정 음을 정확히 소리 내기 위해 필요한 구체적인 몸동작("뺨을 뒤로 당겨", "혀에 바짝 힘을 줘", "하품하는 근육을 사용해")

4. 동기 부여("넌 더 잘할 수 있어", "아주 많이 연습하면 돼")

셉티엔은 간결했다. 실수를 집어낼 때나 해결책을 제시할 때나 똑같이 절도 있고 분명했다. 케이시가 바람직한 목표를 명중시키면, 그 순간을 강조했다("옳지, 그렇게"). 셉티엔의 진정한 스킬은 지식 매트릭스뿐만이 아니라, 매트릭스와 케이시의 노력을 번개 같은 속도로 연결하는 솜씨다. 그녀는 케이시의 현재 위치와 앞으로 가야 할 지점을 연결하기 위해 필요한 행동을 놓치지 않고 포착한다.

일선에 있는 훌륭한 교사를 묘사할 때 흔히 사용하는 단어는 인내심이다. 그러나 내가 본 것은 인내심이 아니었다. 오히려 그것은 전략적인 조바심에 가까웠다. 내가 만난 코치들은 항상 투입하는 정보를 바꾸었다. A가 효과가 없으면 B와 C를 시도했다. 그것이 실패하면 또 시도할 D, E, F 등등이 줄줄이 대기하고 있었다. 외부인에겐 단순히 인내심 있는 반복처럼 보였지만, 좀 더 자세히 들여다보면 실제로는 미묘하게 변형된 정보들이 연속적으로 투입되고 있었다. 각각의 정보는 실수의 지적과 교정을 적절히 혼합하여 정확한 신호를 발사하면서, 미엘린 층을 두껍게 만드는 역할을 수행했다.

재능의 용광로를 돌아다니면서 가장 많이 들었던 말은 "잘했어. 좋

아. 이제 ~를 해봐"였다. 코치는 학생이 새로운 동작이나 테크닉을 터득하자마자, 바로 이 말을 사용한다. 학생이 새로운 과제를 잘해내면, 코치는 곧바로 더 어려운 과제를 제시한다. "잘했어. 좋아. 이제 더 빨리해봐. 이제 더 그럴듯하게 해봐." 작은 성공은 정지선이 아니라 디딤돌이었다.

셉티엔이 말한다. "지난 세월 동안 배운 게 있다면, 밀어붙여야 한다는 거예요. 학생이 여전히 서툴더라도 가까스로 새로운 지점에 도달하기가 무섭게, 곧바로 다음 단계로 밀어붙입니다."

랜스도르프가 말한다. "버튼을 누르고 또 누르면서 어떻게 하는지를 살핍니다. 인간의 정신은 끊임없이 건드리고 만지작거려야 해요. 굉장한 일이죠!"

진심으로 연극하라

내가 만나본 많은 코치가 연극배우 같은 분위기를 풍겼다. 로버트 랜스도르프는 눈처럼 하얀 머리카락을 가지런히 뒤로 넘겼고 검은색 가죽 재킷을 입었으며, 프랭크 시나트라처럼 울리는 바리톤 음색으로 말한다. 린다 셉티엔의 광택 나는 옷차림과 흠잡을 데 없는 머리 스타일은 할리우드 스타를 연상시킨다. 연기 공부를 한 적이 있는 라리사 프레오브라젠스카야는 글로리아 스완슨처럼 머리에 터번을 두르고 다니며, 깔끔한 흰색 운동복을 즐겨 입는다. 그녀는 흐루시초프처럼 찡그린 표정을 짓고 있다가도 어느새 환한 미소를 터뜨리곤 했다. 랜스도르프는 다양한 캐릭터를 표현할 때마다 즐거움을 느낀다고 말했다. "나는 완전히 연기를 하죠. 목소리를 높였다가 낮추기도 하고, 질문을 던진 다음 어떻게 반응하는지를 봅니다. 별짓을 다 해요. 때로는 심술을 부리거나 터프하게 나가고, 때로는 만만하게 굴기도 합니다. 학생에게 무엇이 효과적인지에 따라 달라져요."

이런 패턴을 보고 마스터 코치가 시시한 수법을 써먹는다고 속단하는 사람이 있을지도 모르겠다. 그러나 그들이 일하는 모습을 자세히 보면, 드라마와 캐릭터는 마스터 코치가 학생의 행동을 파악하여 효과적으로 가르치기 위해 사용하는 도구라는 점을 명백히 알 수 있다. 론 갈리모어가 말하듯이, 윤리적인 정직함은 코치가 갖추어야 할 핵심 자질이다. 그 말의 더 깊은 의미는 인격을 뜻한다.

"진정으로 훌륭한 교사는 학생과 교감합니다. 학생이 어떤 사람이냐는 것이 교사의 윤리적인 판단 기준이 되어야 하니까요. 그들은 학생이 이미 아는 것을 얘기할 필요가 없기 때문에 자기 생각을 버리고 감정이입을 하려고 애씁니다. 내가 보기엔 바로 그 지점에서 진정한 교감이 이루어집니다."

이러한 자질은 교사가 자신의 본질적인 임무를 수행할 때 가장 효과적으로 발휘된다. 그것은 바로 실수를 지적할 때다. 예를 들어, 앞에 나왔던 KIPP 교사 롤리타 잭슨의 수학 시간을 생각해보자. 한 시간 45분 동안 잭슨 선생은 중장비 기술자가 레버를 조종하듯이, 자신의 목소리와 몸짓과 시선을 제어장치처럼 사용하여 교실 안의 모든 움직임을 통제했다. 어느 순간에는 따뜻하게 격려하는 듯하다가 또 어느 순간에는 왈칵 겁이 날 정도로 무섭게 굴었다. 잭슨 선생은 수업 도중 제랄도라는 아이가 잘못된 공식을 사용해 원둘레를 계산하고 있는 것을 발견했다.

"왜 4를 곱했니?" 그녀의 목소리에는 의혹이 가득했다. 그녀는 나란히 서 있는 용의자들 중에서 범인을 가려내는 목격자처럼, 손가락으로 종이를 쿡쿡 찔렀다. "여기 2라고 쓰여 있지. 바로 여기서 실수를 했어. 바로 여기."

그녀는 몸을 돌려 나머지 학생들을 바라본다. 어느새 다정하고 밝은 표정이다. 범죄 현장의 목격자는 사라지고 인정 많은 이모가 등장했다. "누구 또 헷갈리는 사람 있니? 수줍어하지 말고 말하렴. 이 시간이 끝나기 전까지 확실히 알게 해줄 테니까."

수업 중간쯤에 잭슨 선생은 그동안 꾸준히 노력해온 호세라는 학생이 최근 성적을 많이 올렸다고 발표했다. 그러고는 호세가 앉은 자리로 걸어가 곁에 섰다.

"부모님께 시험 얘기 했니?" 호세는 고개를 끄덕였다.

"좋아하시던? 좋아하시지? 1년 내내 계속 이렇게 할 거지?"

호세가 대답한다. "네, 잭슨 선생님."

그녀는 호세를 엄한 얼굴로 바라보았다. "어쩌지, 호세군. 나는 좋지 않아. 좋지 않아." 그녀가 말했다.

아이들은 숨을 참았다. 잭슨 선생은 한동안 가만히 있었다. 그러더니 갑자기 눈부신 미소를 터뜨렸다. "좋은 정도가 아냐. 아주 좋아죽겠구나. 좋아죽겠어!"

안도한 학생들은 다시 원둘레를 계산하는 문제를 풀기 시작했다. 한 번이고 두 번이고 계속 반복해서 풀었다. 처음에는 80퍼센트가 정답을 맞혔다. 그다음에는 90퍼센트, 그다음에는 95퍼센트, 그다음에는 100퍼센트가 해냈다. 아이들 모두 발을 구르고 손뼉을 치며 기뻐했다.

"이제 우리는 좀 더 잘 알게 됐을까? 그렇게 생각하니?"잭슨 선생이 말했다. "너희는 이 문제를 완전히 이해하지 못했어. 천만의 말씀이지. 아직 충분히 연습하지 못했으니까. 하지만 좀 더 잘 알게 된 것만은 분명하지. 암, 그렇고말고."

나중에 롤리타 잭슨이 말했다. "나는 내가 하는 말이 무슨 소린지 확실히 알기 때문에 아이들과 교감할 수 있어요. 우리집 애들이 고등학교에 들어가고 난 다음에, 나는 대학에 들어갔어요. 그러니까 이쪽 입장도 알고 저쪽 입장도 잘 알죠. 나는 이 아이들이 사는 세상을 알아요. 수학 얘기를 하는 게 아니에요. 나는 수학을 가르치는 게 아니에요. 이건 인생에 대한 이야기예요. 날마다 새로운 해가 뜨는 하루하루에 대한 이야기죠.

축구 훈련과 바이올린 교습이 다른 이유

지금까지 만난 사람들을 떠올려보면, 마스터 코치는 눈코 뜰 새 없이 바쁜 전기기술자와 비슷해 보인다. 항상 학생들에게 도움이 되는 신호를 보내고, 미엘린으로 납땜을 하는 기술자 말이다. 물론 그런 경우도 많다. 그런데 마스터 코치 대부분은 완전히 침묵을 지킨다. 수수께끼 한 가지를 생각해보자. 브라질 유소년 축구 아카데미와 스즈키 바이올린 교습 프로그램은 둘 다 세계적인 수준의 인재를 양성하는 훌륭한 기관이다. 그러나 브라질 축구 코치는 거의 말을 안 하는 반면, 스즈키 바이올린 교사는 굉장히 말이 많다.

브라질의 풋살 연습은 단순함의 진수를 보여준다. 코치는 대충 몇 가지 훈련으로 시작한다. 그런 다음 선수들은 양 팀으로 나뉘어 전력을 다해 강도 높은 게임을 치른다. 두 시간 연습 중 75퍼센트는 엎치락뒤치락하는 데 소비된다. 코치는 거의 말을 하지 않고 주의 깊게 관찰한다. 때때로 미소를 짓거나 웃기도 하고, 아까운 플레이가 나오면 팬들이 하듯이 "오오오오오"라고 신음을 내뱉는다. 하지만 일반적인 의미의 언어적인 코칭은 하지 않는다. 즉, 게임을 중단시키거나 뭔가 가르치거나 칭찬하거나 비판하거나 혹은 다른 어떤 식으로도 통제권을 발휘하지 않는다. 표면적으로 보면 이렇게 느긋한 접근법은 기본적인 미엘린 원칙을 위반하는 것 같다. 행동을 중단시키거나 정보를 전달하거나 칭찬하거나 교정해주지 않는다면, 무슨 수로 스킬을 습득하게 할 수 있단 말인가?

한편 스즈키 바이올린 교습 프로그램은 이와 대조적이다. 여기서는 교사가 현미경처럼 정밀하게 초보 연주자를 감시한다. 어떤 경우에는 학생이 활과 바이올린 드는 법을 제대로 익힐 때까지, 몇 주일 동안 단 한 개의 음표도 연주할 수 없다(일본에서 운영되는 일부 프로그램은 처음 몇 주일 동안 바이올린을 만지지도 못하게 한다. 그 대신 자세를 연습하기 위해 줄이 매달린 신발 상자를 사용한다). 브라질 축구 선수들과는 완전히 딴판이다. 100퍼센트 체계가 잡혀 있고, 자유롭게 활동할 수 있는 여지는 전혀 없다. 그럼에도 실제로 인상적인 결과가 나오는 것을 보면, 브라질의 '코칭이 부재하는' 코칭 기법과 스즈키 프로그램의 '과잉 개입' 코칭 기법은 둘 다 굉장히 효과적인 것 같다. 어떻게 이런 일이 가능할까?

두 가지 기법이 각각 설계하려고 하는 스킬 회로의 본질을 좀 더 자세히 들여다보자. 미엘린의 관점에서 보면, 양쪽의 코치는 정반대의 일을 하는 것처럼 보인다. 그러나 실제로는 양쪽 다 훌륭한 코치의 역할을 정확히 해내고 있다. 그들은 정확한 신호가 가능한 한 자주 회로에 발사되도록 돕고 있다. 차이점은 설계하려고 하는 회로의 본질이다.

스킬 회로도 전기회로와 마찬가지로 기능이 형태보다 우선한다. 여러 종류의 스킬은 서로 구조가 다른 신경섬유 사슬을 이용해 근육을 제어한다. 예를 들어, 축구 선수 하나가 무리에서 이탈하여 혼자 공격 방향으로 달려가는 동안 그의 신경계에서 일어날 일을 상상해보자. 전기적으로 활성화된 신호들은 장애물을 만날 때마다 빠르게 유동적으로 변한다. 회로는 물 흐르듯이 연달아 활성화되는 수많은 옵션을 만들어내도록 설계되어 있다. 유창성과 즉흥성이 관건이다. 회로가 빠르고 유연할수록 더 많은 장애물을 극복할 수 있다. 결과적으로 스킬이 더욱 향상된다.

이상적인 축구 회로를 사실적인 그림으로 표현한다면, 마치 담쟁이 덩굴이 무성하게 얽힌 커다란 울타리처럼 보일 것이다. 다시 말해, 무수한 가능성(페이크 모션이나 여러 가지 동작들)이 상호 연결된 거대한 네트워크와 같을 것이다. 이런 가능성의 결과는 항상 동일하다. 펠레 같은 스트라이커가 혼자 골대를 향해 공을 몰고 가는 상황이 벌어진다.

이제 바이올리니스트가 모차르트 소나타를 연주할 때 활성화되는 회로를 상상해보자. 이러한 회로는 수많은 즉흥적인 가능성이 담쟁이 덩굴처럼 얽힌 형태가 아니다. 유일하고 완벽한 동작들의 집합을 (반복적으로) 만들어내기 위해 설계된, 엄격하게 정해진 경로들이다. 여기서는 일관성이 관건이다. 바이올리니스트가 A 마이너 코드를 연주할 때, 그것은 항상 A 마이너 코드여야 한다. 정밀하고 안정적인 회로는 점점 더 복잡한 패턴들이 모여 모차르트 소나타를 완성할 수 있도록 든든하게 뒷받침하는 역할을 한다. 이상적인 바이올린 연주 회로를 사실적인 그림으로 표현한다면, 곧고 튼튼한 줄기를 축으로 가지들이 순수한 유창성의 영역으로 뻗어나가 있는 떡갈나무처럼 보일 것이다. 비유하자면, 높은 음역의 16분 음표들을 연주하는 이츠하크 펄만의 모습과도 흡사할 것이다.

상파울루에서 '코칭이 부재하는' 풋살 연습이 진행되는 동안 선수들의 '유연한 회로'에는 몹시 빠르게 집중적으로 신호가 발사된다. 풋살 게임은 코치가 가르치고 싶어 하는 것과 완전히 똑같은 상황을 만들어낼 뿐 아니라 즉각적이고 생생한 피드백이 제공된다는 장점이 있다. 즉, 어물거리다가 공을 뺏기면 망신을 당한다. 그러나 동작이 효과적이면 결과는 황홀한 '골인'이다. 기술적인 디테일을 강조하거나 칭찬을 하려고 게임을 중단시키면 '유연한 회로'의 심층 연습 과정에서 가장 핵심적인 정확한 신호 발사와 실수의 지적 및 교정으로 이어지는 흐름이 끊길 것이다. 선수들이 스스로 배우는 교훈은 코치가 하는 어떤 말보다도 훨씬 강력하다.

게다가 훨씬 재미도 있다. 상파울루 대학교에서 축구를 가르치는 에밀리오 미란다 박사의 아들 페르난도 미란다 Fernando Miranda는 재미가 특히 중요하다고 강조한다. 스무 살이 된 페르난도는 버지니아의 한 대학에 들어갔다가 경기 중간에 코치가 하는 행동을 보고 어이가 없어서 다시 브라질로 돌아왔다. "미국에서는 모든 사람이 항상 소리를 질러요. 아이들에게 '공을 차! 패스를 해!'라고 말하죠. 한번은 '만만한 하루는 없다'라고 적힌 셔츠를 입은 아이를 본 적이 있어요." 페르난도는 잠시 말을 끊고 혼란스러운 표정을 지어 보였다. "열 살짜리 애한테 만만한 하루가 없다니요? 게임은 쉽고 재미있고 즐거워야 해요. 그렇게 심각한 건 좋지 않아요."

초보 바이올리니스트의 경우는 정반대다. 이때 회로는 '그냥'이 아니라 '정확하게' 활성화되어야 한다. 집중적으로 개입하는 코치의 역할은 생리학적인 사실을 반영한다. 이런 회로는 떡갈나무 줄기의 핵을 형성하므로 결정적이다. 코치의 행동은 일종의 버팀목처럼 작은 씨앗이 제대로 자랄 수 있도록 방향을 잡아준다(그렇다고 이 과정이 반드시 엄숙할 필요는 없다. 내가 만나본 스즈키의 교사들은 매력적이고 카리스마가 넘쳤으며, 신발 상자 연습을 즐거운 게임으로 만들 수 있는 사람들이었다).

글쓰기·코미디·축구 같은 스킬의 회로는 유연하다. 이러한 스킬을 향상시키려면, 유동적으로 변화하는 장애물에 대처하기 위해 그때그

때 적당한 회로를 골라낼 수 있는 수천 개의 회로가 있어야 한다. 반면 바이올린 연주·골프·체조·피겨스케이팅 같은 스킬의 회로는 일관적이다. 이러한 스킬은 이상적인 동작의 기본적인 요소를 반복적으로 만들어낼 수 있는 탄탄한 테크닉에 전적으로 의존한다(골프·스케이트·체조 분야에서 독학한 사람이 세계적인 수준에 도달하기 어려운 이유는 바로 이 때문이다. 하지만 소설가·코미디언·축구 선수는 독학으로도 세계 최고가 될 수 있다).

보편적인 규칙은 여전히 동일하다. 요컨대 좋은 코칭은 회로를 반영한다. 수동적인 브라질 코치와 적극적으로 개입하는 스즈키 교사는 서로 다른 방법을 사용하는 것처럼 보인다. 그러나 자세히 들여다보면 그들의 목표가 존 우든이나 메리 에퍼슨 등 다른 마스터 코치와 동일함을 알 수 있다. 이들의 목표는 심층 연습 구간에 들어가는 것, 혹은 어떤 과제를 수행하는 데 필요한 만큼 미엘린을 늘리고자 최대한 많은 신호를 발사하는 것이다. 그리고 모든 코치의 궁극적인 목표는 학생들 스스로 본인의 코치가 되게 만드는 것이다.

랜스도르프가 말한다. "학생에게 무엇을 하라고 지시하는 것과 그들 스스로 알아내게 하는 것 중에서 선택해야 한다면, 나는 언제나 두 번째 방법을 택할 겁니다. 학생이 독립적으로 생각하고 문제를 해결할 수 있도록 만들어야 합니다. 매일 만날 필요도 없어요. 중요한 건 스스로 알아내는 거예요."

◆

10장

톰 마르티네즈와
6000만 달러의 도박

선생은 자신이 점차 필요 없어지게 만드는 사람이다.

토머스 캐러더스(성공회 주교)

마스터 코치는 NASA 엔지니어처럼 아이러니에 익숙하다. 그들은 인재를 만들어내려고 고생도 마다하지 않고 오랜 세월을 보낸다. 그러다가 로켓이 발사되고 나면 뒤에 남겨진 채 멍하니 하늘만 바라본다. 존 우든처럼 존경받는 스타 코치도 있지만, 세계적으로 유명한 인재를 길러내는 데 결정적인 역할을 하면서도 세상에 알려지지 않은 채 살아가는 한스 젠슨, 메리 에퍼슨, 라리사 프레오브라젠스카야 같은 사람들이 훨씬 더 많다.

그러나 이런 규칙에도 예외가 있다. 세상의 스포트라이트가 마스터 코치의 미묘한 능력을 만천하에 드러내는 뜻밖의 순간이 있다. 얼마 전

캘리포니아 북부에서 바로 그런 사건이 일어났다. 문제의 코치는 톰 마르티네즈였고, 사건의 발단은 오클랜드 레이더스 팀이 눈앞에 6000만 달러가 왔다 갔다 하는 결정을 내려야 했기 때문이었다.

전해 오클랜드 레이더스는 2승 14패라는 시원치 못한 성적 덕분에 NFL에서 선정한 최악의 팀이 되는 불명예를 얻었다. 더불어 미국에서 가장 뛰어난 대학 선수를 선택할 수 있는 권리도 얻었다. 불행히도 레이더스 구단 경영진은 어떤 선수를 골라야 좋을지 결정할 수가 없었다. 일단 두 명으로 가능성이 좁혀졌다. 한 선수는 조지아 공대의 와이드 리시버인 캘빈 존슨이었다. 존슨은 키가 195센티미터에 몸무게가 108킬로그램인 선수로, 속도와 민첩성이 결합된 놀라운 능력을 보유하고 있었다. 그를 경외해 마지않는 스카우트 담당자는 풋볼계의 마이클 조던이라는 별명을 붙여주기도 했다. NFL 방송 해설자인 마이크 메이요크는 이렇게 말한다. "사람들은 캘빈 존슨이 가장 안전한 선택이라고 생각했죠."

또 다른 선수는 존슨과 키가 같고 117킬로그램이 나가는 자마커스 러셀이라는 신예였다. 러셀은 고작 몇 달 전에 스카우트 레이더망에 등장했다. 3학년 때 백업 선수였던 그는 인상적인 1년을 보낸 후 갑자기 드래프트 시장에 나타나 많은 사람을 놀라게 했다. 동영상과 얄팍한 보고서들은 감질나기만 했다. 러셀은 괴상할 정도로 팔 힘이 강했다(그는 무릎을 꿇은 상태에서 55미터를 던질 수 있었다). 게다가 단거리 패스 솜씨가 그림 같았고, 부담이 큰 상황에 의연히 대처할 줄 아는 담대함이 있었다. NFL의 최하위 팀 오클랜드 레이더스는 재능이 있는 줄 알았지만 허울뿐이었던 쿼터백들과 체결한 계약 때문에 전력이 초토화된 상태였다. 앨러미다에 있는 구단 본부에서는 열띤 논쟁이 벌어졌다. 간부들 절반은 존슨을 원했고, 절반은 러셀을 원했다.

6000만 달러가 걸린 도박이었다. 앞날이 달려 있는 문제였다. 그래서 레이더스의 간부들은 마지막 대안을 택했다. 그들은 지능검사, 스카우트 담당자의 보고서, 동영상, 통계 등 데이터란 데이터는 모조리 분석했지만, 얼마 후 모든 자료는 쓰레기통으로 직행했다. 이윽고 그들은 톰 마르티네즈에게 전화를 걸었다.

공식적으로 톰 마르티네즈는 은퇴한 2년제 대학 코치다. 그는 32년 간 산마테오 대학교에서 여자 농구와 소프트볼, 남자 풋볼팀을 지도했다. 단 한 시즌도 우승을 놓친 적이 없고 통산 1400승을 챙겼다. 비공식적으로, 톰 마르티네즈는 쿼터백 도사로 알려져 있었다. 그의 제자 가운데 가장 유명한 사람은 그가 토미라고 부르는 꼬마, 즉 슈퍼볼 우승에 빛나는 뉴잉글랜드 패트리어츠 소속의 쿼터백 톰 브래디Tom Brady다. 마르티네즈는 브래디가 수줍음을 많이 타던 열세 살 때부터 그를 가르쳤다. 두 사람의 관계를 잘 보여주는 증거는 브래디가 항상 지갑 속에 넣어 갖고 다니는 '마르티네즈 테크닉' 리스트다. 그리고 브래디가 지난 17년 동안 해마다 서너 차례씩 마르티네즈를 찾아와 꼬박꼬박 '튜닝'을 하는 것만 봐도 잘 알 수 있다.

마르티네즈는 은퇴한 코치에 불과할지도 모른다. 그럼에도 그를 찾는 사람들은 줄지 않았다. 실제로 드래프트 몇 달 전, 자마커스 러셀의 에이전트가 조용히 마르티네즈에게 접근했다. 그는 드래프트 전 체력 검사에 대비해 루이지애나 주립 대학교 스타의 몸을 만들어달라고 부탁했다.

아무리 봐도 독특한 상황이다. 스포츠계 전체를 통틀어 가장 이해관계가 큰 결정에 관련된 쌍방이 모두 이름도 없는 전직 2년제 대학 코치의 지혜를 구하고 있었다. 평소에는 정원을 어슬렁거리며 소일거리나 찾을 것 같은 사람에게 말이다.

"인생 참 재미있어요, 그렇죠?" 레이더스의 전화를 받고 나서 어떻게 되었느냐고 물었더니 마르티네즈가 웃으며 말했다. "그들은 자마커스에 대해 아무것도 몰랐어요. 아는 사람이 하나도 없었죠. 그는 빈 서판이었어요." 마르티네즈는 즐거워했다. 그리고 자기가 느끼는 즐거움을 숨기려 하지 않았다. 그는 사자 갈기 같은 머리를 살짝 기울이며 흔들었다. 기분 좋은 의혹으로 가득 찬 두 눈이 반짝거렸다. "그들은 그 덩치 크고 조용한 흑인 선수를 파악할 수 없었어요. 그래서 산마테오 대학 셔츠를 입고 다니는 어떤 사람에게 전화를 걸었단 말씀입니다."

눈부시게 아름다운 5월의 어느 토요일, 우리는 그의 집 주방에 함께 앉아 있었다. 마르티네즈는 건강이 안 좋았다. 당뇨와 혈압 문제가 있었다. 그러나 움직임은 느려도, 몸은 가무잡잡하고 단단해 보였다. 그는 키가 185센티미터였고, 1940년대 영화배우처럼 잘생겼다. 짙은 눈썹 아래 감정이 풍부해 보이는 큰 눈, 로마 황제 같은 코, 강한 턱. 얼굴의 산맥이 뚜렷하고, 기분을 나타내는 표정이 날씨처럼 변화무쌍한 그런 얼굴이다. 나는 자마커스 같은 선수를 어떤 식으로 가르쳐야 할지 어떻게 아느냐고 물었다. 에이전트의 전화를 받기 전에는 한 번도 만나본 적이 없는데 말이다.

마르티네즈가 말한다. "새로운 아이를 만난다는 건 사귀게 될지도 모르는 여자를 만나는 것과 같아요. 먼저 눈을 맞추죠. 그러면 눈 속에서 무슨 일이 일어납니다. 뭔가 신경을 자극하고, 맞닿은 시선을 통해 뭔가 전달되죠. 내가 새로운 아이를 볼 때마다 제일 먼저 찾는 게 바로 그겁니다. 그것이 우리의 인연을 달라지게 만들 수 있어요."

마르티네즈는 잠시 말을 끊고, 가이거 계수기의 바늘을 주시하듯이 뚫어지게 한곳을 바라보았다. "나는 애리조나에 가서 자마커스를 만났어요. 만나자마자 의심하더군요. 당연하죠. 마땅히 그래야 해요. 모든 사람이 그를 이용하려고 난리니까요. 나는 내가 누군지 말했어요. 그 아이는 계속 '네, 선생님. 네, 선생님. 아뇨, 선생님' 그러더군요. 정말 예의 바른 친구죠. 하지만 형식적이었어요. 거리를 두는 거죠. 그런 식으로는 소용이 없어요."

마르티네즈는 몸을 앞으로 숙인다. 그의 눈빛이 사격의 명수처럼 날카롭게 변한다.

"나는 이렇게 말했어요. '이봐, 자마커스. 나는 네가 생각하는 것보다 더 너를 높이 평가한다. 그러나 너한테 알랑거리진 않을 거야. 너는 내 말을 들을 수도 있고 듣지 않을 수도 있어. 내가 개코같은 사기꾼처럼 느껴지면 그냥 그렇게 생각하면 돼. 나는 나이가 많단다. 너를 이용해 유명해지고 싶은 맘은 없어. 하지만 원하는 게 딱 한 가지 있지.' 그 말이 떨어지자마자, 자마커스의 눈이 가늘어지더군요. 긴장이 느껴졌어요. '흠, 드디어 올 게 왔군' 하고 생각한 거죠. 그리고 내가 말했어

요. '우리 손자 녀석한테 줄 유니폼과 사진에 사인을 해주면 좋겠구나.'
그 말을 들은 자마커스가 미소를 짓더군요." 마르티네즈는 환하게 웃었다.

"자마커스는 그게 전부냐고 물었어요. 나는 그를 보며 대답했죠. '그게 전부야. 그것만 있으면 돼.' 우리는 그 후 아주 잘 지냈어요."

여기서 잠시 마르티네즈가 하고 있는 이야기를 생각해보자. 질문은 코칭에 대한 것이었다. 그런데 그는 풋볼은커녕 신체적인 활동과 조금이라도 관련 있는 것은 전혀 설명하지 않았다. 그 대신 그는 소설가처럼 타이밍과 분위기를 예민하게 고려하면서 언어·몸짓·감정을 이용하는 섬세한 인간의 교감에 대해 말했을 뿐이다. 마르티네즈는 그러한 교감을 계획하거나 대본을 짜지 않았다. 그는 순간적으로 파악했다. 그는 자마커스를 만나자마자 자신의 지식 매트릭스를 활용해 즉흥적인 기교를 발휘했고, 결과적으로 불과 30초 만에 신뢰와 존경의 다리를 완성할 수 있었다. 그는 좋은 인상을 주거나 설득하려고 하지 않았다. 그저 목표를 달성하는 데 필요한 조치를 연결하고, 교감하려고 노력했을 뿐이다. 그가 이런 과정을 로맨스에 비유한 것도 무리가 아니다. 또한 그는 램 남작도 흡족히 여길 만한 전문 은행 강도의 용어로 표현하기도 했다. "그들이 배우는 과정에 '접근'하는 것이 중요합니다."

교감도 중요하지만, 그게 다는 아니다. 마르티네즈는 자마커스를 어떻게 가르쳤는지 보여주기 위해 주말마다 열리는 자신의 코칭 클리닉에 데려갔다. 우리는 몇 분간 차를 타고 근처의 고등학교 운동장으로 갔다. 그곳에는 이미 쿼터백 여섯 명이 마르티네즈를 기다리고 있었다.

가장 어린 아이가 열세 살, 가장 큰 아이가 열일곱 살이었다. 그들은 거북하게 몸을 움직였고, 팔다리는 몸통에 비해 너무 길었으며, 눈은 불안해 보였다. 꼭 사슴 같았다. 마르티네즈는 곧바로 훈련을 시작했다.

먼저 아이들은 매주 토요일마다 하는 3단계 드롭백dropback : 패스를 하려고 뒤로 물러나는 동작─옮긴이을 복습했다. 마르티네즈는 댄스 강사처럼 줄을 세우고 리듬에 맞춰 외쳤다. "튀어나가! 쭉 뻗어! 스텝! 구르기! 푸시!" 그가 구령을 하면 선수들이 동작을 실시했다. 마르티네즈는 실수를 교정하느라 쉴 새 없이 지시를 내렸다.

"공을 더 빨리 가져와. 공이 불타고 있다고 생각해. 그러니까 더 빨리 꺼내야지."

"공을 높이 올려. 비행기가 뜨는 것처럼 높이."

"공을 엉덩이에서 겨드랑이로 보내."

"다리를 벌려. 진짜 선수처럼 해봐."

"웨이터처럼 해. 공을 높이 올려서 전달해."

"왼발이 그게 뭐니. 무슨 말인지 알아? 스텝이 모자라잖아. 구른 다음에 튀어나가."

"어때, 만만치 않지?"

30초 동안 그는 뚜렷하게 구분되는 네 가지 방식으로 동작을 설명했다. 그는 촉각을 활용했고("공이 불타고 있다고 생각해"), 사람에 비유했으며("웨이터처럼 해"), 이미지를 떠올리게 하고("비행기가 뜨는 것처럼 높이"), 구체적인 신체 부위를 언급했다("공을 엉덩이에서 겨드랑이로 보내"). 이어서 그는 다른 훈련으로 넘어갔다. 훈련 내용은 단순했다. 쿼터백의 기본 동작을 덩어리별로 분리해 반복시켰고, 그 과정에서 나타나는 실수를 지적하고 교정했다. 선수들은 스퀘어아웃square-out과 버튼후크buttonhook 패스를 연습한 다음, 톰 브래디의 지갑 속에도 들어 있는 훈련인 다운 더 홀 throwing down the hall을 하고 연습을 끝마쳤다. 다운 더 홀은 아주 간단한데, 한 선수가 두 팔을 든 채 쿼터백과 리시버 사이에 서 있으면 두 팔 사이에 형성된 좁은 통로로 공을 던지는 것이다. 마르티네즈는 동작을 반복시키면서 지시를 내렸다.

"다듬어라, 알렉스. 팔 힘이 세구나. 던지기를 다듬어."

"방금 인터셉트를 당했잖니, 얘야. 이제 다른 팀이 공격할 거야."

"팔 힘이 세. 그렇게 세니까 잘 안 되지. 너무 세잖아. 힘을 조절해. 몸을 놀려."

"젠장, 던지는 데 자신감을 가져."

연습이 끝난 후, 우리는 근처 레스토랑으로 가서 햄버거를 먹었다. 텔레비전에서 중계방송이 나오고 있었다. 식당 안은 대학생들로 가득했다. 절반 정도가 휴대전화로 통화를 하거나 아이팟을 듣고 있었다. 마르티네즈의 시선이 그들을 향했다.

"요즘 애들은 다가가기가 어려워요. 정답을 말할 줄은 알아요. 틀에 박힌 정답 말이에요. 그래서 나는 아이들이 '들을' 수 있도록 말해요. 아주 여러 번 말하죠. 모든 아이에게는 버튼이 있는데, 그걸 제대로 눌러야 돼요. 나는 누구 때문에 여기 왔느냐고 물어요. 아이가 원해서 하는 거라면 괜찮아요. 잘할 수 있어요. 그런데 아버지 때문에 왔다거나 괜히 멋져 보여서 온 거라면 시간이 훨씬 더 오래 걸리죠. 이건 독감 주사가 아니에요. 노력이 필요해요. 바이올린 같은 거죠. 마술을 부릴 순 없어요. 연습하지 않으면 절대로 훌륭한 연주가 나오지 않아요."

"우리가 가르치는 것의 60퍼센트는 모든 사람에게 적용됩니다. 묘한 건 그 60퍼센트를 개개인에게 어떻게 전달하느냐는 거예요. 만약 내가 당신을 가르친다면 당신의 생각과 사고방식에 관심을 가질 거예요. 당신에게 제일 잘 맞는 식으로 가르치고 싶으니까요. 내가 도전 의식을 가장 불태우는 과제는 톰 브래디를 가르치는 게 아니라 절대로 안 될 것 같은 아이를 가르치는 거예요. 그래서 그 아이가 할 수 있을 때까지 끌어올리는 거죠. 그게 바로 코칭이에요."

마르티네즈는 말했다. "자마커스하고 아마 20일 정도 같이 연습했을 거예요. 기본적으로 근사한 차에 광택을 내는 작업이었죠. 우리는 오늘 했던 거랑 똑같은 훈련을 했어요. 던지기 연습, 드롭백, 패턴, 다운 더 홀, 그러다 좀 지겨우면 농담을 했고요. 그런 식으로 여러 가지를 섞어서, 그냥 단순하게 규칙적으로, 원칙적인 튜닝을 했을 뿐이에요. 그런 다음에 구단 관계자들 앞에서 하게 될 체력 검사 준비를 좀 했죠. 개인적으로 같이 시간을 보내기도 하고 가족도 만났어요. 나는 질문에 대한 답을 찾으려고 노력했어요. 이 아이는 잘 듣는 사람인가? 영리한가? 운동에 대한 가치관은 뭐지? 가장 중요하게 생각하는 것은? 그 모든 답을 찾을 수 있었어요. 자마커스는 가치관이 훌륭하고 건전한 선수예요. 그 애의 삼촌 레이를 만난 적이 있는데, 그 사람도 참 대단하죠. 착하고 좋은 역할 모델이에요. 레이더스가 의견을 물었을 때 나는 이 아이가 풋볼계의 샤킬 오닐이 될 거라고 말했어요."

2007년 3월 14일, 수석 코치 세 명과 제너럴 매니저<small>구단의 선수 운용, 스카우트, 트레이드 등을 총괄하는 전권을 가진 사람 — 옮긴이</small> 네 명을 포함하여 NFL 관계자 100여 명이 드래프트 하기 전에 자마커스 러셀의 체력 검사를 참관하려고 루이지애나 배튼 루지에 모여들었다. 이후 한 시간 동안 자마커스는 예순다섯 개의 공을 던졌고, 모든 종류의 패스를 선보였으며, 그중 다섯 개 빼고는 모두 성공시켰다. 마르티네즈가 말한다. "그는 모든 롤아웃과 드롭백을 했어요. 우리는 아무것도 숨기지 않았어요. 그의 약점으로 알려진 것도 약점이 아니란 것을 보여주고 싶었죠."

체력 검사가 끝났을 때, 샌디에고 차저스의 제너럴 매니저 A. J. 스미스는 "평생 본 쿼터백 중에서 가장 인상적"이었다고 말했다. 6개월 후 레이더스는 자마커스 러셀을 1지망으로 선택했다. 언론이 이유를 묻자 수석 코치인 레인 키핀은 마르티네즈에게 경의를 표하기라도 하듯, 그가 한 말을 사실상 그대로 반복했다. 당연히 마르티네즈는 흐뭇해했다. 그는 이렇게 말한다. "레이더스가 왜 나 같은 사람 말을 들을까요? 나는 유명인이 아니에요. 그냥 평범한 사람일 뿐이죠."

그러나 레이더스가 마르티네즈의 말을 들은 이유는 분명했다. 그는 가치 있고 희귀한 재능을 소유하고 있다. 그는 돈과 경계심과 온통 알 수 없는 것들로 가득 찬 세계에서, 한 번도 만난 적이 없는 사람에게 다가가 교감할 수 있는 능력이 있다. 그리고 그런 능력을 이용해 아직까지 세상에 알려지지 않은, 어쩌면 본인조차 모르고 있는 재능을 소유한 사람을 발굴해낼 수 있다.

해 질 무렵 우리는 마르티네즈의 집 마당에 앉아서 그가 가르치는 대학 팀들, 톰 브래디와의 연습, 그의 가족에 대해 이야기를 나누었다. 그는 나를 위해 야구 코칭에 대한 조언도 해주었다. "좁은 공간에서 번트 다루는 법과 컷오프 주자의 진루에 대비하거나 아웃시킬 목적으로 외야에서 던진 공을 제3의 선수가 목표점의 중간에서 가로채는 플레이 — 옮긴이를 중점적으로 가르쳐요. 공은 사용할 필요도 없어요. 중요한 건 정신적인 부분이니까." 그는 내가 제대로 이해했는지 확인하려고 도표까지 그려가며 설명했다. 그는 헤어질 때쯤 이렇게 말했다. "코치로 일하면 참 좋아요. 이 일엔 뭔가 진짜인 게 있거든요. 손을 좀 대면 누군가를 전보다 나아지게 만들 수 있어요. 완전 끝내주는 기분이죠."

마르티네즈는 레이더스 코치들을 만난 자리에서 자마커스를 다루는 방법에 관해 조언해주었다고 한다. "처음 3년 동안은 일관된 어휘와 방법을 사용하는 코치가 필요해요. 아마도 3년쯤 지나면 경기 경험과 지식이 쌓이겠죠. 어떤 사람에게 6000만 달러를 주고 나서 '이제 가서 트로피를 가져와. 당장 명예의 전당으로 들어가'라고 말할 수는 없어요. 멘토가 필요하죠. 일관성이 필요하고요. 한마디로 누군가 있어야 합니다." 늙은 코치의 목소리는 거칠어졌다. "자마커스도 다른 사람들과 똑같아요. 혼자서는 할 수 없어요."

탤런트 코드의 세계

탤런트 코드를 그림으로 나타낸다면, 대강 이런 모양이 될 것이다.

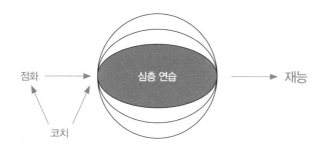

이 모델의 유용성은 유연하다는 점이다. 다양한 영역, 모든 종류의 스킬에 적용할 수 있다. 여기에서는 다른 생활 영역에서 탤런트 코드가 어떻게 적용되는지 간단히 설명하려고 한다. 특히 비즈니스, 인간관계, 노화, 교육, 양육 등과 관련하여 살펴볼 것이다. 책을 시작할 때 탤런트 코드를 X선 안경으로 사용하기로 했는데, 이제부터는 그것이 얼마나 효과적인 망원경이 될 수 있는지 알아보자.

도요타의 연습법

어떤 개념을 조직에 비유할 때 비즈니스보다 더 많은 영감을 주는 분야도 드물다. 비즈니스 세계가 입증하듯이 좋은 조직은 경기장에서 경쟁하는 스포츠 팀 혹은 험난한 대양을 항해하는 배와 같다. 혹은 에베레스트를 등반하는 원정대나 서로 대립하는 그리스 도시국가 등 복잡하게 구조화되어 있고 매력적인 긴장감을 주는 수많은 현상에 비견할 수 있다. 무엇이든지 간에 이런 비유들은 모두 얼마간의 진실을 내포하며, 향상하거나 발전하기 위해서는 특정한 역할, 규칙, 체계 등을 필요로 한다는 공통점이 있다.

미엘린은 다른 모델을 제공한다. 상투적이고 비유적인 장식을 빼고 좋은 조직이란 미엘린으로 이루어져 있다고만 말하면 된다. 기업은 스파르타크의 테니스 선수나 메도마운트의 바이올리니스트와 완전히 똑같은 방식으로 회로를 설계하고 연마하는 사람들의 집단이다. 조직이 점화, 심층 연습, 마스터 코칭의 핵심 원리를 적극 수용할수록 더 큰 성공을 거둘 것이다.

30년 전 도요타는 중견기업이었다. 지금은 세계에서 제일 큰 자동차 제조사로, 순이익이 116억 달러에 달한다. 분석가 대부분은 도요타의 성공이 '가이젠' 전략 때문이라고 한다. 가이젠이란 지속적인 개선을 뜻하는 일본어로, 간단히 말해 기업 버전의 심층 연습이라고 할 수 있다. 가이젠은 작은 문제들을 찾아내 개선하는 과정이다. 잡역부에서 고위 간부에 이르기까지, 도요타의 모든 사원은 문제를 발견하면 생산 라인을 멈출 수 있는 권한을 가진다(모든 공장 바닥에 뽑을 수 있는 코드, '안돈'이 있다).

도요타에서 이루어지는 개선 대부분은 사원들이 아이디어를 낸 것으로, 대개 사소하다. 예를 들어, 부품 통 위치를 30센티미터 옮긴다거나 하는 일이다. 하지만 이런 사소한 변화가 누적되면 무시할 수 없는 결과를 낳는다. 도요타는 해마다 각 조립 라인에 새로운 아이디어 1000여 건을 시행하며, 회사 전체적으로는 약 100만 건을 시행하는 것으로 추산된다. 아기의 비틀거리는 걸음마와 비슷하게 단속적인 방식으로 움직이는 도요타는 자동차를 만드는 거대한 클라리사와 같다. 누적되는 작은 변화는 겹겹이 감긴 미엘린층에 해당하며, 이것은 회로가 각각의 구성 요소를 좀 더 빠르고 원활하게 정확히 운영할 수 있도록 돕는다. 켄터키 조지타운에 위치한 도요타 공장의 정문 위에는 다음과 같이 완벽한 심층 연습의 강령이 적혀 있다. "뭔가 잘못된 것이 있으면, 왜 그렇게 되었는지 다섯 번 질문하자."

대수롭지 않아 보일 것이다. 그러나 모든 심층 연습이 그렇듯이, 문제를 얼버무려 대충 수습하려는 본능적인 경향부터 극복해야 한다. 그런 습성은 비즈니스의 경우에 특히 곤란하다. 현재 도요타의 총무부 책임자인 제임스 와이즈먼James Wiseman은 《패스트 컴퍼니》와의 인터뷰에서, 처음 도요타에 왔을 때 느낀 점을 이야기했다.

"예전 회사에서는 항상 묘안을 찾곤 했어요. 큼직하고 드라마틱하게 개선할 수 있는 방법을 찾았죠. 그런데 도요타에 와서는 상황이 다르다는 것을 깨달았어요. 어느 금요일이었는데, 당시 진행하고 있던 시설 확장 건에 대해 보고했죠. 아주 긍정적으로 말했고, 약간 뻐기기도 했던 것 같아요. 2~3분쯤 지난 후 자리에 앉았어요. 그러자 미스터 조(현재 도요타 회장인 조 후지오)가 물끄러미 나를 바라보더군요. 그가 혼란스러워한다는 것을 알 수 있었어요. 그는 이렇게 말했죠. '제임스 씨, 당신이 좋은 관리자라는 건 우리 모두가 잘 알아요. 그렇지 않았다면 당신을 고용하지도 않았겠죠. 하지만 부디 당신의 문제에 대해서 말해줘요. 그래야 우리가 함께 해결할 수 있을 테니까요.'"

심리 치료에도 심층 연습의 원리가 숨어 있다

캘리포니아 로스앨토스의 어느 번화가, 사무실이 밀집된 별 특색 없는 지역에 소심증 치료 클리닉이 있다. 안으로 들어가면 회색 슬레이트 벽과 따분한 버건디 가구가 눈에 띈다. 유일하게 생동감을 느낄 수 있는 것은 말미잘의 촉수로부터 안전거리가 확보되어 있는지 걱정스럽게 흘끔거리고 있는 흰동가리를 찍은 수중 사진뿐이다. 이 클리닉은 매력적인 아이디어를 바탕으로 만들어졌다. 사회적인 스킬 또한 근육의 스킬과 똑같다는 것이다. 이것이 바로 설립자 필립 짐바르도Philip Zimbardo와 린 헨더슨Lynne Henderson이 개발한, 이른바 사회 적응 훈련의 기본 개념이다. 우리는 그것을 심층 연습이라고 달리 표현할 수 있을 것이다.

치료사인 니콜 실로프Nicole Shiloff가 말한다. "소심한 사람들은 사회적 스킬이 선천적으로 부족한 것이 아니라 충분히 연습하지 못했을 뿐입니다. 전화로 대화하거나 누군가에게 데이트를 신청하는 것은 얼마든지 배울 수 있는 스킬입니다. 테니스 포핸드랑 똑같죠. 중요한 건 한동안 불편한 영역에 머무르면서 불안감을 참는 법을 배워야 한다는 사실이에요. 연습을 하면, 누구나 원하는 수준에 도달할 수 있어요."

나는 소심한 사람들 여덟 명과 함께 이 클리닉의 전형적인 임상 치료 과정에 참여했다. 과거 이야기를 늘어놓거나 소심함의 원인을 해체하려는 시도 같은 건 없었다. 실로프 '코치'의 부드럽지만 엄격한 감독하에, 연습과 피드백이 반복되었을 뿐이다. 실로프는 정확하지 못한 인식을 교정해주고 그들이 더 열심히 노력하도록 밀어붙였다. 메도마운트, 스파르타크, 다른 모든 재능의 용광로에서 본 것과 똑같았다.

프로그램을 마치려면 대개 몇 달이 걸린다. 참가자는 먼저 쉬운 과제부터 시도한다. 역할극 형태로 직장에서 나누는 잡담이나 전화 통화를 연습한다. 그리고 점차 난도가 높은 과제, 이를테면 데이트 신청 같은 것으로 넘어간다. 프로그램 중에서 가장 어려운 과제는 혼잡한 마트 한가운데서 수박을 떨어뜨리는 등 의도적으로 당황스러운 상황에 자신을 밀어 넣는 것이다. 참가자는 사교성 올림픽 종목이라 해도 손색없을 만한 일을 해내야 한다. 실로프는 회로에 신호를 발사하는 것, 즉 불편한 상태에 매번 좀 더 오래 머무는 것이 관건이라고 설명한다. 이것은 반복적으로 비틀거리는 아기의 걸음마와 같은 과정이다. 그러나 이곳에는 그 느낌을 더 정확하게 설명할 수 있는 나름대로의 방식이 있다. 참가자 중 한 사람인 데이비드라는 대학생은 사교성이 향상되는 과정을 비디오게임의 레벨이 높아지는 것에 비유했다.

"처음에는 정말로 혼란스러워요. 마치 사방에서 온갖 것이 나를 향해 달려드는 것 같죠. 하지만 그러고 나면 어느 정도 파악이 돼요. 그리고 오래지 않아 자연스럽게 느껴집니다."

미소가 멋진 스물여섯 살의 컴퓨터 기술자 안드레는 클리닉에 등록하기 전에는 오랫동안 여자와 이야기를 나누지 못했다고 했다. 현재 그는 세 번이나 데이트를 했고, 볼룸 댄스 강좌에도 등록했다. "내가 원래 이렇게 생겨먹었다고 생각했을 때는 어쩔 수 없다 싶었어요. 그러나 이것도 스킬이라면 얘기가 달라지죠."

버추얼 이라크Virtual Iraq의 성공 뒤에도 심층 연습의 원리가 숨어 있다. 버추얼 이라크는 외상후스트레스장애로 고통 받는 미국 군인들을 돕기 위한 새로운 방법이다. 자동차 내연기관이 역화_{연소실 내부에서 연소되어야} _{할 연료 중 미연소된 가스가 흡기관 방향으로 역류하여 흡기관 내부에서 연소되는 현상으로, 굉음이 동반되고 심할 경우} _{주요 부품을 파손시킴—옮긴이} 하는 소리나 발소리 같은 일상적인 사건들이 이 환자들에게는 과거를 떠올리게 하는 고통이다. 버추얼 이라크는 비디오 게임과 비슷한 소프트웨어를 사용해 환자가 겪은 사건을 생생히 재생해서 반복 체험하도록 한다. 냄새, 소리, 촉감까지도 생생하다. 기억을 재현해서 그 기억의 힘을 빼앗는 원리다. 치료사들은 이 기법을 '노출 연장 치료'라고 부른다.

버추얼 이라크는 소심증 치료 클리닉 혹은 재능의 용광로와 완전히 똑같은 방식으로 작동한다. 이때 습득하려고 하는 스킬은 외상을 상기시키는 사건(발소리, 소음 등)을 고통 없이 경험하는 것이다. 회로를 해체할 수는 없다(다시 한 번 말하지만 미엘린은 감기기만 할 뿐 풀리지 않는다). 따라서 새로운 스킬을 습득하는 가장 좋은 방법은 외상적 사건을 환기시키는 현상과 정상적인 생활을 새로운 회로로 연결한 다음, 계속해서 심층 연습하는 것이다.

처음에는 어렵다. 그러나 환자들이 회로에 신호를 많이 발사할수록 점점 더 능숙해진다. 한 완치된 군인은 《뉴요커》와의 인터뷰에서 이렇게 말했다. "비집고 들어오던 생각들이 거의 사라졌어요. 외상후스트레스장애를 완전히 제거할 순 없지만 그것을 안고 살아가는 법을 배울 수는 있죠. 전사한 우리 팀 상사의 사진을 3년 동안 보지 못했어요. 하지만 이제 그 사진은 제 방 벽에 붙어 있습니다." 스킬은 신경 회로를 감싸고 있는 절연층이며, 그것은 특정한 신호에 반응할 때 두꺼워진다.

재능과 나이의 상관관계

인지 및 노화 분야의 연구는 점점 더 활발해지고 있다. 모든 연구는 똑같은 후렴을 복창한다. 즉, '인지능력 저장소cognitive reserve'에 비축된 것을 계속 사용하지 않으면 줄어든다는 것이다. 조지 바조키스 박사는 이 추상적인 말의 의미를 실감 나게 보여주려고 냅킨으로 펜을 단단히 감았다. 펜은 신경섬유이고 냅킨은 미엘린이다. 바조키스 박사의 설명에 따르면, 냅킨에 틈이 벌어지기 시작할 때 뇌도 노화하기 시작된다.

바조키스 박사가 말한다. "나이를 먹을수록, 말 그대로 미엘린이 벌어지기 시작해요. 그래서 노인들은 젊었을 때보다 느리게 움직이는 겁니다. 그들의 근육은 변하지 않았어요. 하지만 근육에 보낼 수 있는 자극의 속도가 변했죠. 미엘린이 나이를 먹기 때문이에요."

불행 중 다행으로, 미엘린의 급증은 30대에 끝나지만 전반적인 양은 50대까지 꾸준히 증가한다. 심층 연습을 열심히 하면 미엘린층을 두껍게 만드는 능력을 계속 유지할 수 있다. 바조키스 박사가 말한다. "미엘린이 살아 있는 물질이라는 점을 명심해야 해요. 항상 생성하고 소멸하죠. 마치 전쟁 같아요. 젊었을 때는 미엘린이 쉽게 생겨요. 50대가 되면 전반적인 균형이 소멸 쪽으로 기울죠. 하지만 미엘린이 계속 생길 수는 있어요. 미엘린의 해체가 진행되고 있더라도 여전히 새로 생길 수 있어요. 우리 생이 끝나는 날까지 가능하죠."

이런 이유 때문에 교육 수준과 알츠하이머 발병률은 상당한 관련이 있다. 바조키스 박사는 교육을 많이 받은 사람일수록 회로가 두껍고 강력하므로 알츠하이머의 초기 징후를 저지하는 데 더 효과적일 수 있다고 말한다. 최근 들어 동일한 원리를 바탕으로 한 논문이나 저서, 비디오게임 등이 쏟아져 나오는 것도 바로 이런 이유에서다. 이런 수많은 연구가 기대고 있는 원리는 연습이 인지능력 감퇴를 막아준다는 것이다. 또한 미엘린 모델은 새로운 도전을 추구하는 것이 얼마나 중요한지 강조한다. 다양한 실험 결과, 사람들의 인지능력은 새로운 도전(실수, 집중, 심층 연습)에 적응하고 익숙해지는 과정에서 증가하는 경향이 있다고 한다. 또 여가 활동을 많이 하는 노인은 치매 발병 위험이 38퍼센트 더 낮다는 사실을 보여주는 연구도 있다. 한 신경과학자는 "사용하지 않으면 줄어든다"라는 슬로건을 바꿀 때가 되었다고 지적한다. 이제 "사용할수록 더 많이 생긴다"라는 새로운 슬로건을 퍼뜨려야 한다.

핀란드 교육의 비밀

지난 40여 년간 미국 교육계는 일명 '읽기 교육 전쟁Reading Wars'으로 분열되었다. 한편에는 글자의 소리를 기억하는 것이 가장 좋은 학습 방법이라고 믿는 전통적인 파닉스Phonics 지지 집단이 있었다. 반대편에는 모든 아이에게 읽고 쓸 수 있는 선천적인 능력이 있으며, 이 능력은 정해진 발달단계에 따라 나타난다고 주장하는 진보주의자 집단이 있었다. 1970년대에 나온 홀 랭귀지Whole Language 이론을 지지하는 이들은 교사의 역할이 강단 위의 현자가 되는 것이 아니라, 옆으로 비켜서서 길을 안내하는 것이라고 믿었다.

1980년대에는 홀 랭귀지 이론이 상승세를 탔다. 케네스 굿맨Kenneth Goodman은 『홀 랭귀지 이론의 본질What's Whole in Whole Language』에서 이렇게 썼다.

"글자를 소리와 연결시켜 가르치겠다는 발상은 지구가 평평하다고 믿는 것과 같다." 학교에서는 아이들의 선천적인 능력이 발현될 수 있도록 책, 단어장, 이야기 등의 풍부한 자료 환경을 제공하기 시작했다. 단순한 소리보다 의미가 강조되었다. 체계적인 문법 교육은 케케묵은 것으로 간주되었다. 학생들이 실수를 무시하도록 장려했고, 제멋대로 만든 철자법을 사용해도 묵인했다. 이러한 운동이 교육계에서 먼저 인기를 얻자 정치가들도 합세했다. 1987년 캘리포니아 주정부는 홀 랭귀지 방식을 사용해 읽기와 쓰기를 가르치도록 의무화했다.

중산층이나 고소득층 가정의 아이들에게는 홀 랭귀지가 도움이 되는 듯 보였다. 적어도 해롭지는 않은 게 분명했다. 그러나 소수집단과 저소득층 가정의 아이들에게는 재앙이 따로 없었다. 1990년대 초, 캘리포니아주의 전국 학력평가시험 점수는 루이지애나주를 제외하면 꼴찌였다. 홀 랭귀지 방식을 채택한 다른 주들도 비슷하게 학력이 저하되었다. 1998년, 국립연구협회National Research Council와 국립독서평가단National Reading Panel은 파닉스를 배제한 교육 방식 때문에 학생들의 학력이 저하되고 있다는 사실을 발견했다. 찰스 사이크스Charles Sykes는 『우리 아이들 바보 만들기Dumbing Down Our Kids』에서, 성적이 평균 이상인 한 4학년생의 사례를 소개했다. 다음은 그 글의 일부다.

Im going to has majik skates.

Im goin to go to disenelan.

Im goin to bin my mom and dad and brusr and sisd.

We r go to se mickey mouse.

그리하여 진자는 다시 파닉스 쪽으로 움직였다. 홀 랭귀지 지지 집단은 위축되었고, 본래 이론에 파닉스를 통합했다. 하지만 여전히 홀 랭귀지 이론의 본질적인 측면을 포기하지 않았다. 반면 파닉스 지지 집단은 장래성이 밝은 교육 프로그램을 줄줄이 선보였다. 이러한 상황에서 수많은 교사와 학교는 서로 모순적으로 보이는 산더미 같은 이론들을 걸러내야 했고, 도무지 어느 쪽이 옳은지 알 수 없었다.

이 문제를 탤런트 코드 모델을 통해 바라보면 답은 명확하다. 파닉스와 홀 랭귀지의 관계는 심층 연습과 점화의 관계를 거울처럼 반영한다. 파닉스는 안정적인 회로를 설계하고, 실수를 지적하고 교정하는 것과 관련이 있다. 그것은 청킹, 즉 스킬을 구성 요소들로 잘게 분해한 다음 각각의 요소를 끈기 있게 연습하고 반복하는 과정이다. 그런 과정을 통해, 체계적으로 발사된 신호들이 우리가 현재 사용하는 것과 같은 고속 회로를 만들어낸다.

반면 홀 랭귀지는 점화와 관련이 있다. 아이들이 읽기와 쓰기를 좋아할 수 있는 환경을 만들어서 동기 부여의 연료 탱크를 채우는 것이다. 다른 점화와 마찬가지로, 홀 랭귀지는 이미 심층 연습을 하고 있거나 앞으로 할 기회가 있는 아이들에게 가속도를 붙이는 역할을 한다. 그러나 그 밖의 아이들에게는 완전히 무가치하다. 미엘린의 원리를 이해하면 '읽기 교육 전쟁'이 전쟁이어서는 안 된다는 점을 알게 된다. 학생들이 효과적으로 스킬을 습득하려면 두 가지가 다 필요하기 때문이다.

또한 학생들에게는 마스터 코치가 필요하다. 수준 높은 티칭 회로를 설계하는 데 성공한 사례는 뜻밖의 장소에서 발견된다. 바로 핀란드다. 핀란드는 10대 학생의 국제학력평가 프로그램 점수가 세계 1위인 나라다. 놀랍게도 핀란드는 성적이 우수한 다른 나라들과 달리, 미국과 비슷한 학생 문화를 갖고 있다. 《월스트리트 저널》은 이렇게 보도했다.

"핀란드 학생들은 온라인에서 시간을 낭비한다. 머리를 염색하고 비꼬기를 잘하며 랩과 헤비메탈을 듣는다. 그런데 핀란드 9학년생의 수학·과학·언어 실력은 미국보다 훨씬 앞서 있다. 이 학생들이 자라서 훗날 세계에서 가장 생산성이 높은 근로자가 된다."

게다가 핀란드는 나라에서 학생 한 사람에게 투자하는 돈도 미국보다 적다. 미국은 8700달러인 데 비해 핀란드는 7500달러다. 어떤 사람들은 핀란드의 성공 원인을 이 나라 특유의 자율적인 전통과 인구의 동질성을 들어 설명하기도 하지만, 어딘가 석연치 않다. 그러한 특징은 예나 지금이나 똑같지만, 1980년대 이전까지는 핀란드의 교육 시스템도 평균적인 수준에 불과했다. 그 후에 무엇이 달라졌을까?

"세 가지 이유가 있습니다." 헬싱키 아라비아 종합학교의 카이수 카르카이넨Kaisu Karkkainen 교장은 《워싱턴 포스트》와 한 인터뷰에서 이렇게 말했다. "첫째는 교사 때문이고, 둘째도 교사, 셋째도 교사 때문입니다."

핀란드에서 교사의 사회적 지위는 의사나 변호사와 동등하다. 보수도 동등한 수준이다. 모든 초등학교 교사가 교육학 석사 학위 소지자이며, 학교는 마치 티칭 병원처럼 운영된다. 젊은 교사들은 분석과 평가를 받고 경쟁도 해야 한다. 어떤 학교에 자리가 하나 나면, 지원자가 마흔 명쯤 몰린다. 핀란드는 수용적인 문화와 적절히 결합된 기획 및 투자 전략 덕분에, 티칭을 심층 연습하는 제도적 방편을 발견한 듯 보인다.

핀란드의 작가이자 철학자인 페카 히마넨Pekka Himanen이 말한다. "얼마나 많은 돈을 투자하느냐가 중요한 게 아닙니다. 핵심은 사람이죠. 핀란드 교육의 수준이 높은 이유는 핀란드 교사의 수준이 높기 때문입니다. 뛰어난 학생들 상당수가 교사가 되고 싶어 해요. 지금 우리는 정보 시대에 살고 있어요. 따라서 교사처럼 정보가 중요한 직업에 종사해야 존경받을 수 있다고 생각하는 거죠."

새롭게 조명할 수 있는 교육적인 문제는 이뿐만이 아니다. '베이비 아인슈타인Baby Einstein' DVD 같은 두뇌 개발 교재가 아이를 똑똑하게 만들 수 있을까?('베이비 아인슈타인'을 효시로 번창하기 시작한 이 산업은 현재 5억 달러 규모에 이른다) 재능에 대한 기존 사고방식에 따른다면 대답은 당연히 긍정적일 것이다. 재능이 타고나는 것이라면, 다채로운 색깔의 도형들이 나오고 현란한 불빛이 반짝거리는 단순하고 매력적인 DVD가 아기의 뇌를 개발하는 데 도움이 될 수도 있을 것이다(바쁜 부모들이 마음의 평화를 얻는 데 도움이 된다는 것은 두말하면 잔소리다).

그러나 연구 결과에 따르면, 이런 두뇌 개발 DVD는 아이를 똑똑하게 만들지 못한다. 실제로는 오히려 덜 똑똑하게 만든다. 2007년 워싱턴 대학교에서 실시한 실험 결과 8~16개월 된 아이들이 한 시간 동안 두뇌 개발 DVD를 보았을 경우 어휘 습득 능력이 17퍼센트 감소한 것으로 나타났다. 이를 미엘린 모델의 관점에서 생각해보면 완벽하게 아귀가 맞아떨어진다. 두뇌 개발 DVD가 효과적이지 못한 이유는 심층 연습을 유도하지 않기 때문이다.

실제로 이런 DVD는 회로 설계에 사용할 수 있는 시간을 낭비하게 하므로 오히려 심층 연습을 적극적으로 방해한다. DVD의 이미지와 사운드는 따끈한 목욕물처럼 아기의 몸에 흘러내린다. 기분을 좋게 만들고 빠져 들게 하지만, 아기가 실제 세계에서 비틀거리면서 경험하는 풍부한 상호작용과 실수 및 학습에 비교하면 아무런 효과가 없는 셈이다.

아이들에게 은밀한 재능이 있다는 상상

다른 많은 부모와 마찬가지로, 아내 젠과 나 역시 우리 아이들이 어릴 때 어떤 징조가 나타나지 않나 싶어서 항상 눈에 불을 켜고 다녔다. 아이들이 기거나 걷거나 뜀박질하는 것을 보면서, 그 안에 어떤 은밀한 재능이 잠재되어 있을지 상상했다. 저 아이는 음악가가 될 운명일까? 아니면 운동선수? 과학자? 이러한 생각은 물론 긍정적인 측면이 있다. 내 아이가 특별한 재능을 타고났다고 믿는 건 정말 신난다. 그러나 그것은 잘못된 가정을 바탕으로 한 생각이다. 허구한 날 운전대를 잡게 만드는 잘못된 기대치를 형성한다. 미술 레슨? 당연히 시켜야지. 하키 캠프? 안 될 거 뭐 있어? 댄스 교실? 체조? 좋고말고. 아이의 신비로운 재능을 키워주고 싶은 부모라면 그러한 재능이 발현될 기회를 거부할 이유가 없다.

하지만 재능을 다른 관점에서 생각하면 인생이 달라지기 시작한다. 다시 말해, 그토록 희미한 빛줄기를 눈에 잘 띄게 드러내고, 점화의 방아쇠가 당겨지는 순간을 찾아내고, 티칭 신호를 잘 조절해서 정확히 발사하면 중요한 차이가 생기기 시작한다. 대부분의 커다란 변화가 그렇듯이 처음에는 작은 변화들이 나타난다. 우리 아들 에이든이 새로운 피아노곡을 연주하기 시작할 때도 그랬다. 에이든은 엄마가 시키는 대로 음표 다섯 개로 이루어진 첫 부분을 수없이 반복했다. 마침내 제대로 칠 수 있을 때까지 비틀거리는 걸음마는 계속되었다. 우리 딸 케이티와 리아가 스키를 탈 때도 똑같았다. 그 아이들은 신이 나서 수도 없이 넘어진 이야기를 떠들어댔는데, 확실히 그것은 점점 나아지고 있다는 신호였다(이 개념은 자동차 운전을 배울 때보다는 스키를 배울 때 더 잘 들어맞는 것 같다). 게다가 딸내미 셋이 브론테 자매처럼 열정적인 필기체로 서로에게 편지를 쓰고 이야기를 지어내기 시작한 것도 어쩌면 마찬가지 경우일지 모른다. 아내는 딸들의 열렬한 창작 활동에 연료를 공급하려고 수많은 색연필과 공책을 준비해준다. 그러나 정말로 달라진 것은 실패에 대한 태도다. 나는 이제 실패가 후퇴라고 생각하지 않는다. 그것은 벽에 붙여놓은 작심삼일 계획표가 아니다. 그것은 앞으로 나아가기 위한 길이다.

작년 여름, 막내딸 조이가 막 피아노 레슨을 시작하려고 할 때였다. 조이는 건반을 쿵쿵 두들기는 것을 좋아했다. 그 애 언니들이 가끔 피아노로 노래를 연주해주기도 했다. 그런데 어느 날 오후, 갑자기 조이는 바이올린 이야기를 하기 시작했다. 한 달 동안 계속 바이올린 타령을 했다. 도대체 왜 그런 생각을 하게 되었는지 알 수 없었다. 블루그래스_{bluegrass : 컨트리 음악의 하위 장르로서 아일랜드·스코틀랜드·잉글랜드 전통 음악에 뿌리를 둠 — 옮긴이} 콘서트를 보여줬기 때문일까? 친구들이 바이올린을 배우나? 집에 피아노 치는 사람이 이미 셋이나 있기 때문일까? 어쨌든 우리는 중고 바이올린을 마련해서 스즈키 교습소로 갔다. 결과만 말하자면, 이제 우리 가족은 밥을 먹을 때마다 쥐방울만 한 바이올리니스트의 연주를 듣는다(꼬마 악사는 팁을 요구하는 것도 잊지 않는다).

　동기를 연구하는 심리학자 캐럴 드웩은 세상 모든 부모에게 필요한 충고는 딱 두 가지라고 말한다. 첫째, 아이가 무엇에 끌리는지 관심을 기울여라. 둘째, 아이의 노력을 칭찬해주어라. 드웩 박사의 매력적인 연구가 보여주듯이, 그런 메시지를 보내는 것만으로도 엄청난 효과를 볼 수 있다. 드웩 박사는 학업 성취도가 낮은 중학생 700명을 대상으로 실험을 했다. 아이들을 두 그룹으로 나눈 다음 첫 번째 그룹은 8주 동안 공부 기술에 대한 워크숍에 참여시키고, 두 번째 그룹은 똑같은 내용인데 50분의 특강이 추가된 워크숍에 참여시켰다. 특강 시간에는 뇌가 도전을 받으면 얼마나 향상될 수 있는지를 설명해주었다. 실험 결과, 한 학기가 지난 후 두 번째 그룹의 성적과 공부 습관이 현저히 향상되었다. 연구 팀은 어느 그룹에 어느 아이들이 속해 있었는지 알려주지 않았다. 그러나 교사들은 구별할 수 있었다. 정확히 지적할 수는 없었지만 뭔가 분명히 달라진 점이 있었기 때문이다.

　작년 6월, 동네에 사는 열두어 살짜리 아이들이 활동하는 리틀리그 올스타 팀의 코치로 일해달라는 부탁을 받았다. 별로 탐나는 일이라고 할 수는 없었다. 그도 그럴 것이, 우리 동네 호머의 올스타 팀은 혼자 보기 아까운 실패로 점철된 오랜 전통을 자랑하기 때문이다. 지난 10년 동안 우리 팀의 역사는 보스턴 학살 사건1770년 3월 5일 영국의 세금 정책에 반대한 시민들 중 다섯 명이 영국군의 총에 맞아 사망한 사건으로, 이를 계기로 독립전쟁이 일어났음 ─ 옮긴이과 똑같은 양상을 보였다. 변변한 장비도 없는 데다 수척한 조무래기들로 이루어진 우리 팀은, 세련된 유니폼을 맞춰 입고 뛰어난 실력으로 무장한 큰 동네 출신의 기갑부대원들에게 패하기 일쑤였다. 2년 전에는 열 번 넘게 출전해서 전패한 기록도 있었다.

선수는 서른 명뿐이었고, 연습할 시간은 겨우 3주였다. 동료 코치 둘과 나는 까탈을 부릴 여유가 없었다. 고심해서 고른 선발 선수 열두 명 중, 쓸 만한 선수는 고작 서너 명이고 나머지는 야구를 잘 모르는 어린 아이들이었다. 외야와 1루를 맡은 샘은 울버린(영화 〈엑스맨〉의 캐릭터로, 위기의 순간에 손등에서 세 갈래의 칼날이 솟아남 _옮긴이)에게 덤벼들려는 사람처럼 험한 스윙을 했다. 야구 모자보다 스타킹 뒤집어쓰기를 더 좋아했던 겐은 뜬공일 때 베이스 주자가 달려야 하는지 아닌지도 모를 정도로 기초가 없었다. 다른 선수 몇몇은 공만 보면 몸이 돌처럼 굳었다. 그도 그럴 것이, 경솔한 게임의 여파로 벤이란 아이가 멍든 두 눈과 깨진 코를 전리품처럼 달고 다녔기 때문이다. 첫 연습 날 워밍업 시간에, 우리 코치 셋은 한 가지 과제를 내주었다. 두 명씩 짝을 지은 다음, 받는 사람이 공을 떨어뜨리거나 던지는 사람이 상대의 키를 넘기지 않고 열 번씩 정확히 던지고 받는 연습을 시켰다. 모든 팀이 성공하는 데 15분이 걸렸고, 그 후 우리는 다른 훈련으로 넘어갈 수 있었다.

다들 말하듯이 방법은 하나뿐이었다. KIPP의 마이크 파인버그와 데이브 레빈처럼, 나 역시 부치 캐시디의 방법을 따랐다. 나는 지난 1년 반 동안 만난 사람들과 재능의 용광로를 통해 얻은 아이디어를 훔쳤다. 그리고 3주 동안 그것을 우리 팀에 적용했다.

메도마운트의 음악 교사들처럼, 우리는 타격을 가르치기 위해 스윙 속도를 늦췄고, 과녁을 이용했고, 좋은 스윙 동작을 반복적으로 보여주며 따라 하게 했다.

존 우든과 린다 셉티엔처럼, 우리는 정보를 전달하는 GPS 스타일의 말을 빠르게 폭발적으로 내뱉었다. 예전의 나는 항상 집단 전체를 대상으로 한 가지 방법만을 사용해 가르쳤다. 이제는 선수 하나하나를 목표 삼아 그들과 교감할 방법을 찾으려고 애쓴다. 아이들이 정확하게 해내면 잠시 멈추고 그 느낌을 기억하라고 말한다.

브라질의 풋살 선수들처럼, 우리는 게임을 압축해서 속도를 높일 수 있는 방법을 개발했다. 우리는 14미터가 아니라 9미터 거리에서 타격 연습을 했다. 덕분에 타자들은 더 빨리 움직여야 했다.

톰 마르티네즈처럼, 우리는 수비 테크닉을 가르치기 위해 미니어처 야구장을 만들었고 게임의 정신적인 요소를 분리했다. 즉, 번트가 나오면 누가 제일 먼저 움직여야 하는지, 컷오프 플레이는 누가 해야 하는지 등을 중점적으로 다루었다. 뻔뻔스럽게도 나는 마르티네즈의 수법을 그대로 써먹었다. "던지기를 다듬어." "자신감을 가져." "만만치 않지?"

결전의 그날, 우리는 승합차를 빌려 타고 나흘간의 토너먼트가 열리는 케나이로 갔다. 운동장에 본부를 차린 다음, 꼬불쳐둔 비밀 무기들을 꺼냈다. 선수들은 행운을 빌어주는 북극곰 인형 폴리를 어루만졌고, 힘을 내기 위해 연어 요리를 먹었고, 우리 집 아이들이 마련해준 눈에 잘 띄는 고무 밴드와 끈을 착용했고, 가수 비욕 스타일로 머리를 매만졌다. 우리는 이만하면 준비가 다 되었다고 느꼈다. 그러나 첫 상대인 코디악 선수들이 슬슬 필드로 걸어 나오자, 아이들은 갑자기 불안하고 초조해 보였다. 스탠드에 있는 학부모도 마찬가지였다. 그중에는 작년에 코디악과 붙었던 경기를 기억하는 사람들도 있었다. 그때는 15대 1로 깨졌다. 코디악 선수들은 절도 있게 워밍업을 시작했다. 우리는 말없이 바라보았다. "쟤네는 정말 잘하지." 벤이 경외심을 감추지 못하고 뇌까렸다.

벤의 말을 증명이라도 하듯, 코디악의 선발 타자는 3루 라인까지 부드럽게 굴러가는 완벽한 번트를 댔다. 확실한 공이었다. 그런데 그게 끝이 아니었다. 우리의 3루수 브라이언이 돌진하더니 맨손으로 공을 잡아 재빨리 1루로 던졌다. 1루에는 2루수 조한이 아웃을 잡으려고 기다리고 있었다. 우리는 3회까지 한 점도 내주지 않았고, 정말 어려운 공 두 개를 쳐서 먼저 2점을 냈다. 이어서 코디악은 4점으로 응수했다. 그다음에는 브라이언이 앤드루 존스도 울고 갈 좌측 담장을 넘기는 홈런을 때렸다. 그도 놀라고 우리도 놀랐다. 긴박하고 스릴이 넘쳤으며 무엇보다 경기 내용이 훌륭했지만, 아쉽게도 결국 졌다. 그러나 아이들은 행복했다. 본부에 모여서도 열기가 가라앉지 않았고, 모두들 자기가 해낸 일에 충격을 받았다. 한 학부모는 이렇게 말했다. "기적 같아요."

기적처럼 토너먼트에서 우승했다고 말할 수 있으면 얼마나 좋겠냐마는 그러지는 못했다. 우리는 잘 싸웠다. 한 번 이겼고, 심장이 멈출 것처럼 아슬아슬했던 두 경기에서 아깝게 패했다. 그중 한 번은 연장전까지 갔다. 매 경기를 할 때마다 수많은 계시의 순간이 있었다. 젠은 1루타를 쳤고, 에이단은 상대의 타선을 꽁꽁 묶는 공을 던졌다. 벤은 대담무쌍한 캐치를 했으며, 울버린 파이터였던 샘은 홈런을 쳤다. 그리고 마지막 게임이 끝나고 팀이 해산했을 때, 몇몇 아이들은 여전히 유니폼을 입은 채로 운동장에 남아 연습 게임을 했다. 아마 그 아이들은 밤새도록 그러고 있었을 것이다.

프로젝트를 시작했을 때가 생각난다. 나는 그때 전자현미경으로 찍은 미엘린 사진을 처음 보았다. 상식적으로 볼 때 그다지 멋진 이미지는 아니었다. 선명하지 않고 흐릿한 사진이었다. 하지만 나는 지금도 그 사진을 보는 게 좋다. 왜냐하면 절벽 면의 균열이나 나무의 나이테처럼 겹겹이 쌓인 미엘린층을 볼 수 있기 때문이다. 미엘린층 하나하나는 과거에 일어난 사건들의 고유한 흔적이다. 어떤 층은 코치의 지적을 받았을 때 생겼을 것이고, 어떤 층은 부모의 격려하는 시선과 마주쳤을 때 생겼을 것이다. 또 어떤 층은 맘에 드는 노래를 들었을 때 생겼을지도 모른다. 미엘린층에는 한 사람의 사연, 즉 인생을 살아오면서 경험한 상호작용과 영향력의 흐름이 담겨 있다. 그것은 어떤 신비로운 이유로 불이 켜진 크리스마스 전구와도 같다.

집에 있을 때 가끔 그런 희미한 빛줄기를 상상하곤 한다. 그 불빛은 우리 가족이 게임을 하거나 독서에 열중해 있을 때, 또는 저녁 식사를 하며 이야기를 나눌 때 은은하게 반짝거린다. 이렇게 작은 아이들이 어느새 어른이 되어 믿기지 않을 만큼 복잡하고 놀라운 일들을 해낸다는 것이 도저히 있을 수 없는 일처럼 느껴진다. 그러나 불가능하지 않다. 언젠가 반드시 일어날 것이다.

예전에 우리 막내딸 조이는 개를 기르는 뚱뚱한 왕과 왕비에 대한 노래를 바이올린으로 연주하려고 한 적이 있다. 맘대로 잘되지 않자 조이는 자주 멈추었고 실수를 했고 거듭 시도했다. 서툴지만 근사한 소리가 났다. 조이는 당차게 말했다. "나는 이 노래를 수천 번, 수만 번 연습할 거예요. 그러면 굉장히 잘하게 될 테니까요."

| 프롤로그 |

클라리사의 심층 연습에 대해서는 다음을 참조한다. Gary E. McPherson and James
M. Renwick, "Interest and Choice : Student-Selected Repertoire and Its Effect
on Practising Behavior," British Journal of Music Education 19 (June 2002), 173–
188 ; "I've Got to do My Scales First!" Proceedings of the Sixth International
Conference on Music Perception and Cognition (Keele, Staffordshire, U. K. : Keele
University Department of Psychology, 2000), CD–ROM.

| 1장 |

힘들게 학습하는 방식의 효과에 대한 로버트 비욕의 연구를 참조한다. Robert Bjork,
"Memory and Metamemory Considerations in the Training of Human Beings,"
in Metacognition : Knowing About Knowing (Cambridge, Mass. : MIT Press, 1994),
pp. 185–205 ; "Assessing Our Own Competence : Heuristics and Illusions," At-
tention and Performance XVII. Cognitive Regulation of Performance : Interac-
tion of Theory and Application (Cambridge, Mass. : MIT Press, 1999), pp. 435–459.
심층 연습이 흥미로운 이유는 비욕 교수가 '능력의 환각'이라고 부르는 표층 연습과
별로 다르게 느껴지지 않는다는 점 때문이다. 이 주제와 관련한 연구 중에서 특히 흥
미로운 사례는 새로운 키보드 시스템을 배우려고 다양한 훈련 방식을 경험한 영국 집
배원들의 이야기다. 요약하자면, 실제로 가장 적게 배운 집배원들이 가장 많이 배웠다
고 생각했고, 그 반대도 마찬가지였다. 다음을 참조한다. A. D. Baddeley and D. J. A.
Longman, "The Influence of Length and Frequency of Training Session on the
Rate of Learning to Type," Ergonomics 21 (1978), pp. 627–635.
또 다른 차원의 심층 연습은 마케팅 및 광고 분야에서 찾아볼 수 있다(아마 다른 어느

분야에서보다 중요했을 것이다). 간단히 말해서, 좋은 광고에는 심층 연습과 똑같은 원칙이 적용된다. 즉, 시청자의 능력이 닿을락 말락 한 곳까지 밀어붙여서 스위트 스팟에 머물게 하고, 궁극적으로 회로에 정확한 신호를 발사해서 학습 능력을 향상시킨다. 대부분의 성공한 광고를 이해하는 데 얼마간의 인지적 작업이 필요한 것은 바로 이 때문이다. 이를테면 "~ingle ~ells, ~ingle ~ells. J&B가 없으면 제대로 된 크리스마스가 아닙니다"라는 카피가 나오는 위스키 광고처럼 말이다. 이러한 현상의 또 다른 예는 다음을 참조한다. Jaideep Sengupta and Gerald J. Gorn, "Absence Makes the Mind Grow Sharper : Effects of Element Omission on Subsequent Recall," *Journal of Marketing Research* 39 (May 2002), 186-201.

샤킬 오닐의 자유투 개선 방안에 대해서는 다음을 참조한다. R. Kerr and B. Booth, "Specific and Varied Practice of Motor Skill," *Perceptual and Motor Skills* 46, (1978), 395-401.

에드윈 링크와 그의 트레이너에 대해서는 다음에 수록된 로이드 켈리(Lloyd L. Kelly)의 인터뷰를 참조한다. Robert B. Parke, The Pilot Maker (New York : Grosset & Dunlap, 1970) ; Norman E. Borden, Jr., *Air Mail Emergency 1934* (Freeport, Me. : Bond Wheelwright, 1968) ; D. J. Allerton, "Flight Simulation : Past, Present, and Future," *Aeronautical Journal* 104 (2000), 651-663 ; http://www.link.com/history.html ; Virginia Van der Veer "Barnstorming the U. S. Mail," American Heritage, May 1974.

풋살이 스킬 향상에 도움이 되는 원리에 대해서는 다음을 참조한다. J. D. Allen, R. Butterly, M. A. Welsch, and R. Wood, "The Physical and Physiological Value of 5-a-Side Soccer Training to 11-a-side Match Play," *Journal of Human Movement Studies* 31 (1998), 1-11 ; Simon Clifford, *Play the Brazilian Way* (London : MacMillan, 1999).

| 2장 |

르네상스 시대 길드 시스템에 대해서는 다음을 참조한다. S. R. Epstein, "Craft

Guilds, Apprenticeship, and Technological Change in Preindustrial Europe," *Journal of Economic History* 58, no. 3 (1998), 684-713 ; S. R. Epstein, *Wage Labor and Guilds in Medieval Europe* (Chapel Hill : University of North Carolina Press, 1991).

르네상스 시대 도제 시스템에 대해서는 다음을 참조한다. Andrew Ladis and Carolyn H. Wood, *The Craft of Art : Originality and Industry in the Italian Renaissance and Baroque Workshop* (Athens : University of Georgia Press, 1995) ; Laurie Schneider Adams, *Key Monuments of the Italian Renaissance* (Boulder, Colo. : Westview Press, 2000) ; Robert Coughlan, *The World of Michelangelo* (New York : Time-Life Books, 1966) ; Charles Nicholl, *Leonardo da Vinci : Flights of the Mind* (New York : Viking Penguin, 2004).

Z보이스의 초창기 화려한 기록은 다음을 참조한다. Greg Beato, "Lords of Dogtown," *Spin*, March 1999.

브론테 자매에 대해서는 전기적 근거에 충실한 줄리엣 바커의 탁월한 저서를 참조한다. Juliet Barker, *The Brontës* (New York : St. Martin's Griffin, 1994). 다음의 자료도 참조한다. Ann Loftus McGreevy, "The Parsonage Children : An Analysis of the Creative Early Years of the Brontës at Haworth," *Gifted Child Quarterly* 39, no. 3 (1995), 146-153 ; George Eliot and Charles Dickens, in Michael J. A. Howe, *Genius Explained* (Cambridge, U. K. : Cambridge University Press, 1999).

유전자의 역할 및 미엘린의 진화에 대해서는 다음을 참조한다. Richard Dawkins, *The Selfish Gene* (Oxford, U. K. : Oxford University Press, 1976).

아인슈타인의 미엘린 과잉에 대한 재미있는 이야기가 있다. 병리학자인 토머스 하비(Thomas Harvey)는 아인슈타인의 뇌를 훔친 다음 평생 동안 갖고 있다가, 말년에 운 좋은 연구자 몇에게 소포로 보냈다. 자세한 내용은 다음을 참조한다. Michael Paterniti, *Driving Mr. Albert* (New York : Dial Press, 2000). 마리안 다이아몬드는 그런 운 좋은 연구자 중 하나였다. 1985년에 그녀는 좌뇌와 우뇌의 주요 부분을 종합적으로 분석했다. 그리고 아인슈타인의 뇌와 동일 연령의 남자 열한 명의 뇌에서 똑같은 부분을 비교했다. 결과적으로 뉴런에 관해서는 모든 뇌가 비슷하다는 것을 발견했다. 그러나 미엘린지지 세포의 경우, 아인슈타인의 뇌가 두 배 더 많았다. 다음을 참조한다. Marian Diamond, "On the Brain of a Scientist : Albert Einstein," *Experimental Neurology* 88, no. 1 (1985), 198-204.

| 3장 |

아드리안 데호르트의 체스 연구는 다음을 참조한다. *Thought and Choice in Chess* (The Hague, Netherlands : Mouton, 1965) ; Vittorio Busato, "In Memoriam : Adriaan Dingeman de Groot," *Association for Psychological Science Observer* 19, no. 11 (November 2006).

청킹에 대해서는 다음을 참조한다. W. G. Chase and H. A. Simon, "Perception in Chess," *Cognitive Psychology* 4 (1973), 55-81 ; D. A. Rosenbaum, S. B. Kenny, and M. A. Derr, "Hierarchical Control of Rapid Movement Sequences," *Journal of Experimental Psychology : Human Perception and Performance* 9 (1983), 86-102.

모스크바의 스파르타크 테니스 클럽에 대한 유익하고 흥미로운 자료인 다큐멘터리 필름을 참조한다. Peter Geisler and Philip Johnston, *Anna's Army : Behind the Rise of Russian Women's Tennis* (Byzantium Productions, 2005).

메도마운트 음악학교에 대해서는 다음을 참조한다. Elizabeth A. H. Green, *Miraculous Teacher : Ivan Galamian and the Meadowmount Experience* (self-published, 1993).

자기 규제 학습에 대해서는 다음을 참조한다. Barry Zimmerman and Dale H. Schunk, eds., *Self-Regulated Learning : From Teaching to Self-Reflective Practice* (New York : Guilford Press, 1998) ; Barry Zimmerman, Sebastian Bonner, and Robert Kovach, *Developing Self-Regulated Learners : Beyond Achievement to Self-Efficacy* (TK city, TK state : American Psychological Association, 1996).

배구 서브 연구는 다음을 참조한다. Barry Zimmerman and Anastasia Kitsantas, "Comparing Self-Regulatory Processes Among Novice, Non-Expert, and Expert

Volleyball Players : A Microanalytic Study," *Journal of Applied Sport Psychology* 14 (2002), 91-105.

미국 학교와 일본 및 독일 학교를 비교한 연구는 다음을 참조한다. James W. Stigler and James Hiebert, *The Teaching Gap : Best Ideas from the World's Teachers for Improving Education in the Classroom* (New York : Free Press, 1999).

아기들의 심층 연습에 대해서는 다음을 참조한다. K. E. Adolph, P. E. Shrout, and B. Vereijken, "What Changes in Infant Walking and Why," *Child Development* 74, no. 2 (2003), 475-497. 다음 웹사이트에는 이 연구가 잘 요약되어 있다. Greta and Dave Munger's Cognitive Daily blog : http://scienceblogs.com/cognitivedaily.

| 4장 |

미엘린 혁명이라고 부를 만한 필즈 박사의 연구 성과를 참조한다. Douglas Fields, "White Matter Matters," *Scientific American* (March 2008), 54-61 ; "Myelination : An Overlooked Mechanism of Synaptic Plasticity?" *Neuroscientist* 11, no. 6 (2005), 528-531. 조현병, 강박신경장애, 만성 우울증, 양극성 장애, 자폐, 난독증, 주의력결핍장애 등의 질환과 미엘린의 관계에 대해서는 다음을 참조한다. Douglas Fields, "White Matter in Learning, Cognition, and Psychiatric Disorders," *Trends in Neurosciences* 31, no. 7 (July 2008), 361-370. 좀 더 포괄적인 교육 전반에 대한 내용은 곧 출간될 필즈 박사의 저서를 참조한다(*The Other Brain*, Simon & Schuster).

미엘린과 스킬 및 재능을 구체적으로 연결한 연구는 다음을 참조한다. J. Pujol, "Myelination of Language-Related Areas in the Developing Brain," *Neurology* 66 (2006), 339-343 ; F. Ullen et al., "Extensive Piano Practicing Has Regionally Specific Effects on White Matter Development," *Nature Neuroscience* 8 (2005), 1148-1150 ; T. Klingberg et al., "A Neural Basis for Reading Ability : Microstructure of Temporo-parietal White Matter," *Neuron* 25 (2000), 493-500 ; B. J. Casey et al., "Structural and Functional Brain Development and Its Relation to Cognitive Development," *Biological Psychology* 54 (2000), 241-257 ; K. B. Walhovd and A. M. Fjell, "White Matter Volume Predicts Reaction Time Instability," *Neuropsychologia* 45 (2007), 2277-2284 ; V. J. Schmithorst et al., "Cognitive Functions Correlate with White Matter Architecture in Normal Pediatric Population," *Human Brain Mapping* 26 (2005) 139-147 ; E. M. Miller, "Intelligence and Brain Myelination : A Hypothesis," *Personality and Individual Differences* 17 (1994), 803-832 ; B. T. Gold et al., "Speed of Lexical Decision Correlates with Diffusion Anisotropy in Left Parietal and Frontal White Matter," *Neuropsychologia* 45 (2007), 2439-2446 ; T. Klingberg et al., "Microsctructure of Temporo-Parietal White Matter as a Basis for Reading Ability," Neuron 25 (2000), 493-500.

계획적인 연습에 대한 안데르스 에릭슨의 연구는 다음을 참조한다. *Cambridge Handbook of Expertise and Expert Performance* (New York : Cambridge University Press, 2006), coedited with Neil Charness, Paul Feltovich, and Robert Hoffman ; *Expert Performance in Sports* (Champaign, Ill. : Human Kinetics, 2003), coedited with Janet L. Starkes ; *The Road to Excellence* (Mahwah, N. J. : Lawrence Erlbaum Associates, 1996) ; "Expert Performance : Its Structure and Acquisition," *American Psychologist* 49, no. 8 (1994), 725-747, coauthored with Neil Charness ; Michael J. A. Howe, Jane W. Davidson, and John A. Sloboda, "Innate Talents : Reality or Myth," *Behavioral and Brain Sciences* 21 (1998), 399-407.

결정적이지는 않지만 재미있는 사실은 심층 연습이 다른 종에게도 효과가 있다는 점이다(어쨌든 미엘린은 미엘린이니까 말이다). 다음을 참조한다. W. S. Helton, "Deliberate Practice in Dogs : A Canine Model of Expertise," *Journal of General Psychology* 134, no. 2 (2007), pp. 247-257.

|5장|

점화된 초보 연주자에 대한 게리 맥퍼슨의 연구는 다음을 참조한다. "Commitment and Practice : Key Ingredients for Achievement During the Early Stages of Learning a Musical Instrument," *Council for Research in Music Education* 147

(2001), 122-127 ; "From Child to Musician : Skill Development During the Beginning Stages of Learning an Instrument," Psychology of Music 33, no. 1 (2005), 5-35. 배리 짐머만과 공저한 다음 논문도 참조한다. "Self-Regulation of Musical Learning," in *The New Handbook on Research on Music Teaching and Learning* (Oxford, U. K. : Oxford University Press, 2002), 327-347. 게리 맥퍼슨의 연구는 아직 끝나지 않았다. 일곱 살 때부터 그의 연구에 참여한 아이들은 이제 대학에 들어갈 나이가 되었다. 그중 몇몇은 미엘린층이 꽤 두꺼워졌다. 자동성 분야에 대한 자세한 내용은 다음을 참조한다. John Bargh, Ran Hassin, and James Uleman, eds., *The New Unconscious* (New York : Oxford University Press, 2005). 또한 런던 유니버시티 칼리지의 신경심리학과 교수인 크리스 프리스의 저서도 참조한다. Chris Frith, *Making up the Mind : How the Brain Creates our Mental World* (New Jersey : Wiley-Blackwell, 2007). 다음 웹사이트에는 자동성과 그 사회적인 영향에 대한 광범위한 연구와 토론 내용이 잘 요약되어 있다. The Situationist : http://thesituationist.wordpress. com.

같은 생일의 영향력에 대한 월튼 교수의 연구는 아직 발표되지 않았다(Gregory Walton and Geoffrey Cohen, "Mere Belonging"). 그 대신 다음을 참조한다. "Sharing Motivation," in D. Dunning, ed., *The Handbook of Social Motivation*. 무의식적으로 점화된 피험자가 목표를 변경하고 더 많은 노력을 기울이고 스킬을 향상시킨 것에 대한 또 다른 연구를 참조한다. G. M. Fitzsimons and John Bargh, "Thinking of You : Nonconscious Pursuit of Interpersonal Goals Associated with Relationship Partners," *Journal of Personality and Social Psychology* 84, no. 1 (2003), 148-164.

정반대 현상을 보여주는 연구도 있다. 무의식적으로 점화된 피험자가 머리를 쓰거나 노력을 기울이지 않고 스킬이 저하된 것에 대한 연구는 다음을 참조한다. R. Baumeister, C. Nuss, and J. Twenge, "Effects of Social Exclusion on Cognitive Processes : Anticipated Aloneness Reduces Intelligent Thought," *Journal of Personality and Social Psychology* 83, no. 4 (2002), 817-827.

유명한 고아들에 대한 마빈 아이젠스타트의 연구는 다음에 나온다. *Parental Loss and Achievement* (Madison, Conn. : International Universities Press, 1989). 이 현상에

대한 또 다른 논의는 다음을 참조한다. Dean Keith Simonton, *Origins of Genius : A Darwinian Perspective on Creativity* (New York : Oxford University Press, 1999). 좀 더 일반적인 내용은 다음을 참조한다. Victor Goertzel et al., *Cradles of Eminence : The Childhoods of More than 700 Famous Men and Women*, rev. ed. (Scottsdale, Ariz. : Great Potential Press, 2004).

| 6장 |

큐라소의 야구 프로그램을 생생하게 관찰한 다음 저서를 참조한다. Charles Euchner, *Little League, Big Dreams : The Hope, The Hype and the Glory of the Greatest World Series Ever Played* (Naperville, Ill. : Source books, 2006).

동기에 대한 학구적이고 포괄적인 연구는 다음을 참조한다. Carol Dweck and Andrew Eliot, eds., *The Handbook of Competence and Motivation* (New York : Guilford Press, 2005). 칭찬하는 말 한마디의 힘을 측정한 드웩 박사의 연구는 다음을 참조한다. A. Cimpian et al., "Subtle Linguistic Clues Affect Children's Motivation," *Psychological Science* 18 (2007), 314-316. 드웩 박사가 쓴 다음 저서도 참조한다. *Mindset : The New Psychology of Success* (New York : Random House, 2006).

언어의 힘에 대한 통찰력이 빛나는 포 브론슨의 연구를 참조한다. Po Bronson, "How Not to Talk to Your Kids : The Inverse Power of Praise," *New York*, February 12, 2007.

| 7장 |

KIPP 이야기는 그동안 언론에서 자세히 다루었다. 가장 눈에 띄는 내용은《워싱턴 포스트》에 실린 제이 매슈스의 기사와《뉴욕 타임스 선데이 매거진》에 실린 폴 터프의 기사다. 자세한 내용은 다음을 참조한다. Jay Mathews, *Work Hard, Be Nice : How Two Inspired Teachers Created America's Best Schools* (Chapel Hill, N. C. : Algonquin Books, 2009).

| 8장 |

허먼 램의 이야기는 다음에 나온다. John Toland, *The Dillinger Days* (New York : Da Capo Press, 1995) ; Duane Swierczynski, *This Here's a Stick-Up* (Indianapolis, Ind. : Alpha Books, 2002). 짐작과 달리, 램의 이름과 갱스터들이 흔히 하는 말인 "on the lam"의 기원이 언어학적으로 관련되어 있다는 증거는 없다. 참고로 이 표현은 경찰에 쫓겨 도주 중인 상태를 뜻한다.

론 갈리모어와 롤런드 타르프의 대안학교에 대한 내용은 다음을 참조한다. *Rousing Minds to Life : Teaching, Learning, and Schooling in a Social Context* (New York : Cambridge University Press, 1988). 존 우든에 대한 훌륭한 책은 많다. 그러나 교육학적인 관점에서는 UCLA의 농구 선수였던 스웬 네이터와 갈리모어가 공저한 책에 필적하는 것을 찾기 어렵다. Swen Nater and Ron Gallimore, *You Haven't Taught Until They Have Learned* (Morgantown, W. V. : Fitness Information Technology, 2006). 2004년 갈리모어와 타르프는 존 우든에 대한 연구를 업데이트 했다. "What a Coach Can Teach a Teacher, 1975-2004 : Reflections and Reanalysis of John Wooden's Teaching Practices," *Sport Psychologist* 18, no. 2 (2004), 119-137.

최고의 인재 120명에 대한 벤자민 블룸의 연구는 다음을 참조한다. *Developing Talent in Young People* (New York : Ballantine, 1985).

| 에필로그 |

파닉스와 홀 랭귀지 전쟁에 대한 많은 이야기 가운데 가장 주목할 만한 것은 다음 두 가지다. Nicholas Lemann, "The Reading Wars," *Atlantic Monthly*, February 1997 ; Charlotte Allen, "Read It and Weep," *Weekly Standard*, July 16, 2007.

미엘린에 대해 알게 되면 텔레비전을 잘 안 보게 되는 부작용(?)이 생긴다. 좀 더 정확하게 말하자면, 텔레비전을 많이 볼수록 '수동적인 즐거움'이라는 스킬이 쌓인다는 사실을 깨닫게 된다. 두뇌 개발 DVD가 어휘 발달 속도를 늦추는 것에 대한 연구는 다음을 참조한다. F. J. Zimmerman, D. A. Christakis, and A. N. Meltzoff, "Associations Between Media Viewing and Language Development in Children Under Age 2

Years," *Journal of Pediatrics* 151, no. 4 (2007), 364-368. 좀 더 일반적인 주제를 다룬 연구는 다음을 참조한다. A. N. Meltzoff, Alison Gopnik, and Patricia Kuhl, *The Scientist in the Crib : What Early Learning Tells Us about the Mind* (New York : Harper, 2000).

인지능력 저장소 및 노화에 대한 연구는 다음에 나온다. N. Scarmeas et al., "Influence of Leisure Activity on the Incidence of Alzheimer's Disease," *Neurology* 57 (2001), 2236-2242.

이 책은 스킬 및 재능에 대한 수많은 분야의 저서를 참조하여 완성되었다. 그중에서 특히 탁월한 것들은 다음과 같다. 일부는 회상록이나 전기인데, 스킬 습득 과정이 자세히 묘사되어 있어서 참고했다. 미엘린이란 단어가 한 번도 안 나오는 책들이지만 그 존재감이 생생히 느껴진다.

John Jerome, *The Sweet Spot in Time : The Search for Athletic Perfection* (New York : Breakaway Books, 1980) ; Steven Pinker, *How the Mind Works* (New York : W. W. Norton, 1997) ; Glenn Kurtz, *Practicing : A Musician's Return to Music* (New York : Alfred A. Knopf, 2007) ; Twyla Tharp, *The Creative Habit* (New York : Simon & Schuster, 2003) ; John McPhee, *A Sense of Where You Are : Billy Bradley at Princeton* (New York : Farrer, Straus & Girax, 1965) ; Steve Martin, *Born Standing Up* (New York : Simon & Schuster, 2007).

THE LITTLE BOOK OF TALENT
: 52 Tips for improving your skills

Book in Book

재능을 폭발시키는
52가지 학습의 기술

당신이 반복적으로 하는 일, 그것이 바로 당신이다.
그러므로 탁월함은 행동이 아니라 습관에서 나온다.

아리스토텔레스

목차

최고들의 매뉴얼을 훔쳐라

몇 해 전부터 재능의 용광로들을 방문해 취재했다. 스포츠, 예술, 음악, 비즈니스, 수학 등 여러 분야에서 세계 최고의 인재를 수없이 배출하는 소규모 조직들이었다. 취재하는 동안 또 다른 재능의 용광로를 방문하기도 했다. 재능 개발에 관한 신과학을 연구하는 실험실과 연구소였다. 재능은 타고난 것이며 태어날 때부터 주어진 선물이라고 지난 수 세기 동안 우리는 무의식적으로 생각해왔다.

하지만 이제 안데르스 에릭슨 박사, 더글러스 필즈 박사, 로버트 비욕 박사를 비롯한 여러 과학자들의 연구 덕분에 재능에 관한 오래된 믿음이 깨지고 새로운 패러다임이 대두하고 있다. 재능은 유전자보다는 우리의 행위에 따라 결정되며, 특히 집중적인 연습과 동기 부여가 결합해 뇌를 성장시킬 때 더욱 큰 효과를 발휘한다는 사실이다.(왜 뇌인가? 재능 개발은 뇌의 성장과 관련 있기 때문이다. '근육이 기억하는' 일은 가능하지 않다. 근육은 뇌가 시키는 대로 행동할 뿐이다. 따라서 신과학은 다음과 같이 요약할 수 있다. '재능을 개발하고 싶은가? 집중적인 연습을 통해 더 나은 뇌로 만들어라.')

이 취재의 결과물을 나는 『탤런트 코드』에 담았다. 이 책은 뇌의 자연스러운 메커니즘에 따라 스킬을 연마해온 재능의 용광로들이 어떻게 성공했는지를 다루고 있다.

이 여행은 예상치 못한 다른 변화를 낳기도 했다. 나는 기자이기도 하지만 네 아이의 아빠이자 하키 선수의 남편이며 야구 팀 코치로 자원봉사를 하고 있다. 우리 가족은 스킬을 획득하고 개발하는 과정에 관한 질문과 고민을 일상적으로 공유한다. 구구단을 배우는 딸아이에게 어떤 도움을 줄 수 있을까? 진정한 재능과 일시적인 흥미를 어떻게 구별할 수 있을까? 동기 부여를 유도하는 가장 바람직한 방법은 무엇일까? 집착하는 부모가 되지 않고 스트레스를 받는 불행한 자녀로 만들지 않으면서, 아이가 발전하도록 독려하려면 어떻게 해야 할까? 결과적으로 탁월한 재능의 용광로들을 찾아다닌 여행은 저널리스트이자 작가로서의 성공뿐 아니라 더 나은 코치, 더 나은 아빠가 되는 기회를 내게 선사해주었다.

이 기회는 첫 번째로 방문한 모스크바의 스파르타크 테니스 클럽에서 시작되었다. 첫날 아침, 나는 수많은 선수가 느린 동작으로 공 없이 라켓만 휘두르는 광경을 보았다. 강사는 그들의 자세를 미세하게 조정해주고 있었다. 나는 강사가 다양한 연령대를 섞어 그룹을 짓고 있음을 알아챘다. 어린 선수들은 자기보다 나이가 많은 선수들에게 시선을 고정한 채 그들의 동작을 뚫어지게 쳐다보고 있었다. 마치 완벽한 포핸드와 백핸드의 이미지를 뇌 속에 각인시키고 있는 듯했다. 바로 그때, 내 머릿속에 이런 생각이 자리를 잡았다.

'이 방식을 집에서도 그대로 적용할 수 있겠구나.'

이후로 나는 유용해 보이는 기술이나 비법을 발견할 때마다 수첩에 적고 형광분홍색 포스트잇을 붙였다. "새로운 동작은 언제나 과장하라", "연습 공간을 축소시켜라", (개인적으로 가장 좋아하는) "낮잠을 자라" 같은 것이었다. 시간이 흐를수록 수첩 가장자리를 따라 무성한 분홍색 숲이 자랐다.

이 비법들은 상당히 효과적이었다. 실제로 적용해본 결과, 우리집 아이들의 바이올린이나 피아노 연주, 아내의 하키 실력, 내가 코치하는 리틀야구 팀의 승률(10승 3패, 내가 맡고 있는 올스타 팀의 전력은 형편없었지만 이 비법을 따른 후에는 거의 지역 예선까지 올라갔다)이 빠르고 꾸준하게 성장한 것이다.

『탤런트 코드』가 출간된 이후 이 책이 소개한 원칙을 활용해 독자적인 재능 개발 프로그램을 구축한 단체들이 내게 연락을 해왔다. 메인 주에 위치한 차터스쿨, 미네소타의 간호 프로그램, 플로리다의 골프 아카데미, 캘리포니아의 SAT 준비 과정, 1부 리그에 속한 대학 농구 팀, 소프트웨어 기업, 군대 내 특수작전 훈련기관, 프로 스포츠 팀 등이었다. 덕분에 더 많은 재능의 용광로를 찾아가는 여행을 계속할 수 있었다. 더 많은 마스터 코치와 대화를 나누었고 분홍색 포스트잇은 늘어만 갔다. 어느 순간 나는 이 비법들을 한데 모아 정리해야겠다고 생각했다.

이 52가지 목록은 스킬을 향상시키기 위한 간단하고 실용적인 방법들을 모은 것이다. 지금껏 방문한 재능의 용광로와 과학자들로부터 직접 얻은 것들로, 현장 검증과 과학적 입증을 거쳤으며 무엇보다도 간단 명료하다. 바쁘고 복잡한 삶을 살고 있는 부모나 교사, 학생이나 코치, 예술가나 기업가 모두가 시간과 에너지를 최대한 효율적으로 활용하고 싶어 한다. 따라서 재능을 개발할 때에는 이미 재능을 보유한 이들의 매뉴얼, 즉 이것은 하고 저것은 하지 말라는 조언을 활용해보는 것이 좋다. 이 목록을 '코치'로 활용하면 되는 것이다.

이 목록의 활용법

기본적인 사실에서 출발해보자.

1. 우리 모두에게는 재능이 있다.
2. 우리는 이 재능을 최대한으로 발달시키는 방법을 잘 모른다.

우리 대부분에게 이 문제는 '어떻게'라는 한 단어로 귀결된다. 우리는 자신과 주위 사람에게 내재된 재능을 어떻게 알아볼 수 있을까? 처음 시작할 때에는 이러한 재능을 어떻게 발달시킬 수 있을까? 이 재능을 어떻게 짧은 시간 내에 최대한으로 발달시킬 수 있을까? 다양한 전략, 교사, 방법 중에서 어떻게 선택해야 할까?

이 목록은 여러 재능의 용광로에서 입증된 기법을 활용하는 것이 재능을 개발하는 가장 좋은 방법이라는 생각을 전제로 한다. 수집한 비법들은 3단계로 분류했다.

1. **시작하기** : 동기를 유발하고, 개발하려는 스킬의 청사진을 그리는 아이디어 단계
2. **스킬 향상** : 최단 기간에 최대 발전을 이루는 방법과 기술
3. **스킬 유지** : 정체기를 극복하고 지속적으로 동기를 부여하며 장기적인 성공으로 이어지는 습관을 기르기 위한 전략

여기 소개한 비법들은 하나같이 간단하다. 겉멋으로 단순화한 것이 아니라 그 간결성이 핵심이다. 기저에 깔린 신경과학은 대단히 흥미롭고 복잡하지만 결국 '계속해서 반복하는 작은 행동이 우리를 변화시킨다'라는 기본적인 명제로 요약할 수 있다. 보컬 코치 린다 셉티엔이 말했듯 "마법도 아니고, 우주 과학도 아니다. 그저 열심히 하고, 영리하게 하는 일일 뿐이다." 즉, 일상에 적합한 방식으로 노력하는 것이다.

운동, 어학, 악기 연주, 비즈니스…… 당신이 노력을 쏟는 것이 어떤 분야든 한 가지 사실만 명심하면 된다. 우리는 초심자의 서투름을 능숙함으로 바꿀 수 있는 장치를 갖고 태어났다. 이 장치는 유전자가 아니라 우리 자신이 제어한다. 매일의 학습과 연습은 지금과는 다른 미래를 향해 내딛는 한 걸음이다. 이는 희망적인 생각이며, 이 생각이 사실이라는 점이 가장 희망적이다.

주시하고 훔치고
기꺼이 바보가 되라

◆

우리는 보통 재능이란 유전되는 것이며 재능 있는 사람은 다른 이들이 꿈꾸는 것을 별다른 노력 없이 쉽게 달성할 수 있다고 배운다. 이는 사실이 아니다. 기량이 뛰어난 누군가나 단체에 자신의 정체성을 투영하는 짧고 강력한 만남의 순간, 동기 부여라는 불꽃이 튄다. 무의식에 불을 붙이는 이 순간, '점화'라고 부르는 이때 아주 작지만 세상을 바꿀 수 있는 생각이 타오르기 시작한다, '나도 저렇게 될 수 있다'라는.

1부는 점화의 순간을 만드는 법과 이때 발생하는 에너지를 가장 생산적으로 이용하는 법에 관해 다룬다. 이 방법들은 몇 가지 영역(마음가짐, 원하는 스킬을 얻기 위한 연습 방법, 그 분야의 실력자에게서 효과적으로 '훔쳐' 학습 효과를 개선하는 법 등)으로 나뉘지만 목표는 동일하다. 점화의 순간에 발생하는 연료를 '심층 연습'에 사용하는 것이다.

01
자신의 롤모델을 주시하라

여러분이 재능의 용광로 십여 군데를 방문한다면, 학습자들이 그 분야의 최고 실력자를 관찰하는 데 얼마나 많은 시간을 할애하는지에 깜짝 놀랄 것이다. 여기서 '관찰'은 수동적으로 쳐다보는 것이 아니다. 배고픈 고양이나 아이처럼 눈 한 번 깜빡이지 않는 강렬한 응시를 뜻한다.

우리 주위에는 롤모델이 많다. 동기 부여를 유도하는 방법 중 하나는 자신의 유리창에 미래의 생생한 이미지를 가득 채운 뒤 매일 바라보는 것이다. 연구에 따르면, 롤모델과의 아주 사소한 연결 고리만으로도 무의식적으로 상당한 동기 부여가 일어난다고 한다. 예를 들어, 자신의 생일이 수학자의 생일과 같다는 사실을 아는 사람은 다른 이들에 비해 어려운 수학 문제를 푸는 데 62퍼센트나 더 많은 노력을 기울이는 것으로 나타났다.

수많은 재능 개발은 이러한 '유리창 효과'로 강화된다.

1997년 LPGA 투어에는 한국인 골프 선수가 없었다. 하지만 오늘날에는 그 수가 무려 마흔 명이 넘으며 이들은 모든 경기 중 3분의 1에서 우승을 차지하고 있다. 무슨 일이 일어난 것일까? 한 선수(1998년 주요 경기에서 두 차례 우승한 박세리)가 성공을 하자 그녀의 뒤를 이어 한국 소녀 수백 명이 새로운 미래의 비전을 그리면서 점화되었다. 한국계 골퍼 크리스티나 김은 이렇게 말한다. "'박세리가 할 수 있다면 나라고 왜 못하겠어?'라고 스스로에게 말하는 거죠."

유리창 효과는 성인에게도 적용할 수 있다. 제5특전단은 최근 리더십 훈련 프로그램에 착수했다. 이 프로그램에서 군인들은 GE 중역실에서 몇 주를 보내야 했다. 그들은 매일 아침 출근해 업무시간 내내 회사 중역들과 함께 시간을 보냈다. 이들을 관찰만 하면 될 뿐 아무 일도 책임질 필요가 없었다. 군인들이 부대로 돌아왔을 때, 사령관은 그들의 실적, 의사소통 능력, 리더십이 크게 향상됐음을 깨달았다. 제5특전단 사령관인 딘 프랭크스 중령은 "이 프로그램은 확실히 성공적이었습니다. 앞으로 더 많이 실행할 예정입니다"라고 말했다.

자신의 유리창을 뇌에 에너지를 공급하는 원천으로 생각하라. 사진이나 (수많은 재능의 용광로가 벽에 롤모델의 사진이나 포스터를 가득 붙여두었다) 동영상을 활용하라. 유튜브 동영상 몇 개를 즐겨찾기 해놓고 연습하기 전이나 잠자리에 들기 전에 보라.

02
하루 15분, 뇌에 스킬을 새기라

새로운 스킬을 배우는 가장 좋은 방법은 무엇일까? 교사의 설명을 듣는 것일까? 교과서를 읽는 것일까? 무조건 뛰어들어 한번 해보는 것일까? 수많은 재능의 용광로에서는 '각인 기법 engraving method'을 활용한다

(내가 붙인 이름이다). 자신의 머릿속에 고해상도 청사진이 구축될 때까지 스킬을 실제로 수행하는 모습을 반복해서 면밀히, 고도의 집중력을 발휘해 바라보는 것이다.

몇 년 전, 〈60분60 Minutes〉이라는 TV 프로그램에서 테니스 강사이자 작가인 티머시 골웨이는 테니스를 한 번도 쳐본 적이 없는 중년 남녀를 모았다. 간단한 테스트를 거쳐 가장 재능 없는 여성을 선택한 그는 말 한마디 없이 포핸드를 치기 시작했다. 골웨이는 이 여성에게 자신의 발, 라켓을 잡는 방식, 타격의 리듬에 특히 주의하도록 했다. 티머시의 포핸드를 집중해서 지켜본 여성은 그 움직임을 모방하기 시작했고, 20분 후에는 놀라울 정도로 괜찮은 포핸드를 치게 되었다.

눈이 아닌 귀와 관련된 예로는 '스즈키 교육법Suzuki method'이 있다. 스즈키 학생들은 매일 수업과는 별개로 여러 곡의 노래를 듣는다. 〈반짝반짝 작은 별〉로 시작해 점점 더 어려운 음악으로 넘어가는데, 반복해 듣는 동안 학생들의 뇌에 그 노래가 새겨진다. '듣기 연습'은 강력하고 상세한 머릿속 지도를 구축해주는데, 이 지도는 뒤따르는 노력이 실패인지 성공인지를 가늠케 하는 일련의 점으로 이어져 있다.

효과적인 각인의 핵심은 강력한 연결 고리를 형성하는 것이다. 열심히 보고 듣다 보면 스킬을 수행할 때의 '느낌'을 상상할 수 있게 된다. 신체적 스킬이라면 그 기능을 수행하는 사람의 몸에 자신을 투영한다. 동작과 리듬에 주의를 기울이라. 움직임의 내부를 느끼고자 노력하라.

정신적 스킬이라면 전문가의 의사결정 패턴을 재현함으로써 본뜰 수 있다. 체스 선수는 고전 기보를 한 수씩 다시 둔다. 대중 연설가는 과거의 위대한 연설을 어조까지 완벽하게 재현해 연습한다. 음악가는 자신이 가장 좋아하는 음악을 커버한다. 어떤 작가들은 위대한 작품을 발췌해 필사하면서 익힌다(약간 도 닦는 일처럼 들리겠지만 실제로 효과가 있다).

03
미안해하지 말고 훔쳐라

재능 있는 사람들은 '타고난 본능'대로 스킬을 습득했다고들 한다. 그럴듯하게 들리지만 사실은 헛소리에 불과하다. 발전은 언제나 새로운 정보를 흡수하고 적용할 때 이루어지며, 가장 훌륭한 원전은 최고의 성취를 이룬 사람들이다. 그러니 이를 훔쳐라.

훔치는 것은 예술·스포츠·디자인 분야의 오래된 전통으로, '영향력influence'이라는 이름으로 통한다. 스티브 잡스는 어린 시절, 제록스의 팰로앨토 연구센터에서 컴퓨터 마우스와 드롭다운 메뉴에 관한 아이디어를 훔쳤다. 젊은 시절 비틀스는 자신들의 우상 리틀 리처드로부터 〈쉬 러브즈 유She Loves You〉, 〈프롬 미 투 유From Me to You〉, 〈트위스트 앤 샤우트Twist and Shout〉에 등장하는 높은 '우' 소리를 훔쳤다. 어린 베이브 루스는 자신의 영웅 조 잭슨의 강렬한 어퍼컷을 훔쳐 스윙을 구사했다. 훔치는 데 일가견이 있는 파블로 피카소는 "좋은 예술가는 빌려오고,

위대한 예술가는 훔쳐온다"라고 말했다.

셉티엔 보컬 스튜디오 창립자인 린다 셉티엔은 학생들에게 이렇게 말한다. "미친 듯이 훔쳐라. 너희보다 나은 사람을 전부 찾아내 그들이 가진 장점 중 너희가 활용할 수 있는 것을 살펴봐라. 그리고 그걸 너희 것으로 만들어라." 셉티엔은 실제로 최고의 가수들에게서 공책 열네 권 분량의 아이디어를 훔쳐서 정리했다. 바인더의 비닐 속지 안에는(칵테일 냅킨에 휘갈겨 쓴 것도 있다) 고음을 내는 방법에서부터 소란스러운 청중을 다루는 비법("농담이 최고다")에 이르기까지 모든 조언이 담겨 있다.

훔치는 행위는 재능의 미스터리한 패턴을 이해하는 데 도움이 된다. 예를 들어, 음악가 집안에서는 보통 막내의 재능이 가장 뛰어나다(비지스의 엔디 깁, 마이클 잭슨, 조너스 브러더스의 막내 닉, 모차르트, 바흐, 요요마 등).

이는 유리창 효과(비법1 참고)와 훔치는 행위에서 기인한다. 막내들은 자라면서 좋은 정보를 얻을 확률이 높다. 그들은 자기보다 나이가 많은 형제자매가 하는 것을 보고 따라 하며 무엇이 효과적이고 무엇이 효과적이지 않은지를 판별할 수 있는 기회를 더 많이 얻게 된다. 즉, 훔칠 수 있는 기회가 많은 것이다.

훔칠 때에는 전체적인 인상이 아니라 세부 요소에 초점을 맞춰야 한다. 골퍼의 왼쪽 팔이 백스윙 상단에 놓이는 각도, 의사의 팔목이 그리는 곡선, 고음을 내는 가수의 명확한 입술 모양과 이완, 코미디언이 결정타를 날리기 전에 갖는 정확한 시간처럼 구체적인 사실을 파악하라. 스스로에게 이렇게 물어라.

- 여기에서 가장 중요한 동작은 무엇인가?
- 그들은 이 동작을 나와 어떻게 다르게 실행하는가?

04

기록하라

최고의 기량을 선보이는 사람 중 상당수가 특정 형태의 일지를 기록한다. 테니스 챔피언 세레나 윌리엄스와 월드시리즈 MVP 커트 실링은 공책을 사용한다. 래퍼 에미넴과 안무가 트와일라 타프는 아이디어를 메모한 종이쪽지로 가득 찬 구두상자를 가지고 있다. 어떤 방법을 사용하는지는 중요하지 않다. 중요한 것은 해당 내용을 적은 뒤에 이를 곰곰이 되새기는 것이다. 오늘의 성과, 내일을 위한 아이디어, 다음 주 목표 등을 적어라. 공책은 지도와 같다. 이는 모든 것을 명확하게 해준다.

05

기꺼이 바보가 되라

하키 스타 웨인 그레츠키의 동료들은 이따금 이상한 광경을 목격하곤

했다. 그레츠키가 혼자서 스케이트 연습을 할 때 빙판 위에서 넘어지는 것이었다. 세계적으로 유명한 하키 선수가 초등학생처럼 넘어지는 모습은 놀라워 보이겠지만 사실은 이치에 맞는 일이다. 그레츠키는 이미 뛰어난 기량을 지니고 있지만 자신의 능력을 한계까지 밀어붙임으로써 이를 향상시키기로 마음먹은 것이다. 그러기 위해서는 뇌에 새로운 연결 고리를 형성해야 한다. 즉, 다소 멍청해 보일지라도 끝까지 밀어붙이다가 넘어지기를 반복해야 하는 것이다.

물론 바보 같은 느낌을 좋아하는 사람은 없다. 하지만 우리는 흔쾌히 바보가 되어야 한다. 즉, 실수하는 데서 오는 감정적인 고통을 기꺼이 감수해야 한다. 끝까지 밀어붙이고 넘어지고 다시 시도하는 것은 뇌가 성장하고 새로운 연결 고리를 형성하는 방법이기 때문이다. 재능을 개발하는 과정에서 발생하는 실수는 진정한 실수가 아니라는 사실을 명심해라. 이는 재능을 향상시키는 데 활용할 수 있는 이정표다.

'생산적인 실수'에 다가서는 단 하나의 길은 사람들이 낯설고 위험하다고 느끼는 지점에 도달reach할 수밖에 없는 규칙들을 세우는 것이다. 즉, 능력의 한계점인 '스위트 스팟'으로 스스로를 몰고 가는 것이다(비법 13 참고). 예를 들어, 메도마운트 음악학교의 학생들은 보통 비공식적인 규칙에 따라 연습한다. 예를 들어, 자신이 어떤 곡을 연주하는지 행인이 알아차린다면 너무 빨리 연주하고 있다는 뜻이다. 혹등고래의 노래를 연상시키는 이 과도하게 느린 연습의 핵심은 감지하기 어려운 소소한 실수를 찾아내 보다 정교하게 다듬는 것이다.

이는 비즈니스에도 적용된다. 구글에는 '20퍼센트 시간' 규칙이 있다. 엔지니어들은 승인은 받지 못했지만 개인적으로 열정을 느끼는 프로젝트, 즉 위험을 감수해야 할 확률이 높은 프로젝트에 업무 시간의 20퍼센트를 할애해야 한다. 나는 직원들이 위험을 무릅쓰고 실수하는 데 동의하는 '계약서'에 서명하도록 하는 조직을 수없이 봤다. 한 예로 워싱턴 D. C.의 전자상거래 기업 리빙소셜Living Social은 경험에 근거한 규칙을 만들었다. 이에 따라 직원들은 일주일에 한 번, 자신을 겁먹게 만드는 결정을 해야 한다.

어떠한 전략이든 목표는 항상 동일하다. 한계에 도달하도록 장려하며 '실수는 실패가 아니라 올바른 방향으로 나아가는 데 사용할 수 있는 정보'라고 재해석하는 것이다.

06
소박한 환경을 택하라

우리는 최첨단 시설, 원목 패널로 장식한 전망 좋은 사무실, 티끌 하나 없는 라커룸, 뽀송뽀송한 타월 등 호화로운 것을 좋아한다. 안타까운 일이다. 동기 부여의 관점으로 보자면 호화로움은 마약과 같기 때문이다. 무의식에 노력을 덜 기울이라는 신호를 보내며, 우리에게 '천천히 해, 성공했잖아'라고 속삭인다.

재능의 용광로는 호화롭지 않다. 사실 호화로움과는 정반대라 '닭장

하버드'라고 불릴 정도다. 최고의 음악학교(더 좋은 시설을 갖출 여유가 있는 곳) 중에는 허름한 오두막이 많다. 마이클 펠프스를 비롯해 올림픽 메달 선수를 다섯이나 배출한 노스 볼티모어 수상 클럽은 '재정이 부족한 YMCA'로 보일 정도였다. 핀란드와 한국에 위치한 국제 학업성취도 평가에서 항상 최상위권을 차지하는 학교들의 교실은 소박하며 1950년대 모습 그대로인 것처럼 보인다.

이 비법의 핵심은 도덕성moral이 아니라 신경계neural다. 단순하고 허름한 공간은 도달하고, 반복하고, 고군분투하는 등 심층 연습에 집중하는 데 도움이 된다. 호화로움과 검소함 중 하나를 선택해야 한다면 검소한 것을 선택해라. 무의식이 고마워할 것이다.

07
스킬의 유형을 파악하라

스킬을 쌓기 위한 첫 번째 단계는 어떤 유형의 스킬인지를 파악하는 것이다. 모든 스킬은 두 가지 카테고리 중 하나에 속한다. 바로 하드 스킬과 소프트 스킬이다.

고도의 정밀성을 요하는 하드 스킬hard skill은 최대한 정확하고 지속적으로 수행하는 행위다. 이상적인 결과로 이어지는 길이 단 하나뿐으로, 믿음직한 로봇을 떠올리면 된다. 하드 스킬은 특수 분야 종사자, 특히 신체적 훈련에서 발견할 수 있는 '정확한 반복'이다.

- 골프의 스윙이나 테니스의 서브 등 정확하게 기술을 반복하는 운동 선수
- 덧셈이나 구구단과 같은 기본적인 산수를 익히는 어린이
- 특정 코드를 연주하는 바이올리니스트
- 자유투를 던지는 농구 선수
- 글자를 소리와 단어로 읽어내는 어린 독자
- 조립 라인에서 부품을 조립하는 노동자

하드 스킬의 목표는 스위스 시계와 같은 기능이다. 신뢰할 만하고, 정확하며, 언제나 실패 없이 기계적으로 동일하게 작동하는 스킬이다. 하드 스킬은 'ABC Always Being Consistent'로 요약할 수 있다. 말 그대로 '항상 일관적인 스킬'이라는 의미다.

반면 고도의 유연성이 필요한 소프트 스킬soft skill은 바람직한 결과로 이어지는 여러 갈래의 길이다. 이 스킬은 매번 똑같은 일을 완벽하게 수행할 필요가 없다. 그보다는 상황에 맞춰 대응해야 하며 진행되는 패턴을 파악해 현명하고 시기적절한 선택을 해야 한다. 소프트 스킬은 광범위하고 한정되어 있지 않은 분야, 특히 일종의 커뮤니케이션을 요하는 분야에서 찾을 수 있다.

- 수비의 허점을 파악하고 공격을 시도하는 축구 선수

- 혼란한 거래 속에서 숨겨진 기회를 포착하는 주식 투자자
- 복잡한 줄거리의 반전을 본능적으로 구상하는 소설가
- 감정을 강조하기 위해 곡을 미묘하게 변주하는 가수
- 심야 순찰 중에 위험을 감지하는 경찰
- 긴장감 넘치는 회의나 협상에서 정곡을 찌르는 CEO

스위스 시계 같은 정밀함을 추구하는 스킬이 아니다. 그보다는 패턴이나 가능성을 재빨리 파악해 복잡한 장애물을 넘어서는 능력이 필요하다. 소프트 스킬은 3R이다. 읽고Reading 파악하고Recognizing 반응한다Reacting.

이 비법의 핵심은 하드 스킬과 소프트 스킬이 서로 다르다는 데 있다(말 그대로, 서로 다른 두뇌 회로를 쓰는 일이다).

우선 자신에게 물어보자. 매번 100퍼센트 일관적이어야 하는 스킬은 어떤 것일까? 기계 같은 정확도로 수행해야 하는 스킬은 어떤 것인가? 바로 하드 스킬이다.

그렇다면 유연하고 다양하며 상황에 따라 달라져야 하는 스킬은 무엇일까? 즉각적으로 패턴을 파악하고 최상의 선택을 해야 하는 스킬은 어떤 것일까? 바로 소프트 스킬이다.

해당 스킬이 하드 스킬인지 소프트 스킬인지 확실치 않을 때 쉽게 판별할 수 있는 방법이 있다. 초기 단계에 교사나 코치가 관여하는가? 그렇다면 하드 스킬일 확률이, 그렇지 않다면 소프트 스킬일 확률이 높다. 바이올리니스트와 피겨스케이트 선수에게는 강사가 있지만 CEO

와 스탠드업 코미디언에게는 없다. 이어지는 8~10번 항목은 이 두 스킬에 관한 것으로, 각 스킬을 개발하는 가장 효과적인 집중 연습 비법이다.

08
하드 스킬 : 섬세한 목수처럼

믿을 만한 하드 스킬을 개발하기 위해서는 뇌의 우회로를 연결시켜야한다. 이는 섬세하게 천천히 일하며 실수를 꼼꼼히 파악하는 데 도움이된다. 섬세한 목수처럼 일하는 것이다.

하드 스킬의 바람직한 예로는 스즈키 교육법이 있다. 스즈키 학생들은 여러 번의 수업시간 동안 손가락의 올바른 곡선과 압력, 올바른 자세로 바이올린을 잡고 활을 쥐는 법을 배운다. 학생들은 '로켓처럼 위로 올라갔다가 비처럼 아래로 내려오고, 칙칙폭폭 기차처럼 앞뒤로 오가기' 등 리듬과 반복을 통해 (바이올린 없이) 활을 켜는 방법을 배운다. 별것 아닌 듯 보이는 이러한 기본기를 대단히 중요하고 정교한 스킬로 대한다. 학생들은 생생한 시뮬레이션을 통해 배우며 완벽하게 익힐 때까지 계속해서 반복한다. 절대적으로 중요한 스킬 조각들은 이처럼 면밀한 반복에 반복을 거듭해 완성된다.

또 다른 예는 슈퍼볼에서 세 번이나 우승을 거머쥔 뉴잉글랜드 패트리어츠 소속 쿼터백 톰 브래디의 지갑에 들어 있는 해진 종이 한 장에서 발견할 수 있다. 여기에 적힌 공 던지기의 기본 테크닉은 "(팔 사이) 통로로 던져라 Throw down the hall"처럼 하나같이 단순하다. 이는 브래디가 열네 살 때부터 코치 톰 마르티네즈와 계속해온 훈련의 메시지를 적은 것이다. 마르티네즈가 2012년에 사망할 때까지도 브래디는 1년에 한두 번 그를 찾아가 자신을 '튜닝'했다. 정확히 말하면 매끄럽게 활주하기 위해 정신의 고속도로를 다시 닦은 것이다.

정확성은 초반에 특히 중요하다. 첫 번째 연습이 앞으로의 진행 방향을 확립하기 때문이다. 신경학자들은 이를 '언덕의 눈썰매 효과 sled on a snowy hill'라고 부른다. 첫 번째 반복은 깨끗한 눈 위에 길을 내는 첫 번째 썰매와 같다. 다음 번 썰매는 이 길을 따라가는 경향이 있다. UCLA의 신경학과 교수인 조지 바조키스는 "우리의 뇌는 연결 고리를 형성하는 데는 뛰어나지만 이를 허무는 데는 약하다"라고 말한다.

하드 스킬을 배울 때에는 정확하고 신중해야 한다. 천천히 하라. 한 번에 단순한 동작 한 가지씩 반복해 완벽해지면 다음 단계로 넘어가라. 실수에 집중하고 특히 초반에 확실히 수정해야 한다. 기본기를 익히는 일은 지루해 보이지만 투자할 만한 가치가 있다. 지금 올바른 길을 닦아 놓는다면 앞으로 수많은 시간과 수고를 덜 수 있기 때문이다.

09

소프트 스킬 : 스케이트보더처럼

소프트 스킬은 아름답기 때문에 시선을 사로잡는다. 축구 스타 리오넬 메시가 눈부신 목표를 달성하기 위해 자신의 실력을 갈고 닦는 모습을 상상해보라. 기타 솔로를 연주하는 지미 헨드릭스나 스탠드업 코미디 무대에서 촌철살인을 날리는 존 스튜어트는 또 어떠한가. 이는 마법 같은 특별한 재능처럼 보이지만 사실은 패턴을 파악하고 적절하게 반응하는 뇌의 초고속 소프트웨어가 만드는 결과다.

하드 스킬은 정확성을 추구할 때 가장 효과적으로 이룰 수 있지만 소프트 스킬은 끊임없이 변화하며 자기 내면의 도전적인 환경을 탐구할 때 기를 수 있다. 다양한 장애물을 만나고 이에 반응하며, 읽고 파악하고 반응하는 데 필요한 감정 회로의 네트워크를 형성하게 된다. 즉, 소프트 스킬을 쌓기 위해서는 섬세한 목수가 아니라 스케이트보더처럼 행동해야 한다. 공격적이고 호기심 넘치며 실험적일 뿐만 아니라 새로운 도전 방법을 끊임없이 찾아야 하는 것이다.

전 세계적으로 훌륭한 축구 선수를 수없이 배출한 브라질은 '실내 축구'라는 독특한 게임으로 선수를 훈련시킨다. 농구장 크기의 좁은 공간에서 5:5로 숨 막히게 빠르게 진행되는 이 게임은 일반적인 축구에 비해 600퍼센트나 많이 공과 접촉하며, 패턴을 즉각적으로 인지하는 능력이 요구된다. 상파울로 대학의 축구 교수 에밀리오 미란다는 이를

"즉흥 경기 실험실"이라고 설명한다.

빌 머리, 존 벨루시, 존 캔디, 스티브 커렐, 스티븐 콜버트, 티나 페이 등 미국에서 가장 성공적인 코미디언들의 훈련장인 시카고의 세컨드 시티 코미디 극단은 즉흥연기, 스케치 코미디, 스탠드업 코미디를 연습할 수 있는 다채롭고 경쟁적인 공간을 제공한다(이 방법이 스킬을 향상시키는 데 얼마나 효과적인지 알고 싶으면 유튜브에 가서 티나 페이의 1990년대 세컨드 시티를 찾아보라). 가장 창의적인 스킬조차, 아니, 가장 창의적인 스킬일수록 오랜 시간 서투른 과정을 거쳐야 한다.

세 명 모두 세계적인 소설가가 된 브론테 자매는 어린 시절 집에서 만든 작은 책자에 수천 쪽짜리 소설을 쓰면서 재능을 키웠다. 브론테 자매의 초기 소설은 훌륭하지 못했다. 그것이 바로 핵심이다. 그들은 끝없이 도전적이고 다양한 공간에서 수천 번의 강렬한 도달과 반복을 통해 스킬을 갈고 닦은 것이다.

소프트 스킬을 연습할 때에는 다양한 연습을 수없이 하며 확실한 피드백을 받아야 한다. 실수에 개의치 마라. 중요한 것은 탐구하는 자세다. 소프트 스킬은 보통 즐겁게 연습할 수 있지만 스스로가 코치가 되어야 하기 때문에 더 힘들 수 있다. 각 세션이 끝난 뒤에는 스스로에게 다음과 같은 질문을 해야 한다. "효과적인 방법은 무엇이었나? 효과적이지 않은 방법은 무엇이었나? 왜 그랬나?"

10
하드 스킬을 존중하라

여러분도 이제 눈치챘겠지만 대부분의 재능은 100퍼센트 하드 스킬이거나 소프트 스킬이 아니라 둘이 섞여 있다. 바이올리니스트는 음표를 연주하기 위해 손의 위치를 정교하게 바꾸는 능력(하드 스킬)과 곡의 감정을 해석하기 위한 능력(소프트 스킬)을 갖춰야 한다. 그리고 쿼터백은 정확한 스파이럴 기술(하드 스킬)과 수비를 재빨리 간파하는 능력(소프트 스킬)을 갖춰야 한다.

핵심은 간단하다. 하드 스킬을 우선시해야 한다. 장기적으로 더 중요하기 때문이다. 모스크바의 테니스 클럽 스파르타크에는 어린 선수들이 시합에 참가하기 전에 몇 년을 기다려야 한다는 규칙이 있다. 라리사 프레오브라젠스카야 코치는 이렇게 말한다. "기술이 전부입니다. 기술 없이 경기를 펼치는 것은 큰 실수입니다."

여러분은 재능이 뛰어난 수많은 사람이 시작 단계에 연습했던 스킬의 지속적 연마를 중시한다는 사실을 알면 놀랄지도 모른다. 첼리스트 요요마는 연습할 때마다 초반 몇 분간 같은 음을 반복한다. NFL 쿼터백 페이턴 매닝은 모든 연습 초반에 열두 살 아이에게 가르칠 법한 기본적인 발놀림을 연습한다. 이들은 스스로에게 '나는 세상에서 재능이 가장 뛰어난 사람인데 더 어려운 연습을 해야 하는 게 아닐까?'라고 말하지 않는다. 그들은 복잡한 도전을 해야 한다는 유혹을 뿌리치고 하드 스킬을 연마하고 유지한다. 하드 스킬이야말로 모든 것의 기본이기 때문이다.

이 개념을 명심하기 위한 한 가지 방법은 자신의 재능을 커다란 떡갈나무에 비유하는 것이다. 거대하고 굵은 몸통은 하드 스킬이다. 그리고 유연한 소프트 스킬이 층층이 가지를 드리운다. 우선 몸통을 완성한 다음에 가지를 길러야 한다.

11
영재 신화에 속지 마라

재능은 갈색 머리카락이나 푸른 눈처럼 유전이라고 배웠다. 따라서 재능의 확실한 징표는 노력 없는 성공, 즉 영재로 판명되는 것이라고 생각한다. 하지만 연구에 따르면, 이는 사실이 아니다. 초기 성공은 장기적인 성공을 제대로 예측해주지 못한다.

수많은 실력자들이 초반에는 눈에 띄지 못한 채 조용히 스타로 성장했다. 마이클 조던은 대학교 2학년 때 학교 대표 팀에서 탈락했고, 찰스 다윈은 교사에게서 느리고 평범하다는 평가를 받았으며, 월트 디즈니는 직장에서 '창의력 부족'을 이유로 해고당했다. 알베르트 아인슈타인, 루이 파스퇴르, 폴 고갱, 토머스 에디슨, 레프 톨스토이, 프레드 애스테어, 윈스턴 처칠, 루실 볼 등도 비슷한 예다.

스탠퍼드 대학의 캐럴 드웩 박사가 제시한 이론에 따르면, 영재들은 칭찬과 관심을 받게 되면서 위험을 감수하지 않게 되고 '마법 같은' 상태를 본능적으로 보호하느라 결국 학습 속도가 더뎌진다.

내가 가본 재능의 용광로들은 재능의 '파악'이 아니라 점진적인 '성장'을 목표로 했다. 초기 성공에는 큰 관심을 두지 않으며 누가 성공할지 감히 판단하지도 않는다. 나는 콜로라도 스프링스에 위치한 미국 올림픽 훈련센터를 방문했을 때 코치 50명에게 '앞으로 2년 후 메달을 딸것 같은 15세 상위권 선수를 정확히 집어낼 수 있는지'를 물었다. 딱한 명만 손을 들었다.(체조 코치였다. 체조는 선수들의 실력이 일찌감치 결정되고 체형이 중요한 스포츠다.)

국내 선수권 대회에서 스물한 번이나 우승을 거머쥔 노스캐롤라이나 대학 여성 축구 팀의 헤드코치 앤슨 도랜스Anson Dorrance는 이렇게 설명했다. "가장 안타까운 학생은 여러 해 동안 칭찬을 받아온 학생입니다. 고등학교에 들어갈 때쯤 이 아이는 자신이 뛰어나다는 사실을 믿기 시작하죠. 하지만 졸업할 때쯤, 제대로 능력을 발휘하지 못하게 됩니다. 바로 그때 경쟁자가 등장합니다. 자신의 차례를 조용히 기다리며 언젠가 능력을 펼치겠다고 독하게 마음먹고 있던 아이예요. 진정한 선수가 되는 것은 언제나 열심히 노력한 이 겸손한 아이들이죠."

초반에 성공한다면 칭찬에 안주하지 말고 능력의 한계까지 계속해서 자신을 밀어붙여라. 그래야 발전할 수 있다. 또한 초기에 성공하지 못하더라도 그만두지 마라. 초반의 노력은 평결이 아니라 실험으로 여겨야 한다. 잊지 마라. 스킬 쌓기는 단거리 경주가 아니라 마라톤이다.

12
훌륭한 코치를 선택하는 5가지 방법

위대한 교사·코치·멘토는 다른 희귀종처럼 몇 가지 특징으로 판별할
수 있다. 아래 다섯 가지 법칙은 여러분이 훌륭한 교사·코치·멘토를
가려내 최상의 선택을 하도록 돕기 위한 것이다.

1. 정중한 웨이터를 연상시키는 인물은 피하라

이러한 유형의 교사·코치·멘토는 세상에 널렸다. 이들은 최소한의
노력으로 우리를 편안하고 행복하게 만들며, 일을 순탄하게 진행하는
데 노력을 쏟아붓는다. 이 유형의 사람들은 짧은 시간 동안 수많은 내
용을 다루며 "걱정하지 마, 잘될 거야. 나중에 하면 돼"라고 웃으면서
말한다. 이들은 레스토랑 웨이터에는 적합하지만 교사·코치·멘토로
는 형편없는 사람이다.

2. 자신을 조금은 겁먹게 만드는 사람을 찾아라

정중한 웨이터를 접할 때와는 달리 위대한 교사·코치·멘토를 만날
때에는 존경, 경외, 두려움 등 낯선 감정이 드는 경향이 있다. 이는 좋
은 징조다. 그러니 다음과 같은 사람을 찾아라.

- 학습자를 면밀히 살피는 사람 : 이들은 우리가 무엇을 원하며 어떤

상태인지, 동기 부여 대상은 무엇인지 등 우리를 파악하는 데 관심이 많다.

- **실천 지향적인 사람** : 이들은 이야기하는 데 시간을 쓰고 싶어 하지 않는다. 대신 몇 가지 활동을 직접 해보고 학습자가 어떤 사람인지를 알고자 한다.

- **때로는 불쾌할 정도로 솔직한 사람** : 이들은 학습자의 실력에 대해 솔직하게 말할 것이다. 처음에는 기분이 상할 수 있다. 하지만 머지않아 이것이 개인적인 감정을 표출한 게 아니라 학습자가 발전하는 데 활용할 수 있는 정보라는 사실을 깨닫게 될 것이다.

'코치coach'라는 단어는 원래 헝가리어로 '마차'를 의미하는 '코치kocsi'에서 왔다는 사실에 주목할 필요가 있다. 학습자는 친구나 부모를 찾는 것이 아니다. 신뢰할 수 있고 함께 여행을 떠날 수 있는 든든한 동반자를 찾는 것이다.

3. 간결하고 확실한 지침을 주는 사람을 찾아라
대부분의 위대한 교사·코치·멘토는 장광설을 늘어놓지 않는다. 설교도, 일장 연설도 하지 않는다. 대신 간결하고 확실한 지침을 주고, 학습자가 목표에 도달하도록 돕는다.

훌륭한 교사 중 한 명으로 널리 알려져 있는 UCLA 농구 코치 존 우든을 1년간 연구한 이들이 있다. 연구진은 우든이 자신의 팀에 전하는 모든 말에 주목했다. 우든은 길게 설명하지 않았다. 그의 지시는 평균적으로 4초 안에 끝났다. 이는 명백한 사실을 말해준다. 코칭은 웅변대회가 아니라 연결 고리를 생성하고 유용한 정보를 전달하는 일이다.

4. 기본을 중시하는 사람을 찾아라

위대한 교사는 골프채를 쥐는 방식, 기타에서 단일 음표를 연주하는 법등 기본기를 가르치는 데 연습 시간 전부를 할애한다. 조금 이상해 보이겠지만 그들이 스킬의 실제를 이해하고 있음을 방증한다. 기본기는스킬의 핵심으로(비법10 참고) 우리가 발전할수록 더욱 중요해진다.

5. 다른 조건이 동일하다면 연장자를 택하라

교수敎授는 다른 재능과 동일하다. 성숙하려면 시간이 필요하다. 수많은 재능의 용광로가 60대나 70대에 의해 운영되는 까닭이 바로 이 때문이다. 위대한 교사는 계속해서 배우며 매해 자신의 기술을 향상시킨다. 그렇다고 해서 30세 이하의 교사는 무조건 훌륭하지 않다는 뜻은아니다. 또한 나이 든 코치가 항상 훌륭한 것도 아니다. 하지만 다른 조건이 동일하다면, 연장자를 택하는 것이 낫다.

STEP 2 스킬 향상

스위트 스팟을 찾아 도달하라

◆

재능의 용광로에 있는 사람은 연습을 다르게 생각한다. 많은 사람이 연습이란 어쩔 수 없이 해야만 하는 고된 일이라고 생각한다. 하지만 재능의 용광로에서 연습은 중요한 게임이자 세상의 중심, 일상생활의 핵심이었다. 이러한 관점이 성공적인 이유는 제대로 된 연습은 시간이 지나면서 실력을 바꾸기 때문이다. 심층 연습의 핵심은 '도달'이다. 즉, 자신의 현재 능력을 뛰어넘어 '스위트 스팟'이라 부르는 힘겨운 영역에서 연습하는 것이다. 이는 빠르고 반사적인 행동이 나오게 만들며, 도달하고 반복하며 시간이 지날수록 스킬을 향상시킬 수 있는 연습 공간을 창출한다.

이전 장이 준비에 관한 것이었다면 이번 장은 행동에 관한 것이다. 우리를 심층 연습으로 이끌어주고 비생산적인 '표층 연습'에서 벗어나도록 도와주는 단순한 전략과 기술을 다룰 것이다.

13
스위트 스팟을 찾아라

우리 능력의 한편에는 가장 효과적으로 가장 빠르게 배울 수 있는 장소, 스위트 스팟이 있다. 그곳을 찾는 방법은 다음과 같다.

편안한 영역

- 감정 : 편안하고 쉽다. 연습을 하긴 하지만 새로운 단계에 도달하지도, 도달하기 위해 분투하지도 않는다.
- 성공 확률 : 80퍼센트 이상

스위트 스팟

- 감정 : 좌절스럽고 힘겹다. 실수가 두렵지만 치열하게 노력한다. 이룰 수 없을 것 같은 목표를 성취하고자 전력을 다한다. 실패한 뒤에도 다시 도달하려고 노력한다.
- 성공 확률 : 50~80퍼센트

생존 영역

- 감정 : 혼란스럽고 절망적이다. 압도적인 상대와 다투듯 밀치고, 허우적대고, 궁리한다. 올바른 판단을 내릴 때도 있지만 대개는 운에 좌우된다.

• 성공 확률 : 50퍼센트 미만

스위트 스팟의 중요성을 이해하기 위해, 호주의 음악심리학자 게리 맥퍼슨과 제임스 렌위크의 연구 대상이었던 열세 살 클라리넷 연주자 클라리사의 사례를 다시 살펴보자. 클라리사는 지극히 평범한 연주자였다. 능력, 연습 습관, 동기 부여도 평균 수준이었다. 하지만 어느 날 아침, 놀라운 일이 벌어졌다. 클라리사가 6분 만에 한 달치 연습 분량을 완수한 것이다.

처음에는 몇 가지 음표를 연주했다. 그러다가 실수를 하자 클라리넷에 전기라도 흐른 듯 굳어버렸다. 클라리사는 악보를 자세히 살펴보며 음표를 읽어갔고, 음을 흥얼거렸다. 그리고 나서 키를 빠르고 조용하게 되짚어가며 다시 연주하기 시작했다. 이번에는 조금 더 나아갔지만 또 다른 실수를 해서 멈추었고 다시 처음으로 돌아갔다. 클라리사는 이런 본능적인 연습을 통해 곡을 익혔다. 맥퍼스는 클라리사가 실수를 무시하고 처음부터 끝까지 곡을 연주했던 평소 방식대로 한 달 내내 배운 것보다 이 6분 동안 더 많이 배웠다고 했다.

왜 그럴까? 이 6분 동안 클라리사의 뇌가 연결되는 방식을 생각해보자. 그녀는 실수할 때마다 이를 감지하고 고침으로써 뇌의 올바른 연결 고리를 형성했다. 그리고 반복을 통해 스킬을 강화하고 각 요소를 서로 연결시켰다. 그녀는 연습만 한 것이 아니라 자신의 뇌를 설계한 것이다. 클라리사는 스위트 스팟에 있었던 것이다.

자신의 스위트 스팟을 찾기 위해서는 창의력이 필요하다. 예를 들어, 어떤 골프 선수들은 물 아래에서 스윙 연습을 한다(스윙 속도가 느려져 실수를 찾아내 고치게 된다). 어떤 음악가들은 곡을 거꾸로 연주한다(음표 간의 관계를 쉽게 파악하는 데 도움이 된다). 이 둘은 다른 방식이지만 기저에 깔린 패턴은 동일하다. 능력을 최대한 발휘할 수 있는 방법을 찾는 것이다. 즉, 능력의 한계까지 몰아붙이는 것이다. 알베르트 아인슈타인은 이렇게 말했다. "최대한의 노력을 기울여야만 간신히 성취할 수 있는 본능을 개발해야 한다."

여기서 핵심은 '간신히'다. 스스로에게 물어봐라. 최대로 노력했을 때 거의 성공할 뻔한 일이 무엇이었나? 현재 능력의 한계를 표시하고 그보다 조금 더 높은 지점을 겨냥해라. 그 자리가 나의 스위트 스팟이다.

14
시계를 벗어라

심층 연습은 몇 분, 몇 시간으로 측정할 수 없다. 이는 도달과 반복의 수로 측정해야 한다. 즉, 뇌에 얼마나 많은 연결 고리를 새로 만들었는지로 판별해야 한다. 시간 대신 도달과 반복의 수를 세어라. "피아노를 20분 동안 연습할 거야"라고 말하는 대신 "새로운 곡을 다섯 번 집중적으로 반복 연습할 거야"라고 말하라. 한 시간 동안 골프공을 친다는 계획 대신 각 골프채당 스윙 연습을 두 번씩 한다는 계획을 세우라. 교과서를 한 시간 동안 읽기보다는 플래시카드를 만들어 자신을 평가하라. 5분밖에 되지 않는 짧은 시간일지라도 상관없다. 시계를 무시하고 스위트 스팟에 들어가 도달과 반복으로 자신의 발전을 측정하라.

15
모든 동작을 덩어리로 쪼개라

우리는 어린 시절부터 부모나 교사에게서 "한 번에 한 걸음씩 가라"라는 조언을 들어왔다. 이 조언은 우리의 뇌가 배우는 방식을 정확히 반영하고 있다. 모든 스킬은 과학자들이 '덩어리chunk'라 부르는 작은 조각을 바탕으로 형성된다. 언어에서 알파벳에 해당하는 것이 스킬에서는 덩어리다. 각 덩어리는 사실상 쓸모없지만 큰 덩어리(단어)로 합쳐진다면, 그리고 이 덩어리가 더 큰 것(문장, 단락)으로 합쳐진다면 복잡하고 아름다운 것을 만들어낼 수 있다.

덩어리를 만들기 위해서는 우선 마음속에 기술의 청사진을 심은 다음(비법2 참고) 자신에게 다음과 같은 질문을 해야 한다.

1. 이 기술에서 내가 달성할 수 있는 가장 작은 요소는 무엇인가?
2. 이 덩어리에 연결된 다른 덩어리는 무엇인가?

하나의 덩어리를 완벽하게 익힐 때까지 연습한 뒤 다른 덩어리와 연결시켜라. 이는 글자를 결합시켜 단어를 만드는 것과 같다. 그러고 나서 이 덩어리를 더 큰 덩어리와 결합시켜라.

메도마운트의 음악가들은 가위로 악보를 잘라내 모자에 넣은 뒤 무작위로 꺼낸다. 그리고 덩어리를 개별적으로 연주하는 법을 익힌 뒤 원래 순서대로 합치기 시작한다. 이 학교의 바이올린 교사인 스키에 카먼은 "이 방법은 효과적이에요. 학생들이 자동항법장치처럼 연주하지 않게 되니까요. 생각을 하게 됩니다"라고 말한다.

어떠한 스킬을 배우든, 패턴은 동일하다. 전체를 바라보라. 이를 가장 작은 단위로 쪼개라. 그러고 나서 다시 합친 후 반복하라.

16
매일 완벽한 덩어리를 하나씩 만들라

바쁜 일상 속에서 연습을 성공으로 간주하고 싶은 유혹이 들 때가 있다. 우리는 계획된 시간이 완료되면 승리감에 탄성을 지른다. 임무 완료! 하지만 진정한 목표는 연습이 아니라 발전이다. 존 우든은 "연습을 성취와 혼동하지 마라"라고 했다.

매일의 목표를 설정하는 유용한 방법 중 하나는 완벽하게 달성 가능한 아주 작은 목표를 수립하는 것이다. 완벽하게 수행할 수 있는 하나의 덩어리를 선택해 향상시키기 위해 '노력'하는 것이 아니라 100퍼센트 '완료'하라. 예를 들어 테니스 선수는 서브를, 판매원은 주요 고객을 대상으로 하는 20초간의 홍보를 선택할 수 있다. 핵심은 작고 한정된 목표를 설정한 뒤 이를 달성하는 데 모든 노력을 기울이는 것이다.

사실 우리는 하루 만에 변하도록 설계되지 않았으며, 반복을 통해 조금씩 발전하도록 만들어졌다. 우든은 "크게, 그리고 빠르게 향상되기를 기대하지 마라. 하루에, 한 번에 조금씩 발전하라. 그것만이 발전할 수 있는 유일한 방법이며, 그런 발전은 오래 지속된다"라고 말하기도 했다.

17
힘겨운 과정을 받아들이라

나는 모스크바에서 댈러스, 브라질에서 뉴욕에 이르기까지 모든 재능의 용광로에서 똑같은 표정을 목격했다. 가늘게 뜬 눈에 꽉 다문 입, 벌름거리는 코. 간발의 차로 목표에 도달하지 못해 다시 시도하는 등 무언가를 강렬하게 추구하는 사람에게서 볼 수 있는 표정이었다. 이는 우연이 아니다. 심층 연습은 숨길 수 없는 감정을 수반한다. 이 감정은 '힘듦'이라는 한 단어로 요약할 수 있다.

우리 대부분은 본능적으로 힘든 것을 피한다. 불편하기 때문이다.

힘든 것은 실패처럼 느껴진다. 하지만 재능을 개발할 때 힘겨운 과정은 선택 사항이 아니다. 생물학적인 필수 사항이다. 이상하게 들릴지 모르 겠지만 진화론적으로 우리는 그렇게 설계되었다. 능력의 한계에서 느 끼는 힘겨움과 좌절감('조금만 더'라는 달갑지 않은 노력)은 새로운 신경세 포의 연결 고리가 형성될 때 느끼는 감정이다. UCLA의 심리학자 로버 트 비욕은 이 현상을 '바람직한 힘겨움'이라고 불렀다. 우리 뇌는 근육 처럼 작동한다. 고통 없이는 아무것도 얻을 수 없다.

18
일주일 1시간보다는 하루 5분

심층 연습을 할 때에는 매일 조금씩 연습하는 것이 일주일에 한 번 몰 아서 연습하는 것보다 효과적이다. 그 이유는 우리의 뇌가 성장하는 방 식과 관련 있다. 우리의 뇌는 하루에 조금씩, 우리가 자는 동안에도 자 란다. 5분밖에 안 되더라도 하루에 조금씩 연습한다면 뇌의 성장에 도 움이 되는 반면, 이따금 연습한다면 우리의 뇌는 매번 연습 내용을 따 라잡으려고 애쓰게 된다. 따라서 음악 교육의 선구자 스즈키 신이치의 말처럼 "음식을 먹는 날마다 연습을 해야 한다."

연습 시간은 얼마나 짧아도 될까? 노스웨스턴 대학의 첼로 교사인 한스 젠슨은 시간이 없어서 하루에 2분만 연습하려고 했던 의대생의 사례를 든다. 젠슨과 학생은 곡을 여러 부분으로 쪼개 가장 어려운 부분을 먼저 다뤘고, 그 결과 의대생은 6주 만에 복잡한 곡을 성공적으로 연주할 수 있었다. 젠슨은 "이 방법이 얼마나 효과적이었는지 우리 둘 다 놀랐다. 온전히 집중하고 처음부터 소소한 실수를 전부 찾아내 빠짐없이 고치는 것이 핵심이었다"라고 말했다. 매일 연습하는 일의 또 다른 장점은 습관이 될 수 있다는 사실이다. 연습하는 행위(무언가를 잘하기 위한 시간을 갖는 것) 자체를 스킬로 여길 수 있다. 이는 아마 가장 중요한 스킬일 것이다. 시간을 가져라. 연구 결과에 따르면, 새로운 습관이 형성되는 데는 30일이 걸린다고 한다.

19
'훈련'이 아닌 '게임'을 하라

이 비법은 연습을 생각하는 방식에 관한 것이다. '훈련'이라는 단어는 고되고 무의미한 일을 상기시키며, 기계적이고 반복적이며 지루하다. 반면 게임은 정반대다. 즐겁고 유대감이 있으며 열정이 있다. 이 때문에 스킬을 게임으로 여긴다면 더 빨리 향상시킬 수 있다.

세계적인 선수들의 자서전을 살펴보면 작고 중독적인 게임에 관한 이야기를 발견할 수 있다. 건조기에 골프공을 치던 어린 골프 선수 로리 매킬로이, 어린 시절 집집마다 껌을 팔러 다니며 무슨 맛이 가장 인기 있는지를 파악하던 워런 버핏, 롤링 스톤스 초기 시절에 옛 블루스 음반에서 리프를 해독하려 했던 키스 리처드의 공통점은 즐겁고 신나며 중독적인 게임을 했다는 것이다.

좋은 코치는 아주 재미없는 활동을 게임으로 바꾸는 재주가 있다. 주요 원칙은 다음과 같다. "셀 수 있으면 게임으로 바꿀 수 있다." 예를 들어, 기타 코드를 연습하는 것은 지루하다. 하지만 완벽하게 연주할 때마다 스스로에게 포인트를 준다면, 이는 게임이 될 수 있다. 자신의 발전을 추적해 일주일 동안 얼마나 많은 포인트를 쌓았는지 살펴보라. 그리고 그다음 주에는 더 많은 포인트를 쌓기 위해 노력하라.

20
혼자 연습하라

혼자 하는 연습은 능력의 한계점인 스위트 스팟을 찾고 수련법을 개발하는 최고의 방법으로, 다른 이에게 의존하지 않기 때문에 효과적이다. 세계적인 음악가들을 최고의 아마추어 선수들과 비교한 연구 결과, 두 그룹 모두 대부분의 연습 양상이 동일하다는 사실이 밝혀졌다. 딱 한 가지만 예외였다. 세계적인 음악가들은 혼자 연습하는 시간이 아마추어 선수보다 다섯 배나 많았다. 노스캐롤라이나 여성 축구 코치인 앤슨 도랜스는 "지쳤을 때, 아무도 보지 않을 때에도 노력을 멈추지 않고 땀에 흠뻑 젖는 사람이 챔피언이 된다"라고 말했다.

21
이미지로 생각하라

다음 중 어느 것이 더 기억하기 쉬운가?

- 테니스 라켓을 수평으로 일직선으로 뒤로 들어라.
- 탁자 위에 접시를 쓸어버릴 듯이 테니스 라켓을 뒤로 들어라.

- 끝 부분에서 조금 더 조용하게 노래 불러라.
- 풍선에서 바람이 빠지듯이 노래 불러라.

- 줄을 가능한 한 가볍게 만져라.
- 아주 뜨거운 것을 만지듯 줄을 만져라.

- 축구공을 부드럽게 건드려라.
- 축구공을 발로 입 맞추듯 건드려라.

이미지는 이해하고 상기하기 쉽다. 추상적인 개념보다는 이미지를 더욱 생생하게 인식하도록 지난 수백 년 동안 뇌가 진화했기 때문이다 (선사시대에는 배고픈 사자에게 먹히는 사건을 염려해야만 했다). 가능하면, 배우고자 하는 각 덩어리에 관한 생생한 이미지를 만들어라. 이 이미지는 정교하지 않아도 된다. 그저 쉽게 보고 느낄 수 있으면 된다.

22
실수를 한 다음에는 즉시 살펴보라

우리는 대부분 실수를 몹시 싫어한다. 실수를 저지르면 본능적으로 무시하고 실수하지 않은 척한다. 이는 바람직하지 않다. 앞서 살펴봤듯 실수는 개선을 위한 이정표이기 때문이다. 뇌 스캔 연구에 따르면, 실수를 한 직후인 0.25초 동안 사람은 둘 중 한 가지 행동을 한다고 한다. 실수를 집중적으로 살펴보거나 무시하는 것이다. 실수를 자세히 살펴보는 사람은 무시하는 사람보다 훨씬 더 많은 것을 배울 수 있다.

자신의 실수를 바로 살펴보는 습관을 갖자. 눈살을 찌푸리지 말고 눈을 감지도 말라. 실수를 직시하고 현실을 바라보면서 이를 개선하기 위해 무엇을 할 수 있는지 스스로에게 물어보라. 실수를 심각하게 받아들이되 개인적으로 받아들이지는 마라.

23
뇌가 생성하는 새로운 연결 고리를 상상하라

스위트 스팟에 들어갈 때 뇌는 새로운 연결 고리를 생성하고 이를 강화한다. 이때 발생하는 실수는 실수가 아니라 우리가 올바른 연결 고리를 생성하는 데 활용할 수 있는 정보다. 실수에 관심을 갖고 이를 고치는데 주의를 기울일수록 뇌에 '올바른' 연결 고리가 더 많이 형성된다. 이과정을 시각적으로 상상하면 뇌는 실수를 재해석하게 된다. 스킬을 습득하는 도구, 그것이 실수의 진짜 모습이다.

24
뇌의 회로가 빨라지는 모습을 상상하라

우리가 심층 연습을 할 때마다 뇌의 회로가 빨라진다. 시간이 지나면서 신호 속도는 시속 3.2킬로미터에서 320킬로미터로 증가한다. 연습을할 때 뇌가 단일 구리선에서 초광대역으로 변하는 경로를 상상하면 효과적이고, 동기 부여도 된다. 이는 실제로 일어나는 일이기 때문이다.

25
연습 공간을 축소시키라

연습 공간이 좁으면 반복 횟수와 강도를 높이고 명확한 목표를 설정하는 데 도움이 된다. 세계적인 축구 팀 FC 바르셀로나는 이를 잘 활용하고 있다. 방법은 간단하다. 선수 두 명이 공 한 개를 갖고 화장실보다 조금 큰 방에 들어간다. 누구든 상대 선수로부터 공을 빼앗아 오래 가지고 있으면 이기는 것이다. 이 단순한 게임은 선수들이 반응하고 발전할 수 있는 일련의 긴박하고 힘겨운 상황을 조성함으로써 제구력이라는 핵심 스킬을 분리하고 압축한다. 전 바르셀로나 아카데미 코치 로돌포 보렐Rodolfo Borrell은 "이 방법은 미친 짓 같아 보이지만 효과적이다"라고 말한다.

나는 이 아이디어를 내가 이끄는 리틀리그 야구 팀의 수비 연습에 적용했다. 거실 크기의 공간에서 연습한 뒤 우리 팀 기량이 훨씬 좋아졌다. 개인적으로는 좁은 넓은 운동장에서 크게 소리치지 않아도 된다는 점이 가장 좋았다.

이 비법은 물리적인 공간에만 적용되는 것이 아니다. 시인과 작가는 하이쿠17자로 이뤄진 일본 전통시 - 옮긴이나 짧은 글처럼 작고 창의적인 형태로 연습 공간을 축소시킨다. 코미디 작가는 작문 스킬을 연마하는 공간으로 140자만 쓸 수 있는 트위터를 사용한다. 사업가 역시 공간을 축소시킴으로써 이익을 볼 수 있다. 도요타는 조립라인을 축소한 장난감 크기의 모형 장비로 방 하나를 채워 놓고, 여기서 새로운 직원을 훈련시킨다. 도요타는 이 미니 훈련이 실제 생산라인에서 하는 훈련보다 더 효과적이라는 사실을 발견했다.

스스로에게 물어보라. 반복과 성취를 위해 필요한 최소한의 공간은 어느 정도인가? 불필요한 잉여 공간을 사용하고 있지는 않은가?

26
천천히 하라(생각보다 더 천천히)

우리는 새로운 것을 배울 때 빨리 다시 해보고 싶은 충동을 느낀다. 이는 '이봐, 나 좀 봐! Hey, Look at Me! 반사작용'으로 알려져 있다. 이러한 욕구는 이해할 만하지만 특히 하드 스킬의 경우 불완전한 결과를 낳을 수 있다(비법8 참고). 일시적인 흥분을 정확성과(그리고 장기적인 성과와) 맞바꾸게 된다. 그러니 천천히 하라.

아주 느린 연습은 돋보기처럼 작용한다. 우리가 실수를 보다 확실히 감지해 고칠 수 있게 해준다. 느린 연습은 스파르타크 테니스 클럽(학생들이 마치 발레 무용수처럼 느린 동작으로 스윙을 한다)에서 셉티엔 보컬 스튜디오(새로운 곡을 배울 때 한 번에 음표 하나씩 천천히 부른다)에 이르기까지 수많은 재능의 용광로에서 하드 스킬을 가르칠 때 이용된다. 골프 역사상 기술적으로 가장 뛰어난 스윙을 한다고 평가받는 골퍼 벤 호건은 너무 천천히 연습해서 마침내 쳤을 때 공이 2.5센티미터밖에 움직이지 않았다고 한다. "얼마나 빨리 할 수 있느냐가 중요한 것이 아니다. 얼마나 천천히, 정확히 할 수 있는지가 중요하다"라는 격언을 기억하라.

27
눈을 감으라

연습을 심화하는 가장 빠른 방법 중 하나는 아주 단순하다. 눈을 감는 것이다. 음악가들은 느낌과 정확도를 향상시키기 위해 이 방법을 오랫동안 사용해오고 있다. 이는 다른 스킬에서도 효과적이다. 마이클 조던은 눈을 감은 채로 자유투를 연습한다. 미국 해군 특수부대는 칠흑 같은 어둠 속에서 무기를 해체한 뒤 재조립하거나 협력해서 텐트를 치는 훈련을 하며, 요가와 무술 수련자들도 신체의 지각과 균형감각을 향상시키기 위해 자주 눈을 감는다.

이유는 모두 같다. 눈을 감는 것은 능력을 한계까지 밀어붙임으로써 스위트 스팟에 진입하는 빠른 방법이기 때문이다. 주의를 산만하게 하는 요인들이 사라지며 신체의 다른 감각으로부터 새로운 피드백을 얻을 수 있다. 또한 익숙한 스킬조차 낯설고 신선하게 만듦으로써 과업의 설계도를 뇌에 각인하는 데에도 도움이 된다.

28
무언극을 하라

재능의 용광로에서는 사람들이 허공에 대고 골프채와 테니스 라켓을 휘두르고, 테이블 위에서 피아노 연습을 하며, 발을 바닥에 고정시킨 채 상상의 슬라롬 스키의 회전 경기 종목—옮긴이 코스를 따라 스키 연습하는 모습을 볼 수 있다. 미친 짓 같아 보이지만 심층 연습의 관점에서 보면 과학적인 훈련법이다. 핵심 동작을 제외한 모든 것을 제거하면 가장 중요한 요소에 집중할 수 있기 때문이다.

29
제대로 했다면 그 지점을 표시하라

연습에서 가장 성취감이 높은 순간은 처음으로 완벽하게 해냈을 때다. 이때는 잠시 멈춰서, 정신의 테이프를 뒤로 돌려 머릿속으로 다시 반복해보라. 당시의 느낌, 리듬, 물리적·정신적 감각을 기억하라. 그 순간에 표시를 남기는 것이 핵심이다. 여러분이 계속 도달하고 싶은 곳이 바로 그 지점이기 때문이다. 첫 번째 완벽은 끝을 의미하지 않는다. 해당 기술을 기계적으로 실행할 수 있을 때까지 완성도를 높여가기 위한 새로운 출발선이다. 스즈키 학교의 사토 센터에서 일하는 킴벌리 마이어심스Kimberly Meier-Sims가 말한 것처럼 "연습은 제대로 했을 때 시작된다."

30
낮잠을 자라

내가 가장 좋아하는 비법이다. 재능의 용광로에서 낮잠은 흔한 일이며 관련된 일화뿐만 아니라 과학적인 근거 역시 갖췄다.

일화

훌륭한 물리학자 알베르트 아인슈타인은 점심식사 후 20분간 낮잠을 잔 것으로 유명하다. 낮잠을 잔 다른 유명한 인물로는 레오나르도 다빈치, 나폴레옹 보나파르트, 윈스턴 처칠, 토머스 에디슨, 로널드 레이건, 존 F. 케네디, 존 D. 록펠러 등이 있다. 프로 운동선수들과 시간을 보내보면 그들 역시 낮잠을 잔다는 사실을 알게 될 것이다.

과학적 근거

낮잠은 뇌의 학습 공정에 바람직하다. 연습하는 동안 형성된 연결 고리를 강화하고 뇌가 다음 연습을 준비하도록 돕기 때문이다. UC 버클리 수면 센터 연구진은 90분 동안 낮잠을 자면 기억력이 10퍼센트 향상되고, 자지 않으면 10퍼센트 감소한다는 사실을 발견했다.

수석 연구원 매슈 워커_{Matthew Walker} 박사는 "마른 스펀지처럼 새로운 정보를 흡수하도록 뇌를 준비시키려면 학습 전에 잠을 자야 한다"라고 말했다.

31
새로운 동작을 배울 때에는 과장하라

부모가 아이에게 새로운 단어를 가르치는 방식을 생각해보라. 각 음절을 끊어서 지나칠 정도로 강조하고 반복한다. 여기에는 그럴 만한 이유가 있다. 과장은 한계를 이해하는 데 도움이 되기 때문이다.

새로운 동작을 배울 때는 과장하라. 무릎을 들어 올려야 한다면, 천장까지 들어 올려라. 기타 줄을 세게 눌러야 한다면, 온 힘을 다해 눌러라. 대중 앞에서 연설할 때 특정 부분을 강조해야 한다면, 과장된 어조로 강조하라. 성의 없이 하지 마라. 나중에 언제든 뒤로 돌아갈 수 있다. 일단은 움직임의 한계를 느낄 수 있을 정도로 과장한 뒤 스킬을 정확하게 다듬기 시작하라.

32
긍정적인 목표를 설정하라

반복하기 직전, 우리는 매번 선택의 기로에 놓인다. 목표(해내고 싶은 것)에 집중할 것인가, 발생 가능한 실수(피하고 싶은 것)에 집중할 것인가. 마스터 코치의 조언은 간단하다. 부정적인 목표보다는 긍정적인 목표에 집중하라는 것.

　예를 들어, 라인을 읽는 골프 선수라면 "왼쪽으로 퍼팅하지 말자"가 아니라 "가운데를 치자"라고 말해야 한다. 어려운 악절을 연주해야 하는 바이올리니스트는 "제발 A플랫을 놓치지 말자" 대신 "A플랫을 제대로 연주하겠어"라고 다짐해야 한다. 심리학자들은 이를 '긍정적 프레이밍positive framing'이라고 말하며 프레이밍이 무의식에 미치는 영향에 관한 다수의 이론을 제시한다. 핵심은, 피하려는 지점에서 벗어나는 것이 아니라 성취하려는 지점에 도달하는 것이 더 효과적이라는 사실이다.

33
책에서 배우기 위해서는 책을 덮어라

지금으로부터 일주일 후, 이 책의 다음 열 쪽에 나오는 내용으로 시험을 본다고 치자. 공부할 수 있는 시간은 30분이다. 좋은 점수를 얻는 데 도움이 되는 방법은 다음 중 무엇일까?

> A. 열 쪽을 연속으로 네 번 읽은 뒤 기억하려고 노력한다.
>
> B. 열 쪽을 한 번 읽은 뒤 책을 덮고 한 쪽으로 요약해 적어본다.

차이는 엄청났다. 연구 결과에 따르면 B 방법을 택한 사람이 A 방법을 택한 사람보다 장기적으로 50퍼센트 더 많은 내용을 기억한다. 이는 '학습은 다음 단계에의 도달'이라는 심층 연습의 가장 기본적인 법칙 때문이다. 책을 수동적으로 읽는 것으로는(상대적으로 노력이 덜 드는 과정으로, 단어가 따뜻한 목욕물처럼 우리를 적신다) 스위스 스팟에 도달하지 못한다. 덜 다가설수록 배우는 양도 적을 수밖에 없다.

반면, 책을 덮고 요약본을 작성하는 과정을 통해서는 핵심 내용을 파악하게 되고(한 지점에 도달), 그 내용을 말이 되게끔 가공하고 정리하게 되며(더 먼 지점에 도달), 종이에 옮길 수 있게 된다(반복을 통해 더 먼 지점에 도달). 도달하는 지점이 많을수록 배우는 양도 많아진다.

34

샌드위치 기법을 사용하라

심층 연습은 실수를 찾아 고치는 것이다. 따라서 '실수를 반복하지 않기 위한 최고의 방법은 무엇일까?'라는 질문이 자연스럽게 따라온다. 해법의 하나는 '샌드위치 기법'으로, 다음과 같이 진행된다.

1. 올바른 동작을 한다.
2. 잘못된 동작을 한다.
3. 올바른 동작을 다시 한다.

샌드위치 기법의 목표는 올바른 동작을 강화하고 실수를 자세히 살펴보는 것이다. 이렇게 하면 실수를 제대로 파악하지 못한 채 뇌의 회로에 그대로 입력되는 일을 막을 수 있다.

35

3×10 전법을 사용하라

이 비법은 미국국립보건원에서 기억과 학습을 연구하는 신경학자 더

글러스 필즈 박사가 알려줬다. 그는 10분씩 휴식 시간을 두고 3번 자극받을 때 뇌가 더 강한 연결 고리를 형성한다는 사실을 발견했다. 쉽게 말하면, 뭔가를 가장 효과적으로 배우기 위해서는 세 번 연습하되 각 연습 사이에 10분간 휴식을 취하라는 얘기다. 필즈 박사 자신도 이 방법을 사용한다. "저는 이 방법을 학습에 항상 적용하고 있고, 효과를 보고 있습니다. 예를 들어, 어려운 기타 곡을 익힐 때 연습을 한 다음에 10분 동안 다른 일을 하고 나서 다시 연습을 시작하죠."

36
매일의 테스트를 개발하라

재능의 용광로에서 일상은 작은 테스트로 가득 차 있다. 이 테스트는 과학적이지 않으며 평가하기 위한 것도 아니다. 이는 학생과 교사가 만든 집중 연습에 가깝다.

일례로 타이거 우즈는 매일 특정 거리 안에서 특정 퍼센트의 샷을 쳐야 하는 테스트를 만들었다(예를 들어, 8번 아이언 샷을 6미터 내로 치는 확률이 80퍼센트 이상 되어야 한다). 메도마운트 음악학교에서는 교사들이 5달러짜리 지폐를 학생들의 첼로나 바이올린 안에 넣고 즉흥적인 테스트를 실시한다. 곡을 완벽하게 연주하면 그 돈을 가질 수 있다.

피트 샘프러스, 트레이시 오스틴, 린지 대본포트 같은 테니스 챔피언들의 코치였던 로버트 랜스도르프는 10달러짜리 지폐를 작은 주황색 원뿔 안에 넣는 비슷한 게임을 활용했다. 학생이 이 원뿔을 치면 그 돈을 획득한다. 교사들은 이를 미끼가 아니라 흥미를 일으키기 위한 동기 부여로 생각한다. 첼로 교사 한스 젠슨은 이렇게 설명했다. "중요한 것은 학생들이 계속 나아가게 만드는 일입니다. 그 방법에는 여러 가지가 있죠. 돈이든 초콜릿이든 자부심이든, 보상의 형태는 중요하지 않습니다."

좋은 테스트를 개발하기 위해서는 스스로에게 이렇게 물어야 한다. 이 기술의 핵심 요소는 무엇인가? 내 기술의 정확성이나 의존성을 별도로 측정할 수 있는 방법은 무엇인가? 재미있고 반복적인 테스트를 개발해 발전 정도를 추적하려면 어떻게 해야 할까?

37
R.E.P.S. 판별법을 사용하라

연습 방법을 선택할 때 가장 큰 문제는 선택지가 지나치게 많다는 것이다. 그중 가장 좋은 방법은 어떻게 판별할 수 있을까? 연습 효과를 가늠할 수 있는 네 가지 요건이 있다. 이른바 R.E.P.S. 판별법이다. 각 글자는 심층 연습의 핵심 요소를 상징한다.

Reaching and Repeating : 도달 및 반복

Engagement : 참여

Purposefulness : 합목적성

Strong, Speedy feedback : 강력하고 빠른 피드백

R. 도달 및 반복

능력의 한계에 도달하고 그 과정을 반복하게 만드는가?

시나리오 : 두 명의 수학 교사가 학생 30명에게 구구단을 가르치고 있다.

• A 교사는 한 학생을 선택해 칠판에 구구단표를 적게 한다.

• B 교사는 구구단 문제를 학급 전체에 구두로 제시한 뒤, 한 명씩 임의로 선택해 정답을 말하게 하는 '게임쇼' 형식을 빌려온다.

결과 : B 교사의 방식이 더 바람직하다. 질문당 30명 모두가 도달하게 만들기 때문이다. A 교실에서는 학생 한 명만 도달하면 되고 나머지 학생들은 편안히 앉아 관찰만 하면 된다. 하지만 B 교실에서는 모든 학생이 호명될 때를 대비해 저마다 도달하게 된다.

E. 참여

몰입하게 만드는 연습인가? 학습자의 주의를 끄는가? 학습자가 목표를 향해 나아가도록 만드는가?

시나리오 : 학생 두 명이 짧지만 어려운 악절을 트럼펫으로 연주하는 법을 배우고 있다.

- A 학생은 이 악절을 스무 번 연주한다.
- B 학생은 이 악절을 실수 없이 완벽하게 다섯 번 연속으로 연주하려고 노력한다. 작은 실수라도 하면, 처음으로 돌아가 다시 시작한다.

결과 : B 학생의 방식이 더 바람직하다. 이 방법이 더 참여적이기 때문이다. 악절을 스무 번 연속으로 연주하면 완료할 때까지 지루하게 반복 횟수만 세게 된다. 하지만 다섯 번을 완벽하게 연주하고자(실수하면 다시 처음으로 돌아가 시작)하면 연습의 완성도에 집중하게 된다.

P. 합목적성

획득하려는 스킬의 목표를 반영하는가?

시나리오 : 두 농구 팀이 자유투에 실패해 최근 경기에서 계속 지고 있다.

- A 팀은 연습 시간이 끝날 무렵에 자유투를 연습한다. 모든 선수가 각각 자유투 50번 던진다.
- B 팀은 전체 연습 시간 동안에 간헐적으로 자유투를 연습한다. 실제 게임에서처럼 지치고 스트레스를 받는 상황에서 파울당한 선수가 자유투를 던진다.

결과 : B 팀의 방식이 더 바람직하다. 이 연습은 획득하려는 스킬, 즉 지치고 스트레스받는 상황에서 자유투를 던지는 능력이 목표이기 때문이다(실제 게임에서 자유투를 50번이나 연속해서 던지는 선수는 없다).

S. 강력하고 빠른 피드백

학습자가 자신의 성과에 관한, 즉 성공했는지 실수했는지에 관한 정확한 정보를 제공받는가?

시나리오 : 고등학생 두 명이 SAT 점수를 올리려고 노력하고 있다.

• A 학생은 토요일에 SAT 모의고사를 본 뒤 일주일 후에 시험 결과를 받는다.

• B 학생은 매 수업마다 미니 테스트를 치른 뒤 스스로 채점하고, 각 문항을 점검한다.

결과 : B 학생의 방식이 더 바람직하다. 이 방법은 피드백이 직접적이고 즉각적이기 때문이다. 실수뿐만 아니라 잘 아는 내용도 빨리 인지할수록 금세 각인된다. 하지만 일주일 후에야 그 결과를 알게 된다면 이 효과가 약해진다.

R.E.P.S. 판별법의 개념은 단순하다. 두 가지 연습 방법 중 하나를 택해야 할 때, 새로운 테스트나 게임을 개발할 때 이 네 가지 특징을 극대화하는 방법을 고르면 된다. 무엇보다도 중요한 교훈은 연습을 설계할 때 주의를 기울이라는 것이다. 연습 방법을 조금만 바꿔도 학습 속도가 크게 향상될 수 있기 때문이다.

38
지치기 전에 멈추라

수많은 스킬에서, 특히 운동·의학·군사 관련 스킬에서는 완전히 지칠 때까지 훈련하는 오래된 관례가 있다. 이는 신체를 단련시키고 정신을 강하게 만들며 그룹 내에서 유대감을 향상시키는 데는 적합하다.

하지만 피로는 학습의 적이다. 뇌의 활동을 더디게 만들기 때문이다. 실수를 유발하고 집중력을 떨어뜨리며 나쁜 습관을 낳는 요행으로 이어진다. 재능의 용광로 대부분이 보통 아침에, 가장 생생할 때 연습하는 것은 우연이 아니다. 지친다는 느낌이 든다면 당장 그만둬야 한다.

39
경기가 끝난 직후 연습하라

바로 앞에서는 몸이 생생할 때 연습하는 것이 중요하다고 말했다. 여기서는 공연, 시합, 경기 등을 한 직후에 오는 다른 종류의 생생함을 말하고 있다. 물론 이때는 연습을 하기가 싫을 것이다. 하지만 너무 심하게 지치지 않았다면, 가장 먼저 해야 하는 것이 연습이다. 약점을 고치는데 도움이 되기 때문이다. 골프 선수 잭 니클라우스는 "나는 언제나 실제 경기 이후에 가장 생산적인 연습 시간을 갖는다. 그때에는 내가 저지른 실수가 머릿속에 생생히 남아 있기 때문에 그 실수를 고치는 데 집중할 수 있다"라고 말했다.

40
잠들기 전에 정신의 영화를 상영하라

이 비법은 외과의사에서 운동선수, 코미디언에 이르기까지 수많은 전문가로부터 들은 유용한 습관이다. 그들은 잠들기 직전에 머릿속으로 이상적인 실행 과정을 담은 영화를 상영한다. 이러한 심상화는 성과와 동기 부여, 강인한 정신, 자신감 향상과 연결된다고 수많은 연구가 입증했다. 무의식의 엔진 속도를 높이고, 목표를 향해 가는 데 더 많은 시간을 쏟게 만들기 때문이다.

41
긍정적인 음표로 마치라

연습은 작지만 달콤한 보상으로 끝내야 한다. 가장 좋아하는 게임을 하거나, 보다 일반적인 보상을 누릴 수도 있다(초콜릿은 상당히 효과적이다).
열 살인 내 딸아이는 바이올린 연습을 마칠 때마다 〈올드 조 클라크Old Joe Clark〉 중 발을 쿵쿵거리는 부분을 연주하고 마무리한다.

42
더 나은 교사가 되는 6가지 방법

언젠가 여러분은 가정, 직장 혹은 경기장에서 교사나 코치, 멘토가 될 것이다. 이때 몇 가지 기본 기술을 지니고 있다면 상당히 도움이 될 것이다. 다음은 내가 관찰한 교사·코치·멘토들이 알려준 유용한 방법 여섯 가지다.

1. 처음 몇 초 동안 감정적인 연결 고리를 형성하라

자신이 알고 있는 최고의 교사·코치·멘토를 잠시 떠올려봐라. 아마 그 사람이 무엇을 했는지보다는 그 사람에게서 어떠한 느낌을 받았는지가 먼저 떠오를 것이다. 그들이 내 안에 존재하는 재능을 보았으며 나를 이해한다고 생각했기 때문에 우리는 그들을 신뢰했다.

효과적인 가르침은 신뢰를 바탕으로 하며, 신뢰에 대한 인간의 태도는 일관적이다. 즉, 우리는 상대를 만난 처음 몇 초 내에 그 사람을 믿을지를 결정한다. 그렇기 때문에 훌륭한 교사는 처음 몇 초 동안 상대와의 감정적인 연결 고리를 형성한다. 이 연결 고리를 형성하는 방법은 다양하다. 아이콘택트, 보디랭귀지, 공감, 유머는 매우 효과적이다. 하지만 어떤 방법을 사용하든, 감정의 연결 고리를 우선시해야 함을 잊지 말라. 가르치기 전에 자신이 상대를 염려하고 있다는 사실을 보여줘야 한다.

2. 장황한 연설은 피하고 생생한 정보 덩어리를 전달하라

대부분의 사람들이 위대한 교사와 코치는 영화에서처럼 사람들 앞에 당당히 서서 고무적인 연설을 한다고 생각한다. 이는 사실과 전혀 다르다. 훌륭한 교사와 코치는 나서지 않으며 자신이 돕는 사람들의 옆에 선다. 그들은 장황한 연설을 하지 않으며 작고 생생하며 유용한 정보를 제공한다.

리틀야구 팀 코치인 나는 팀원 전체에게 한꺼번에 지침을 주는 데 익숙했다. 예를 들어, 땅볼을 잡는 적절한 방법을 모두에게 가르쳤다. 하지만 훌륭한 코치와 시간을 보낸 뒤, 나는 간결하게 선수별 맞춤식 메시지를 전달하는 데 집중하기 시작했다. 이는 훨씬 효과적이었다. 선수들의 이해가 빨라졌을 뿐만 아니라 나와의 유대감도 깊어졌다.

누군가를 가르칠 때에는 뇌에 불이 켜지고 회선이 작동하며 새로운 연결 고리가 형성되는 광경을 상상해야 한다. 얼마나 대단한 이야기를 하는가는 문제가 아니다. 생생하고 정확한 메시지를 지금 당장 전할 수 있는가, 그 메시지가 학습자를 올바르게 이끌어가는가가 핵심이다.

3. 모호한 언어를 피하라

교사와 코치가 저지르는 흔한 실수 중 하나는 불명확하고 모호한 언어를 사용하는 것이다. 예를 들어, 리틀야구 팀의 코치가 타자에게 "손을 높이 들어"라고 말할 경우, 얼마나 높이 들어야 하는 것일 까? 어깨 높이까지? 머리 위로? 그러므로 다음과 같이 명확하고 구체적인 표현을 사용해야 한다.

- '손을 높이 들어라'는 모호하다. '손을 귀 옆까지 들어올려라'가 구체적이다.
- '곡을 조금 더 빨리 연주해라'는 모호하다. '메트로놈에 맞춰라'가 구체적이다.
- '영업 팀과 긴밀하게 협력해라'는 모호하다. '매일 아침 영업 팀을 찾아가 10분간 이야기 나눠라'가 구체적이다.

훌륭한 교사는 모두 '구체적인 일을 한 가지 하고, 다른 구체적인 일을 하나 한 뒤에 이 둘을 결합해 또 다른 구체적인 일로 만들어라'처럼 동일한 청사진을 따른다. 보고 만지고 판단할 수 있는 정확한 명사와 숫자를 언급하라. 어떻게 해야 하는지가 명확하게 드러나지 않는 형용사와 부사는 피하라.

4. 자신만의 평점표를 만들라

판매량, 매출 순위, 시험 점수, 시합 결과 등 삶은 평점표로 가득 차 있

다. 이 평점표의 문제는 우선순위를 왜곡시킴으로써 단기 결과에 집착
해 학습에서 멀어지게 할 수 있다는 점이다. 우리 모두는 사업이나 스
포츠에서 이런 경우를 목격한 바 있다. 유행을 맹목적으로 좇는 데 급
급한 기업은 능력을 기르고 개발한다는 크고 장기적인 목표를 보지 못
한다.

이에 대한 해결책은 자신만의 평점표를 만드는 것이다. 자신이 개발
하고자 하는 스킬을 평가할 수 있는 방법을 찾아 기록하고 이를 추적
하라. 자신의 학생에게 동기를 부여하는 맞춤식 평가 방법을 사용하라.
격언에도 있듯이 "무엇을 중요하게 생각하느냐가 그 사람을 만든다."

예를 들어, 나는 경기 도중 자신의 팀이 성공시킨 깔끔한 패스의 수
를 세는 수많은 정상급 축구·농구·하키 코치를 만났다. 이들은 (점수
가 아니라) 정확한 패스 횟수를 팀의 성공을 가장 잘 측정해주는 지표로
보았다. 선수들은 이를 이해하고 각 게임마다 더 나은 결과를 달성하기
위해 노력했다. 점수판에 뜨는 숫자에 상관없이, 이 숫자야말로 이들의
진정한 발전을 측정하는 정확한 방법인 것이다.

토니 셰이는 세계적으로 가장 훌륭한 고객 서비스 팀을 만들고 싶다
는 바람을 가지고 자포스를 설립했다. 고객 서비스의 성공을 측정하는
일반적인 지표는 시간당 고객의 수다. 하지만 셰이는 이 성과 지표가
잘못되었다고 생각했다. 그는 효과적인 고객 서비스를 구축하고 싶었
을 뿐만 아니라 고객을 행복하게 만들고 싶었다. 그래서 그는 일반적인
평점표를 무시하고 고객 서비스 직원이 자신의 직무 범위를 넘어선 사
례를 추적 했다. 자포스의 언어를 빌리자면 '놀라운 순간'을 창출한 경

우다. 자포스는 이 순간을 기록하는 표를 작성했다.

효과는 놀라웠다. 세이는 시험 삼아 한밤중에 익명으로 자신의 회사에 전화를 걸어 피자를 주문할 수 있는지 물어보았다.(알다시피, 자포스는 온라인 신발 쇼핑몰이다.) 잠시 후 그는 집에서 가깝고 아직 영업 중인 피자 가게 다섯 곳의 리스트를 받았다.

5. 도달을 극대화하라

학습의 핵심인 '도달'은 학습자가 적극적으로 탐구하고 개선하기 위해 고군분투할 때 발생한다. 좋은 교사·코치·멘토라면 도달을 극대화해야 한다. 그 핵심은 학습자가 수동적인 자세에서 벗어나 목표 달성을 위해 노력하게 만드는 환경을 구축하는 것이다. 훌륭한 운동 코치는 선수들이 일렬로 서서 자신의 차례를 기다리게 하는 대신, 작은 게임을 수없이 하게 만든다. 이 개념이 스포츠에만 적용되는 것은 아니다.

운송업체 UPS는 운전기사 훈련 프로그램 개발 때문에 골머리를 앓고 있었다. 직원의 근속 기간은 짧고, 상해율과 불만족도는 높았다. 이에 대응하고자 UPS는 독특한 프로그램을 개발했다. 실내 강의를 없애고 3400만 달러를 들여 작은 마을 하나를 재현한 듯한 연수원을 신설했다. 그리고 이곳에서 직원들이 실제로 연습해 익히도록 했다. 교육생들은 운전하고, 물건을 쌓고, 운송하는 방법을 듣는 대신 이를 직접 해보았다. 트레이너는 균형감각을 가르치기 위해 바닥에 몰래 비눗물을 뿌린 후 교육생에게 상자를 든 채로(안전벨트를 매 부상을 입지 않도록 했다) 그 위를 걷도록 하기도 했다. 이 프로그램은 성공적이었다. 근속률, 성과, 만족도가 향상되었다.

일부 진보적인 학교들은 '교실 뒤집기'라는 방법을 통해 성취도를 높인다. 이는 학생들이 강의를 들은 뒤 집에서 복습하는 기존 학습 방식을 반대로 바꾼 것이다. 학생들은 집에서 온라인으로 강의를 듣고 교실에서는 문제 해결에 집중한다. 교사가 코치처럼 돌아다니며 개개인을 한 명씩 돕는 가운데 학생들은 문제를 풀고 개념을 이해하기 위해 (즉, 도달하기 위해) 노력한다. 1년 내내 대수학을 공부한 한 캘리포니아 고등학교의 학생은 뒤집힌 교실에서 학습한 뒤 시험 점수가 23퍼센트나 향상되었다.

좋은 교수는 디자이너처럼 생각한다. 스스로에게 물어보라. 어떤 장소가 도달을 이루는 데 적합한 환경을 조성해줄까? 수동적인 연습을 어떻게 적극적인 학습으로 바꿀 수 있을까?

6. 독립적인 학습자를 만들라

교사·코치·멘토의 장기적인 목표는 학습자가 더 이상 교수자를 원하지 않을 만큼 발전시키는 것이다. 이 목표를 달성하기 위해서는 자신이 관심의 대상이 되어서는 안 된다. 대신, 학습자가 스스로 계속해서 도달할 수 있는 환경을 조성해야 한다. 가능할 때마다, 뒤로 물러나 그들이 독립적으로 수행할 수 있는 순간을 만들라. 교수자의 임무는 학습자의 뇌에 작은 코치 칩(그들이 전진하도록 돕는 작은 버전의 코치)을 심어주는 일이다.

STEP 3 스킬 유지

**인내하고 반복하고
큰 목표는 비밀로 두라**

◆

재능 개발은 국토대장정과 같다. 우리는 암석이나 고원 같은 여러 난관과 마주
칠 것이다. 가파른 길을 마주하고 동기 부여는 고저를 반복할 것이다. 계속 나
아가려면 한순간에는 유연하다가 어떤 순간에는 우직하게 밀어붙여야 한다.
문제를 즉각 해결하는 동시에 지평면에 지속적으로 집중해야 한다. 즉, 지략
있는 여행자가 되어야 한다. 이번 장의 비법들은 이 여행에 도움이 되는 몇 가
지 전략이다.

43
반복을 받아들이라

반복은 별로 인기가 없다. 우리는 반복을 지루하고 시시한 일이라고 생각하는 경향이 있다. 하지만 이는 아주 잘못된 인식이다. 반복은 스킬을 향상시키는 데 이용할 수 있는 가장 효과적인 지렛대다. 이는 뇌의 회선을 보다 빠르고 정교하게 만드는 자체 메커니즘을 사용하기 때문이다.

미국 해군 특수부대 제6팀은 2011년 5월, 파키스탄에 위치한 오사마 빈 라덴의 거처를 습격할 당시, 노스캐롤라이나와 네바다에 그 거처를 본뜬 실제 크기의 모형을 건설해 3주 동안 연습했다. 특수부대 팀은 수차례 시뮬레이션을 시행했다. 실제 상황에서 마주칠 수 있는 다양한 상황을 조성하고, 반복의 힘을 이용해 회로망을 구축했다.

또 다른 예를 들어보자. 모 노먼은 캐나다인으로 1960~1970년대에 프로 골프 투어에서 잠시 활동했다. 그는 역사상 가장 정확한 골프 선수로 평가받기도 했다. 노먼은 17번의 홀인원을 기록했고 59타를 세 번이나 쳤다. 타이거 우즈는 자신이 "스윙을 빚진" 두 명 중 한 명이 노먼이라고 말하기도 했다(다른 한 명은 벤 호건이다).

노먼은 자폐증이 있었는데 어린 시절 반복의 힘에 도취되었다. 열여섯 살 이후로 일주일에 닷새, 하루에 800개에서 1000개의 공을 쳤다. 손바닥의 굳은살이 너무 두꺼워 칼로 잘라내야 할 정도였다. 노먼은 감정적인 문제 때문에 토너먼트 경기에 출전하기를 힘들어했다. 하지만 1995년의 한 시연회에서 드라이버를 1500번 연속으로 쳤고, 이 공들은 전부 15미터 내에 안착했다. 우즈는 그에 관해 이렇게 말했다. "노먼은 매일 아침 일어나면 자신이 잘 칠 거라는 사실을 알았다. 그가 공을 얼마나 정확히 치는지는 무서울 정도다."

반복을 받아들인다는 것은 우리의 마음가짐을 바꾼다는 의미다. 반복을 지루한 일이 아니라 가장 강력한 도구로 생각하라. 무술가이자 배우인 이소룡은 이렇게 말했다. "나는 한 번에 만 가지 발차기 연습을 하는 사람은 두렵지 않다. 나는 한 가지 발차기 연습을 만 번 하는 사람이 두렵다."

44
육체노동자의 마음가짐을 지니라

정상급 선수들은 멀리서 보면 매력적이고 편한 삶을 사는 것처럼 보인다. 하지만 자세히 들여다보면, 그들은 자신의 기술을 집중적으로 연마하는 데 대부분의 시간을 보낸다. 그들은 거만하지 않다. 이는 100퍼센트 육체노동자의 마음가짐이다. 그들은 기분이 내키든 내키지 않든, 매일아침 일어나 일하러 간다. 예술가 척 클로즈가 말했다. "영감은 아마추어에게나 필요한 것이다."

45
한 시간 경기를 위해 다섯 시간 연습하라

경기는 재미있다. 토너먼트는 흥미진진하다. 시합은 짜릿하다. 하지만 이들은 다음의 네 가지 이유로 스킬 개발을 더디게 만들기도 한다.

> 1. 관중의 존재는 위험을 감수할 욕구를 떨어뜨리며 우리를 스위트 스
>   팟에서 멀어지게 만든다.
> 2. 경기는 양질의 반복 연습 횟수를 줄인다.
> 3. 경기에 대한 압박은 우선순위를 왜곡시키며 요령을 부리게 한다.
> 4. 경기는 선수·코치·부모가 '얼마나 많이 배웠는지'가 아니라 점수
>   판으로 성공을 판가름하게 만든다.

모스크바의 테니스클럽 스파르타크 코치들은 단순한 규칙을 시행한다. 어린 선수들은 3년 동안 연습한 후에야 시합에 참여할 수 있다는 것. 이 규칙이 다른 나라에서도 효과적일지는 모르지만, 시합으로 인한 왜곡된 압력을 받기 전에 안정적인 포핸드와 백핸드를 구축하려는 스파르타크의 결심을 잘 보여준다.

그렇다고 해서 오해하지는 마라. 시합은 바람직하다. 팀워크에 관한 소중한 교훈을 가르쳐주며 감정 제어를 연습하는 데 도움이 될 뿐만 아니라 재미있다. 다만 스킬 향상에는 비효과적일 때가 많다. 한 가지 해

결책은 매일이 아니라 특별한 경우에만 사람들 앞에서 경기를 펼치는 것이다. 처음에는 연습 시간과 경기 시간의 비율을 5대 1로 하는 것이 좋은데 10대 1이라면 더욱 좋다.

46
나쁜 습관 버리기에 매진하는 대신 새로운 습관을 들이라

사람들은 나쁜 습관을 정면돌파하려고 한다. 즉, 없애려고 노력한다. 이 방법은 효과적이지 않으며, '습관은 벗어나기 힘들다'라는 오래된 진실만 깨닫게 한다. 이는 바로 우리의 뇌 때문이다. 뇌는 회로를 건설하는 데는 뛰어나지만 허무는 데는 지독히도 무능하다. 없애기 위해 아무리 노력해도 나쁜 습관은 제자리에 그대로 있다. 뇌에 단단히 자리잡고 사용될 기회만 끈질기게 기다리는 것이다.

 해결책은 나쁜 습관을 무시하고 이 습관보다 우선할 새로운 습관을 형성하는 데 에너지를 사용하는 것이다. 이 방법의 바람직한 사례로는 캘리포니아 로스앨토스에 근거지를 둔 샤이니스 클리닉 Shyness Clinic이 있다. 샤이니스 클리닉은 소심한 사람들의 사교 스킬을 향상시키도록 돕는 프로그램이다. 이 클리닉의 치료사들은 고객 개개인의 약력을 캐지 않는다. 아무것도 '고치려고' 하지 않는다.

대신 '사교 교정 모델'이라는 프로그램을 통해 새로운 스킬을 형성시키는 데 집중한다. 이는 새로운 사교 스킬의 근육을 개발하는 단순하고 강렬하며 점증적인 연습이다. 첫 번째 연습은 낯선 이에게 다가가 시간을 묻는 것이다. 연습 강도는 점차 높아진다. 참가자들은 다섯 사람에게 시간을 묻고, 지인에게 전화를 걸고, 엘리베이터에서 낯선 사람과 대화를 나누게 된다. 몇 달 후에 일부 참가자들은 최후의 연습—복잡한 식료품점에 들어가 수박을 일부러 바닥에 떨어뜨린 다음 수많은 사람들의 시선을 견뎌야 한다—을 실행할 만큼 '사회성이 적절'해진다 (물론 식료품점 직원은 고객만큼 즐거워하지 않는다).

새로운 습관 형성하기는 천천히 진행해야 한다. 처음에는 서투르고 좌절감도 느낄 것이다. 아직 새로운 회선이 완성되지 않았기 때문에 우리 뇌는 기존 패턴을 따르려 할 것이다. 조금씩 난도를 높여가라. 시간이 걸리겠지만 이것만이 새로운 습관을 기를 수 있는 유일한 방법이다. 이 절차에 관한 더 많은 정보는 찰스 두히그의 책『습관의 힘』을 참고하라.

47
깊이 배우려면 직접 가르쳐보라

우리는 본능적으로 학습자를 스킬과 나이를 바탕으로 분류하는 경향이 있다(열두 살은 이곳으로. 열세 살은 저곳으로). 하지만 수많은 재능의 용광로에서는 개방적인 평면도를 사용한다. 다양한 나이의 학생들을 한데 섞어, 아이들이 서로를 보고 가르침으로써 배우게 한다. 나는 쿠라사오의 프랑크 쿠리엘 필드에서 일곱 살에서 열여섯 살에 이르는 아이 아흔 명이 야구를 연습하는 것을 보았다. 나이 많은 학생들이 어린 선수들과 짝을 이뤄 공을 치고 던지고 잡는 법을 가르치고 있었다. 몬테소리 학교에서도 이 같은 광경을 본 적이 있다. 그곳에서는 다양한 학년을 섞어 나이 많은 학생이 어린 학생을 가르치는 방식으로 동일한 효과를 냈다.

이 방법이 효과적인 이유는 다른 이에게 스킬을 가르치다 보면 자기 자신도 그 스킬을 더 잘 이해하게 되기 때문이다. 다양한 연령대가 섞인 그룹에서 어린 학습자는 생생한 롤모델(비법1 참고)을 얻을 수 있으며 나이 많은 학습자는 공감 능력을 기를 수 있다.

나이 많은 학습자는 어린 학습자가 힘들어하는 것을 보고 그들을 도와줌으로써 자신의 문제를 해결하는 능력 또한 향상시키게 된다. "할 수 없는 사람은 가르칠 수 없다"라는 문구는 "가르치는 사람은 더 잘한다"로 바뀌어야 한다.

48
새로운 스킬을 익히는 데
최소 8주의 시간을 가지라

새로운 스킬을 습득하는 데에는 8주가 중요한 임계점으로 보인다. 미국 해군 특수부대의 체력 훈련 프로그램에서 메도마운트 음악학교 프로그램, 볼쇼이 발레단의 클리닉, 우주 비행사의 미션 훈련에 이르기까지 전 세계적의 수많은 최고 수준 훈련 프로그램이 8주에 걸쳐 운영된다. 매사추세츠 종합병원의 최근 연구결과에 따르면, 하루에 27분간 명상을 지속한 결과 뇌에 영구적인 변화가 일어났는데(예상했겠지만) 8주가 걸렸다고 한다.

물론 모든 스킬을 8주 안에 익힐 수 있다는 뜻은 아니다. 여기서 강조하는 핵심은 두 가지다. 첫째, 신경 회로를 구축하고 연마하는 일은 누구든 시간이 걸린다. 둘째, 회복탄력성과 인내력은 특히 초기 학습 단계에서 필수적인 도구다. 섣불리 판단하지 마라. 즉각적인 향상이 일어나지 않더라도 지속하라. 자신의 재능(즉, 뇌)이 자랄 수 있도록 시간을 줘야 한다.

49
막혔을 때에는 변화를 주라

누구나 새로운 스킬을 배울 때 한동안은 진도가 빨리 나가다가 갑자기 느려지는 느낌을 받은 적 있을 것이다. 우리는 이를 정체기라 부른다. 나는 탁구대를 구입하고 얼마 후에 정체기가 왔다. 몇 달 동안은 시합할 때마다 기량이 발전했다. 그러다가 갑자기 멈췄다. 아직 정체기를 경험하지 않은 10대 아들이 나를 앞서기 시작했다. 나는 아들에게 21대 10 또는 21대 8로 지는 지경에 이르렀다. 무슨 일이 일어난 것일까?

정체기는 우리 뇌가 자동성automaticity을 획득할 때, 즉 해당 스킬을 의식적인 생각 없이 자동항법장치로 수행할 수 있을 때 발생한다. 뇌는 자동항법장치를 좋아한다. 대부분의 경우 자동항법장치는 일상을 편리하게 만든다. 아무 생각 없이 껌을 씹으며 자전거를 타게 만들어 뇌를 보다 중요한 업무에 사용할 수 있게 해준다. 하지만 스킬을 개발할 때에는 자동항법장치가 적이다. 정체기를 만들기 때문이다.

플로리다 주립대학의 심리학 교수이자『전문적인 지식과 행위에 대한 케임브리지 안내서』의 공동저자인 안데르스 에릭슨 박사의 연구에 따르면, 정체기를 극복하는 가장 좋은 방법은 자신을 그보다 더 밀어붙이는 것이다. 연습 방법을 바꿔서 자신의 자동항법장치를 방해해 빠르고 더 나은 회로를 재건설하는 것이다. 이를 위한 한 가지 방법은 속도를 높이는 것이다. 평소 하는 것보다 빠른 속도로 하도록 자신을 밀어붙여라. 반대로 속도를 늦출 수도 있다. 아주 느리게 연습해 이전에 파악하지 못한 실수를 알아내는 것이다. 순서를 바꿔서 해볼 수도 있다. 안팎을 뒤집거나 위아래를 바꾸는 것이다. 자동항법장치에서 벗어나 스위트 스팟에 들어가는 방법을 찾기만 한다면 어떤 방법을 사용하는지는 중요하지 않다.

내 경우, 탁구대의 절반을 수직으로 세워 벽처럼 만들고 하루에 몇 분씩 거기 대고 공을 때리기 시작했다. 처음에는 어색하고 뭔가 잘못된 느낌이 들었다. 공은 익숙한 곳보다 몇십 센티미터 가까이에서 다시 팅겨 나왔다. 너무 빨리 되돌아오는 바람에 겨우 되받아칠 정도였다. 하지만 나는 점차 익숙해졌고 빠른 속도에 조금씩 적응해나갔다. 아들과의 게임은 훨씬 더 경쟁적이 되었고 어떤 때는 내가 이기기도 했다.

50
투지를 길러라

투지grit는 장애물을 마주쳐도 계속해서 전진하게 만드는 열정, 끈기, 자기관리의 복합체요, 화려하지 않지만 그 점이 바로 핵심이다. 화려해 보이는 스킬에 주의를 빼앗기는 세상이지만, 투지야말로 장기적으로 큰 차이를 만든다.

펜실베이니아 대학 연구원 앤절라 더크워스는 미국 육군 사관학교 1학년생도 1200명이 '비스트 배럭Beast Barracks'이라는 여름 훈련을 시작하기 전에 투지가 미치는 영향을 측정했다.

더크워스 박사의 간단한 테스트는 목표에 집중하고, 실패에서 동기를 부여받으며, 장애물을 돌파하는 등 관련된 자신의 능력에 등급을 매기게 하는 열일곱 개 질문으로 구성돼 있었다. 작성하는 데 2분밖에 걸리지 않는 이 테스트는 그들의 성공 여부를 정확히 예측했다. IQ, 심리검사, 학점, 체력검사 등 사관학교의 여타 복잡한 기준보다 정확도가 훨씬 높았다. 이 테스트는 이후 학교, 기업 등 다양한 곳에서 성공을 예측하는 데 사용되고 있다.

투지는 선천적인 것이 아니다. 근육처럼 개발되며, 이 개발은 인지에서부터 시작된다. 더크워스의 테스트로 자신의 투지를 측정해보라. (인터넷에 'Grit Scale'을 검색하라. https://angeladuckworth.com/grit-scale/) 이 점수를 바탕으로 자신의 삶에서 투지가 어떤 역할을 해왔는지 곰곰이 생각해보자.

여러분은 장기 목표에 집중하는 경향이 있는가? 이 관심사에서 저 관심사로 옮겨다니는가? 장기적으로 무엇을 추구하는가?

살면서 투지를 발휘했던 순간들을 떠올려보고 스스로 충분히 치하해주자.

51
큰 목표는 비밀로 하라

여러분은 큰 목표를 남들에게 알리고 싶을 것이다. 자연스러운 일이지만 비밀로 하는 것이 현명하다. 2009년 뉴욕 대학에서 실시한 실험에서 참가자 163명에게 45분 동안 해결해야 하는 어려운 프로젝트를 제시했다. 실험 대상 중 절반은 자신의 목표를 알리고 나머지 절반은 비밀로 했다. 자신의 목표를 알린 사람들은 평균적으로 33분 만에 포기했으며 자신의 성과에 만족한다고 보고했다. 하지만 비밀로 한 사람들은 주어진 시간 45분을 전부 사용했으며 강한 동기 부여 상태가 계속 유지되었다(그들은 실험이 끝나고도 계속 문제를 풀고 싶어 했다).

자신의 큰 목표를 공개하는 것은 무의식적인 보상을 주는 행위이기 때문에 목표 달성 확률을 낮춘다. 뇌가 이미 목표를 달성했다고 믿게 만드는 것이다. 따라서 큰 목표는 비밀로 하는 것이 현명하다.

52
정원사처럼 생각하고 목수처럼 일하라

우리는 스킬을 빨리 향상시키고 싶어 한다. 당장 오늘 발전이 있기를 원한다. 하지만 재능은 천천히 성장한다. 우리는 묘목이 단숨에 커다란 떡갈나무로 자라기를 기대하지 않는다. 이와 마찬가지로 스킬 회로에도 성장 단계가 있다. 조급해하지 말고, 매일매일 심층 연습으로 조금씩 발전시켜야 한다.

이를 위해서는 '정원사처럼 생각하고 목수처럼 일하는 것'이 도움이 된다. 나는 이 격언을 스파르타크에서 처음 접했다. 판단하지 말고 끈기 있게 행하라. 각 조각이 전체로 연결될 거라는 사실을 명심하고 꾸준히 전략적으로 연습하라.

옮긴이 윤미나

고려대학교 영어영문학과를 졸업하고 현재 전문 번역가로 활동 중이다. 지은 책으로 『굴라쉬 브런치』가 있고 옮긴 책으로 『설득의 심리학2』 『씨씨 허니컷 구하기』 『그녀의 세번째 이름』 『마인드 바이러스』 『디센던트』 『제7의 감각』, 『위키노믹스』 등이 있다.

옮긴이 이지민

고려대학교에서 건축공학을, 이화여자대학교 통번역대학원에서 번역을 공부했다. 옮긴 책으로 『숫자 감각』 『철도, 역사를 바꾸다』 『공유 경제의 시대』 『협업의 시대』 등이 있으며, 『그래도 번역가로 살겠다면』 『어른이 되어 다시 시작하는 나의 사적인 영어 공부』를 썼다.

탤런트 코드

초판   **1쇄 발행** 2009년 6월 10일
특별합본판 1쇄 발행 2021년 3월 1일
특별합본판 15쇄 발행 2024년 7월 22일

지은이 대니얼 코일
옮긴이 윤미나 이지민

발행인 이봉주 **단행본사업본부장** 신동해
편집장 김경림 **디자인** 김은정 **교정교열** 서희정
마케팅 최혜진 이인국 **홍보** 반여진 허지호 송임선
국제업무 김은정 김지민 **제작** 정석훈

브랜드 웅진지식하우스
주소 경기도 파주시 회동길 20
문의전화 031-956-7350(편집) 031-956-7089(마케팅)
홈페이지 www.wjbooks.co.kr
인스타그램 www.instagram.com/woongjin_readers
페이스북 https://www.facebook.com/woongjinreaders
블로그 blog.naver.com/wj_booking

발행처 ㈜웅진씽크빅 **출판신고** 1980년 3월 29일 제406-2007-000046호

한국어판 출판권 © ㈜웅진씽크빅, 2021
ISBN 978-89-01-24897-4 03320

웅진지식하우스는 ㈜웅진씽크빅 단행본사업본부의 브랜드입니다.